高等职业教育新形态系列教材·汽车类

汽车发动机电控系统结构与检修
（活页式教材）

主　编　吴　飞
副主编　宋文艳　王佳俊
　　　　侯惠兰　袁　亮

北京理工大学出版社
BEIJING INSTITUTE OF TECHNOLOGY PRESS

版权专有 侵权必究

图书在版编目(CIP)数据

汽车发动机电控系统结构与检修 / 吴飞主编. -- 北京：北京理工大学出版社，2022.12
ISBN 978-7-5763-2017-6

Ⅰ.①汽… Ⅱ.①吴… Ⅲ.①汽车-发动机-电子系统-控制系统-构造②汽车-发动机-电子系统-控制系统-车辆检修 Ⅳ.①U464②U472.43

中国国家版本馆 CIP 数据核字(2023)第 003494 号

出版发行 / 北京理工大学出版社有限责任公司	
社　　址 / 北京市海淀区中关村南大街5号	
邮　　编 / 100081	
电　　话 / (010)68914775（总编室）	
(010)82562903（教材售后服务热线）	
(010)68944723（其他图书服务热线）	
网　　址 / http://www.bitpress.com.cn	
经　　销 / 全国各地新华书店	
印　　刷 / 河北盛世彩捷印刷有限公司	
开　　本 / 787毫米×1092毫米　1/16	
印　　张 / 22.25	责任编辑 / 张鑫星
字　　数 / 517千字	文案编辑 / 张鑫星
版　　次 / 2022年12月第1版　2022年12月第1次印刷	责任校对 / 周瑞红
定　　价 / 58.00元	责任印制 / 李志强

图书出现印装质量问题，请拨打售后服务热线，本社负责调换

本书编委名单

主　编：吴飞（学校）

副主编：宋文艳　王佳俊　侯惠兰　袁亮（企业）

参　编（学校）：李劲松　田爽　桂进

　　　　　　　　潘鑫　宾建崑

参　编（企业）：杨耀辉　杨迅

主　审：滕建华（学校）

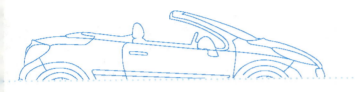 

前言

  本书是汽车类专业的岗位能力课程,由现代汽车发动机电控系统维修工作中的典型工作任务模块构成,基于岗位能力需求,主要包括发动机电控系统概述、汽油机电控燃油喷射系统、空气供给系统、电控点火控制系统、排放控制系统、发动机故障诊断系统、柴油机电控系统检修七个项目。

  本书结构在编排上,以岗位能力培养及基本技能训练为主线,按照汽车维修企业中发动机电控系统维修作业的程序来编写,重在对汽车发动机电控系统的结构原理、故障诊断与排除、常用仪器设备的使用能力方面的培养,同时通过劳动素养的训练,培养学生良好的规范操作意识和职业习惯。

  内容编排上,在掌握基本技能和基本知识的同时,重视"三新"的融入,为学生解决实际问题打下基础。同时本书加入了大量视频和相关资源。本书适用于职业院校汽车类专业或者从事汽车类专业技术人才,建议学时72以上。

  本书由铜仁职业技术学院吴飞担任主编,铜仁职业技术学院宋文艳、王佳俊、侯惠兰、成都盘沣科技有限公司袁亮担任副主编,铜仁职业技术学院滕建华主审,在编写过程中,得到了深圳市信力达机电科技有限公司以及领豪汽车修理厂的技术支持。

  本书在编写时参考了大量的资料和文献,在此,对原作者一并表示感谢。

  由于编者水平有限,书中难免有不妥和疏漏之处,敬请读者批评指正。

学时分配参考表

章节名称	参考学时
项目一　发动机电控系统概述	4
项目二　汽油机电控燃油喷射系统	14
项目三　空气供给系统	14
项目四　电控点火系统检修	14

续表

章节名称	参考学时
项目五　排放控制系统	10
项目六　发动机故障诊断系统	8
项目七　柴油机电控系统检修	8
合计	72

编　者

二维码索引

序号	名称	二维码	页码	序号	名称	二维码	页码
1	发动机电控系统的总体认知			8	三元催化器的原理及其检测		
2	节气门体的检测			9	氧传感器的原理及其检测		
3	解码仪的使用与数据流的读取			10	微机点火控制系统		
4	曲轴及凸轮轴位置传感器的检测			11	示波器的使用		
5	加速踏板位置传感器的检测			12	燃油供给系统		
6	节气门信号的匹配			13	燃油泵控制电路及检修		
7	可变气门电磁阀的检修			14	燃油喷射系统		

续表

序号	名称	二维码	页码	序号	名称	页码	页码
15	汽油机排放控制			18	空气供给系统		
16	爆燃及其控制			19	空气流量计		
17	进气歧管绝对压力传感器						

目 录
CONTENTS

项目一　发动机电控系统概述 ················· 001
　　任务 1.1　发动机电控系统的发展 ················· 002
　　任务 1.2　发动机电控系统的组成 ················· 004
　　任务 1.3　电子控制技术的应用 ················· 011

项目二　汽油机电控燃油喷射系统 ················· 017
　　任务 2.1　燃油供给系统概述 ················· 018
　　任务 2.2　燃油供给系统控制策略 ················· 037
　　任务 2.3　燃油供给系统检修 ················· 044

项目三　空气供给系统 ················· 057
　　任务 3.1　空气供给系统概述 ················· 058
　　任务 3.2　空气供给系统进气控制技术 ················· 079
　　任务 3.3　空气供给系统的检修 ················· 109

项目四　电控点火系统检修 ················· 123
　　任务 4.1　电控点火控制概述 ················· 124
　　任务 4.2　电控点火控制技术 ················· 144
　　任务 4.3　电控点火控制系统检修 ················· 158

项目五　排放控制系统 ················· 171
　　任务 5.1　排放控制系统概述 ················· 172
　　任务 5.2　排放控制技术 ················· 178
　　任务 5.3　排放控制系统的检修 ················· 194

项目六　发动机故障诊断系统 ················· 201
　　任务 6.1　故障自诊断系统 ················· 201
　　任务 6.2　发动机电控系统故障诊断与排除 ················· 207

项目七　柴油机电控系统检修 ··· 213
　　任务 7.1　电控柴油发动机系统概述 ································ 213
　　任务 7.2　柴油发动机电控系统常见控制过程 ······················ 218
　　任务 7.3　柴油发动机电控系统常见故障与检修 ···················· 243

参考文献 ·· 254

项目一

发动机电控系统概述

项目导读

电控发动机与化油器式发动机最大的不同在燃油供给系统。电控发动机的燃油供给系统取消了化油器,却增加了不少电子自动控制装置,其中包括许多传感器、执行元件和ECU。

电控发动机不仅要完成传统发动机所要完成的任务,而且还要完成传统发动机难以完成的任务。例如,使可燃混合气的空燃比浓度控制在所需要的范围内。化油器式发动机油路和电路划分得非常清楚,互相影响不大。而电控发动机燃油供给系统增加了电子控制部分,这就使油路和电路相互联系,它不仅影响发动机燃油系统的工作,而且还影响发动机的正常运行。由于电控发动机电子控制装置的增加,这就使发动机的整个结构(包括电控系统)更为复杂。所以,从宏观层面上把握发动机电控系统的结构,对后面的学习具有指导作用。

思维导图

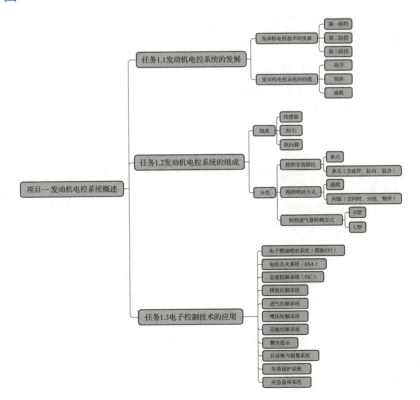

素质目标

1. 培养学生认真分析问题的能力以及团队协作精神。
2. 培养学生爱岗敬业的劳动精神。
3. 培养学生的民族自豪感和自信心。

知识目标

1. 了解发动机电控系统的总体组成、工作原理及主要传感器和执行器。
2. 能够找出、识别发动机电控系统的主要传感器、执行器、ECU 及燃油泵、燃油滤清器等部件。
3. 掌握发动机电控系统的结构特点、工作原理及电路分析方法。
4. 掌握发动机电控系统控制电路及各元件的检测方法。

技能目标

1. 能通过与客户交流、查阅相关维修技术资料等方式获取车辆信息。
2. 能使用万用表、故障诊断仪、示波器及发动机综合分析仪等常用检测设备。
3. 能按照正确操作规范进行传感器、执行器和控制器的更换。
4. 能完成各类汽车发动机电子控制系统的装配、诊断、检测。
5. 能识读常见车型发动机电子控制系统电路。

任务分析

现代汽车发动机广泛采用了电子控制系统（以下简称电控系统），系统功能包括燃油喷射控制、点火控制、怠速控制、EGR（废气再循环控制）、配气正时控制、可变进气控制等。电控系统工作是否正常，直接关系到发动机的运转是否正常，因此，发动机电控系统的故障诊断与维修是发动机维修作业的一项重要内容。

学习和研究汽车发动机电控系统的作用、工作原理、结构和检修方法，对于从事汽车方面的工作具有十分重要的意义。虽然汽车发动机电控系统的结构、性能随着其他技术的发展和人们要求的改变不断变化，但是，只要真正掌握汽车发动机电控系统的作用、基本工作原理，及时了解各种新技术在汽车发动机电控系统中的应用动态，就一定能适应汽车发展的要求，真正维护好汽车发动机电控系统。

任务讲解

任务 1.1　发动机电控系统的发展

发动机电控系统的总体认知

1.1.1　发动机电控技术的发展

发动机电控技术始于 20 世纪 60 年代，分为三个阶段。

第一阶段：20世纪60年代中期到70年代中期。

主要是为改善部分性能而对汽车电气产品进行的技术改造，如在车上装了晶体管收音机。

第二阶段：20世纪70年代末期到90年代中期。

为解决汽车安全、污染和节能三大问题，研制出电控汽油喷射系统、电子控制防滑制动装置和电控点火系统。

第三阶段：20世纪90年代中期以后。

电子技术从发动机扩展到底盘、车身及柴油机多个领域，各种电控系统日趋完善，汽车电子化已达到相当高的程度。目前应用在发动机上的电子控制系统主要有：电控燃油喷射系统EFI，电控点火系统ESA，怠速控制系统ISC，排放控制系统，进气控制系统，增压控制系统，巡航控制系统，警告提示、自诊断与报警系统，失效保护系统，应急备用系统，其他控制系统等。

1.1.2 发动机电控系统的性能

自从1953年美国本迪克斯公司开始对电控燃油喷射系统研究以来，到目前为止，电控燃油喷射技术已经相当完善。电控燃油喷射系统在汽车上的安装情况及零件的分配如图1-1-1所示，其组成如图1-1-2所示。电控燃油喷射系统在汽车上的广泛应用使得汽车无论是动力性、经济性、排放性、舒适性等都得到了整体的优化，并大大地推动了其他电控系统在汽车上的应用。

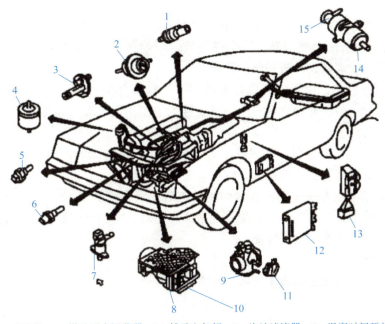

1—喷油器；2—燃油压力调节器；3—辅助空气阀；4—汽油滤清器；5—温度时间开关；
6—冷却液温度传感器；7—冷启动喷射器；8—空气流量计；9—节气门室；
10—进气温度传感器；11—节气门位置传感器；12—电控单元；
13—降压电阻；14—电动汽油泵；15—燃油脉动阻尼器。

图1-1-1 电控汽油喷射系统在汽车上的安装情况及零件的分配

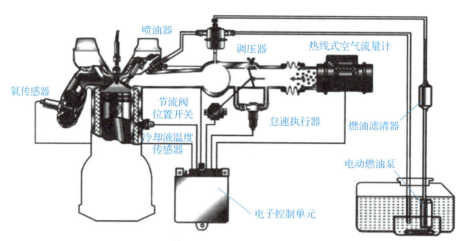

图 1-1-2 电控汽油喷射系统的组成

电控燃油喷射系统的主要优点如下：

（1）使发动机在各种运行工况下得到最合适的混合气浓度，使发动机在各种工况条件下保持最佳的动力性、经济性和排放性能。

（2）具有减速断油功能，不仅能降低排放，也能节省燃油。

（3）当汽车在不同地区行驶时，对大气压力或外界环境温度变化引起的空气密度的变化，发动机控制单元（ECU）能及时准确地做出补偿。

（4）加减速行驶的过渡运行阶段，燃油控制系统能够迅速地做出反应，使汽车加速、减速性能更加良好。

（5）增大了燃油的喷射压力，因此雾化效果比较好；由于每个气缸均安装一个喷油器（部分车型是每个气缸两个喷油器，一个进气歧管喷油，一个缸内喷油），所以各缸的燃油分配比较好，有利于提高发动机运转的稳定性。

（6）在进气系统中，由于没有像化油器那样的喉管部位，进气阻力减小。再加上对进气管道的合理设计，就能充分利用吸入空气惯性的增压作用，增大进气量，提高发动机的输出功率，增加动力性。

（7）在发动机起动时，可以用发动机控制单元计算出起动时所需的供油量，并且能使发动机顺利经过暖机运转，发动机起动容易，暖机性能提高。

（8）电控燃油喷射系统配用排放物控制系统后，大大降低了 HC、CO 和 NO_x 三种有害气体的排放。电控燃油喷射发动机能很好地适应目前对汽车的使用要求，即减少排放、降低油耗、提高输出功率及改善驾驶性能。

因此，电控燃油喷射发动机已成为现代汽油发动机的主流，我国自 2001 年 9 月 1 日起，在全国范围内禁止销售化油器类轿车及 5 座客车。

任务1.2　发动机电控系统的组成

汽车发动机电控系统由传感器、汽车电脑（ECU）和执行器组成，如图 1-1-3 所示。

传感器是一种以一定精确度把被测量（主要是非电量）转换为与之有确定关系、便于应用的某种物理量（主要是电量）的测量装置。这一定义包含了以下几方面的含义：

（1）传感器是测量装置，用于完成检测任务，不具有控制功能；

（2）它的输入量是某一被测量，如温度、液位、位置、空气流量等；

（3）它的输出一般是电量，传递给 ECU；

（4）输出与输入间有对应关系，具有一定的精确度。如：冷却液温度为 50 ℃时，冷却液温度传感器传给 ECU 的电压为 3 V，当温度上升到 75 ℃时，冷却液的输出电压变为 4 V。

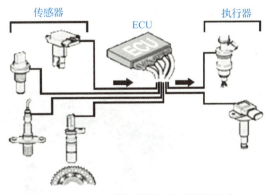

图 1-1-3　汽车发动机电控系统的组成

汽车电脑又叫汽车 ECU 或电子控制单元，它由微处理器（CPU）、存储器（ROM、RAM）、输入/输出接口（I/O）、模数转换器（A/D）以及整形、驱动等大规模集成电路组成。它具有运算与控制的功能，发动机在运行时，它采集各传感器的信号，进行运算并将运算的结果转变为控制信号，控制执行器的工作。ECU 只能识别电信号，因此必须通过传感器将非电量转换为电量后进行读取数据。

执行器是发动机电控系统中必不可少的一个重要组成部分。它的作用是接收 ECU 送来的控制信号，改变被控介质的状态，从而将被控变量维持在所要求的数值上或一定的范围内。

1.2.1　电控系统主要传感器和执行器

1. 传感器

汽车上有众多传感器，ECU 通过传感器的检测，识别汽车的工作状态，并通过执行器控制车辆使其运行在最佳工况。发动机电控系统的主要传感器如图 1-1-4 所示。

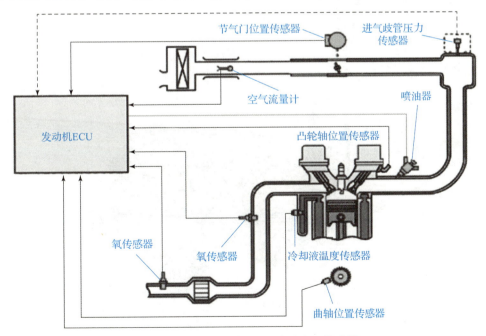

图 1-1-4　发动机电控系统的主要传感器

1）曲轴位置传感器

安装位置：曲轴前端、皮带轮后，或曲轴后端、飞轮前，如图 1-1-5 所示；

作用：判断哪个气缸处于活塞止点，配合凸轮轴位置传感器确定点火时刻。

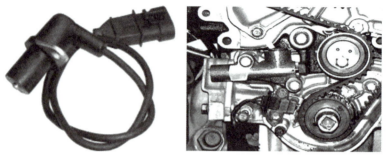

图 1-1-5　曲轴位置传感器

2）凸轮轴位置传感器

安装位置：凸轮轴前端或后端，如图 1-1-6 所示；

作用：向 ECU 提供活塞上止点位置信号，与曲轴位置信号一起控制点火。

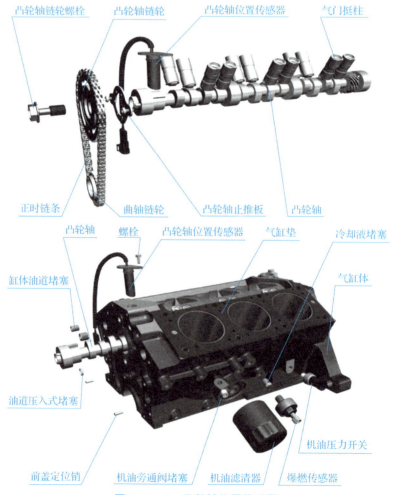

图 1-1-6　凸轮轴位置传感器

3）空气流量计（也称为空气流量传感器）

安装位置：空气滤清器后、节气门前的进气管中，如图1-1-7所示；

作用：检测空气流量，向ECU提供进气量信号，是ECU计算喷油量（喷油脉宽）的主要依据。

4）进气歧管压力传感器

安装位置：节气门后的进气歧管上，如图1-1-8所示；

作用：检测进气歧管的绝对压力，并用于喷油脉宽控制。

图1-1-7 空气流量计

图1-1-8 进气歧管压力传感器

5）节气门位置传感器

安装位置：节气门轴的一端，如图1-1-9所示；

作用：检测发动机处于怠速还是负荷工况，ECU根据此信号增加或减少喷油量。

图1-1-9 节气门位置传感器

6）冷却液温度传感器

安装位置：发动机机体或气缸盖上，如图1-1-10所示；

作用：修正喷油时间和点火时间。

图1-1-10 冷却液温度传感器

7）氧传感器

安装位置：排气管中，如图1-1-11所示；

作用：检测排气管中氧离子的含量，修正喷油脉宽。

图1-1-11　氧传感器

2. 执行器

1）喷油器

喷油器是一种特殊的电磁开关，由发动机直接控制喷油器的开启和关闭，并通过控制开启时间长短控制喷油量。发动机控制喷油器电磁线圈的搭铁回路，当喷油器电磁线圈通电后产生电磁力，它克服弹簧力、燃油的压力和歧管的真空吸力吸起铁芯，燃油通过与铁芯一体的球阀密封面，从导向喷孔成雾状地喷到进气门处。断电后，磁力消失，喷油器关闭。

安装位置：进气歧管、缸内；

作用：向气缸内喷射燃油。

2）点火线圈

点火线圈是将电源的低压电转变为高压电的基本元件，现代汽车的点火线圈与点火模块封装成一体。

安装位置：火花塞上；

作用：产生高压电。

3）怠速控制阀

怠速控制阀是在汽车处于怠速运转时，调节进气量，使发动机的转速保持稳定的一种装置。

安装位置：节气门体的旁通气道上；

作用：控制怠速进气量。

4）EGR阀

安装位置：排气管与进气管之间专设通道上；

作用：使一定量的废气进入进气歧管再循环。

5）电动燃油泵

电动燃油泵为涡轮式单级电动燃油泵，由直流电动机驱动，通过控制燃油泵供电回路的通断，使油泵与发动机同步工作。即当起动开关或点火开关闭合时，使油泵电源接通，开始供油，当汽车处于减速、超速等某些工况时，切断油泵电源，使其停止工作。油泵的出口设有单向阀，使发动机在不工作时，油管内保存一定残余压力，以利于发动机再次起动。

安装位置：油箱内部；

作用：向发动机提供燃油。

6）继电器

安装位置：位置灵活，一般集中在机舱继电器盒内；

作用：控制电路导通和断开。

1.2.2 发动机电控系统的分类

1. 按照喷油器的安装部位分类

1）单点燃油喷射系统

单点燃油喷射系统也称为节气门体喷射系统（TBI），是在节气门体上安装一个或两个喷油器，向进气歧管中喷射燃油从而形成可燃混合气。这种燃油喷射系统对混合气的控制精度比较低，各个气缸混合气的均匀性也比较差，国产沈阳金杯、上海奇瑞等部分车型采用这种单点电喷系统。

2）多点燃油喷射系统

多点燃油喷射系统简称 MPI，是在每一缸装有一只喷油器（安装在各缸进气门前），因而能保证各缸之间混合气浓度的一致性。由于该系统进气道仅仅通过空气，而空气的流动性要比燃油的颗粒流动性好，因此进气管可以自由设计，满足发动机的负荷要求，以求获得较大的转矩和功率。相比之下，多点燃油喷射系统比单点燃油喷射系统的控制精度要好得多。多点燃油喷射系统根据喷油器的安装位置又可分为歧管喷射（缸外喷射）和缸内喷射两种。

（1）歧管喷射。

歧管喷射（图1-1-12）是指在每个气缸的进气门前安装一个喷油器。喷油器喷射出燃油后，在进气门附近与空气混合形成可燃混合气，这种喷射系统能较好地保证各缸混合气总量和浓度的均匀性。目前自然吸气的发动机采用这种喷射方式较多。

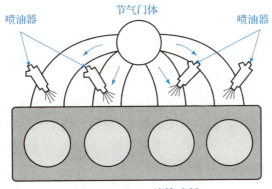

图1-1-12 歧管喷射

（2）缸内喷射。

缸内喷射（图1-1-13）是指将高压燃油直接喷到气缸内，类似于柴油机的燃油缸内喷射。不过这种喷射技术使用特殊的喷油器，燃油喷雾效果更好，并可在缸内产生浓度渐变的分层混合气，改善燃烧质量，因此越来越受到重视。目前使用这种喷射技术的发动机较多。

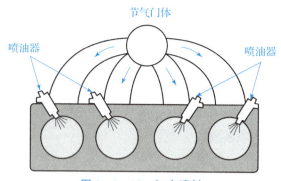

图 1-1-13 缸内喷射

3）混合喷射

因为歧管喷射有充足的混合时间，所以适合在 2 000 转以下的低速状况；而缸内直喷因为混合时间较短，只有高转速吸气能力强的时候才能更好地使空气和汽油混合。所以歧管喷射的发动机更适合城市堵车或者走走停停的路况，而缸内直喷的发动机则比较适合畅通的大路或者高速公路。

混合喷射是结合了歧管喷射和缸内喷射两种技术，每个气缸安装两只喷油器，一只位于进气门前方的歧管内，另一只位于缸内。在发动机处于低速运转时会使用歧管喷射，而发动机高速运转时就采用缸内直喷。

2. 按照喷油器的喷射方式分类

1）连续性燃油喷射系统

连续喷射又称为稳定喷射，在连续喷射系统中，汽油被连续不断地喷入进气歧管并在进气管内蒸发后形成可燃混合气再被吸入气缸内。由于连续喷射不必考虑发动机的工作时序，故障控制系统结构比较简单，在早期的机械喷射和机电一体的喷射系统中采用。这种连续喷射系统由于控制精度不高，目前已经被淘汰。

2）间歇性燃油喷射系统

间歇性燃油喷射系统是在发动机运转期间间歇性地向进气歧管中喷油，其喷油量的大小取决于喷油器的开启时间，即发动机控制单元（ECU）发出的喷油脉冲宽度。这种燃油喷射方式广泛应用于现代电控燃油喷射系统中。

间歇喷射又可细分为同时喷射、分组喷射和顺序喷射三种形式，相比之下，由于顺序喷射方式在最佳的喷油时间向各缸喷射汽油，所以有利于改善发动机的燃油经济性。但要求系统对喷油的气缸进行识别，同时要求喷油器驱动回路与气缸的数目相同，故控制方式比较复杂。目前，绝大部分车型都采用燃油顺序喷射系统。

3. 按照进气量检测方式不同分类

电控燃油喷射系统按进气量检测方式不同可分为 D 型和 L 型。"L"是德文"空气"一词的第一个字母。这种方式是用空气流量计直接测量发动机吸入空气流量计的空气量。其测量的准确程度高于 D 型，故可更精确地控制空燃比。其结构框图如图 1-1-14 所示。发动机的进气量是一个很关键的参数，它对于发动机控制单元（ECU）确定喷油脉冲宽度和点火正时十分重要。

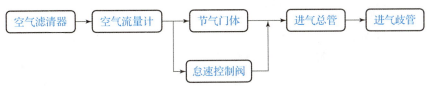

图 1-1-14　L 型空气供给系统的结构框图

"D"是德文"压力"一词的第一个字母。D 型电控燃油喷射系统是以进气压力传感器来检测进气管的负压变化，从而感知发动机的进气量，如图 1-1-15 所示。

图 1-1-15　D 型空气供给系统的结构框图

任务 1.3　电子控制技术的应用

1. 电子燃油喷射系统（EFI）

根据进气量确定基本喷油量，再根据其他传感器（如冷却液温度传感器、节气门位置传感器等）信号对喷油量进行修正，使发动机在各种运行工况下均能获得最佳浓度的混合气，从而提高发动机的动力性、经济性和排放性。

2. 电控点火系统（ESA）

点火系统的作用是在适当的时刻点燃被压缩的可燃混合气，使之燃烧。它主要由曲轴位置传感器、凸轮轴位置传感器、爆燃传感器、点火控制模块、点火线圈、分电器（独立点火车型没有）、高压线（独立点火车型没有）以及火花塞等组成。ECU 根据曲轴位置传感器和凸轮轴位置传感器以及其他传感器传来的信号计算出最佳点火时刻和通电时间，并将此计算结果送至点火控制模块，再由点火控制模块控制点火线圈的初级电路导通与截止；通过高压线的配送，到达各缸的火花塞，从而点燃各缸的混合气；同时，利用爆燃传感器对气缸的爆燃情况进行分析，当 ECU 检测到气缸发生爆燃的信号后，会推迟点火，从而提高点火系统的控制精度。点火系统的控制过程比较复杂，将在点火系统中详细讲解。

3. 怠速控制系统（ISC）

怠速控制系统是在发动机怠速工况下，根据发动机冷却液温度、空调压缩机是否工作、变速器是否挂入挡位等，通过怠速控制阀对发动机的进气量进行控制，使发动机随时以最佳怠速转速运转。

4. 排放控制系统

排放控制系统主要是对发动机排放控制装置的工作进行电子控制。排放控制的项目主要包括：废气再循环（EGR）控制、活性炭罐电磁阀控制、氧传感器和空燃比闭环控制、二次空气喷射控制等。

5. 进气控制系统

进气控制系统主要是根据发动机转速和负荷的变化，对发动机的进气进行控制，以提高发动机的充气效率，从而改善发动机动力性。

6. 增压控制系统

增压控制系统是对发动机进气增压装置的工作进行控制。在装有废气涡轮增压装置的汽车上，ECU 根据检测到的进气管压力，对增压装置进行控制，从而控制增压装置中进气增压的强度。

7. 巡航控制系统

设定巡航控制模式后，ECU 根据汽车运行工况和运行环境信息，自动控制发动机工作，使汽车自动维持一定车速行驶。

8. 警告提示

由 ECU 控制各种指示和报警装置，一旦控制系统出现故障，该系统能及时发出信号以警告提示。

9. 自诊断与报警系统

用来提示驾驶员发动机有故障；同时，系统将故障信息以设定的数码（故障码）形式储存在存储器中，以便帮助维修人员确定故障类型和范围。

10. 失效保护系统

失效保护系统主要是当传感器或传感器线路发生故障时，控制系统自动按 ECU 中预先设定的参考信号值工作，以便发动机能继续运转。

11. 应急备用系统

当控制系统 ECU 发生故障时，自动启用备用系统（备用集成电路），按设定的信号控制发动机转入强制运转状态，以防车辆停驶在路途中。

知识拓展

1. 传感器

1）传感器现状

早在 20 世纪 60 年代，汽车发动机上仅有机油压力传感器、冷却液温度传感器、油量传感器等，它们仅与仪表和指示灯相连。进入 20 世纪 70 年代，为了解决发动机的节油和排气净化两大技术难题，又增加了一些传感器来帮助控制汽车发动机，以达到节油和减少废气污染；20 世纪 80 年代以后，随着电子技术的迅猛发展，电子控制发动机系统也不断发展完善，逐步形成了当今性能卓越的电子集中控制系统，传感器在汽车发动机上得到了广泛应用。随着电子技术的发展，汽车电子化程度不断提高，通常的机械系统已经难以解决某些与汽车功能要求有关的问题，而被电子控制系统代替。传感器的作用就是根据规定的被测量的大小，定量提供有用的电输出信号的部件，即传感器把光、时间、电、温度、压力及气体等的物理、化学量转换成信号的变换器。传感器作为汽车电控系统的关键部件，它直接影响汽车技术性能的发挥。目前，普通汽车上装有 10~20 只传感器，高级豪华轿车则更多，这些传感器主要分布在发动机控制系统、底盘控制系统和车身控制系统中。汽车的传感器与市场上常见的通用的传感器不同，它是按照汽车电子控制系统的特殊要求而设计的。汽车上各种新的电器和电子系统需要更多的新型传感器，这就需要加大新型传感器的研发力度，满足市场需求。除了不断提出新的传感器任务外，现有各种传感器在使用一段时间后，将会被新的、更便宜的、性能更好的、用更新工艺制造的传感器所代替。如今，在汽车市场的激烈竞争中，关键部件的性能甚至可以影响整机的质量，因此，对汽车关键部件的研发应当加以重视，以提高整体效能。在汽车传感器的研发过程中，必须满足新的要求，符合新的发展趋势。

2）传感器的应用

氧传感器有多种形式，接线有1根、2根、3根或者4根。后两种是装有加热元件的加热式氧传感器。使用时需要按照规定里程或时间间隔定期检测或更换。新型的氧传感器能保证行驶8万~11万km。检测时有的要求用扫描仪器来测量氧传感器的输出，有的可用数字电压表检测输出电压信号随混合气浓度变化的情况，以及ECU对电压信号的反应。

底盘控制用传感器是指分布在变速器控制系统、悬架控制系统、动力转向系统、防抱制动系统中的传感器，在不同系统中作用不同，但工作原理与发动机中传感器是相同的，主要有：变速器控制传感器、悬架系统控制传感器、动力转向系统传感器、防抱制动传感器。

车身控制用传感器主要目的是提高汽车安全性、可靠性、舒适性等，主要有应用于自动空调系统中的多种温度传感器、风量传感器、日照传感器、安全气囊系统中加速度传感器、亮度自控中光传感器、死角报警系统中超声波传感器、图像传感器等。

3）汽车发动机用传感器的发展

（1）微型化：发动机控制系统的功能越来越强大，部件越来越多，要求各个部件体积尽可能小。采用新的材料和加工工艺，使微型传感器在发动机上得到广泛的应用，如硅加速传感器、纳米磁敏传感器等。它们在降低汽车发动机电控系统成本以及提高其使用性能方面优势明显，已逐步取代传统机电技术的传感器。

（2）高精度、高可靠性：随着汽车废气排放新法规的实施，全球石油资源日趋紧张，对汽车发动机的要求越来越高，追求低排放、低油耗、大功率的发动机是大势所趋，这必须具有高精度、高可靠性的传感器来保证发动机工作在最佳状况才能达到。研制高精度、高可靠性的传感器将是今后永恒的方向。

（3）智能化：随着电子技术的发展，传感器的功能已不再是输出一个单一的模拟信号，而是经过微电脑处理好后的数字信号，有的甚至带有控制功能，具有智能作用，它将使汽车发动机控制系统简单可靠，并易实现系统的集成化。

2. 电子控制装置ECU

1）电子控制单元的发展现状

由于经济的快速发展，人们生活水平的进一步改善，对汽车安全、舒适等方面的要求不断提高。传统的机械装置与技术在汽车领域的应用已趋于成熟，有些甚至已达到其物理极限，要进一步发展具有局限性，在这些因素的影响下，使得汽车电子技术在汽车整车和零部件上的应用越来越广泛。现在，每一辆汽车几乎都是机械、电子和信息一体化装置，以至有人认为汽车正在由一个拥有大量电子技术与装置的机械系统向一个由一定机械装置支撑的电子电气系统转变。与五年前相比，如今车内增加了许多电子部件。除了收音机、播放机以及电动门窗和后视镜以外，还有卫星收音机、视频屏幕、自动气候控制以及油耗里程监控等功能。由于电子控制、计算机、通信等技术的迅猛发展，使汽车电子产品技术和产品的开发日新月异。汽车的电子化程度是衡量一个国家汽车工业发展水平的重要标志。汽车电子可分为发动机电子、底盘电子、车身电子、信息通信与娱乐系统四大类。从汽车技术的发展现状看，汽车电子技术是支撑现代汽车发展的基础技术之一，已不是简单地对汽车的单个零部件进行电子控制，而是汽车进行优化综合控制。因此智能化、综合化、网络化控制是汽车电子控制的重要发展方向。电子技术已在车辆发动机控制、底盘控制、故障诊断以及音响、导航等各个方面得到广泛应用，显著提高了车辆的整体性能。因此近些年来，电子控制单元格外受到重视。所谓电子控制单元，实际上就是一部单片机，有自己的处理器、设备和简单的存储器。电子控制单元正向系统综合化、网络化、高度集成化方向发展。采用计算机网络技术，通过数据总线将各个连接在一起，产生综合电子控制系统，有些高档的轿车，往往拥有几十个甚至上百个，这些通过数字总线等结构连接在一起，形成一个控制系统。电子控制单元在汽车上的广泛应用，使汽车的动力性、经济性、安全性、舒适性、可靠性都得到了显著的改善和提高。

电子控制单元是汽车电子中的核心器件，是中央控制单元通过车内网络完成协调与连接，完成对发动机、车身、底盘、通信等系统的控制。

2）电子控制装置原理

电子控制单元又称为电子控制器，俗称电脑（一般简写为 ECU、发动机控制模块 MCU、EEC 或者 PCM），是发动机电控系统的核心部件。其功能是根据各种传感器和控制开关输入的信号参数，对喷油量、喷油时刻和点火时刻、怠速控制、进气控制、排放控制、自诊断失效保护和备用控制系统等进行控制。ECU 主要由输入回路、模拟/数字（A/D）转换器、微机和输出回路 4 部分组成。输入回路主要指从传感器来的信号，首先进入输入回路。在输入回路里，对输入信号进行预处理，一般是在去除杂波和把正弦波变为矩形波后，再转换成输入电平。A/D 转换器功用将模拟信号转换为数字信号后再输入微机。如果传感器输出的是脉冲（数字）信号，经过输入回路处理后可以直接进入微机，微机是发动机电控系统的核心，它能根据需要把各种传感器送来的信号，按内存的程序对数据进行运算处理，并把处理结果送往输出回路。输出回路的作用是将微机发出的指令，转变成控制信号来驱动执行器工作。输出回路一般起着控制信号的生成和放大等作用。在发动机运转过程中，ECU 根据发动机控制系统的各传感器送来的信号，判断发动机当前所处的运行工况和工作条件，并从 ROM 中查取相应的控制参数数据，经中央处理器（CPU）的计算和必要的修正后，输出相应的控制信号，控制发动机运转。电子控制单元的简要工作过程如下：

（1）发动机起动时，ECU 进入工作状态，某些程序从 ROM 中取出，进入 CPU。这些程序可以用来控制点火时刻、燃油喷射和怠速等。

（2）通过 CPU 的控制，指令逐个地进行循环执行。执行程序中所需要的发动机状态信息来自各个传感器。

（3）从传感器来的信号，首先进入输入回路进行处理。如果是数字信号，则直接经 I/O 接口进入微机；如果是模拟信号，则经 A/D 转换器转换成数字信号后才经 I/O 接口进入微机。

（4）大多数信息暂时存储在 RAM 内，根据指令再从 RAM 送到 CPU。有时需将存储在 ROM 中的参考数据引入 CPU，使输入传感器的信息与之进行对比。

（5）对来自有关传感器的每一个信息依次取样，并与参考数据进行比较。

（6）CPU 对这些数据进行比较运算后，做出决定并发出输出指令信号，经 I/O 接口，必要的信号还要经 D/A 转换器变成模拟信号，最后经输出回路去控制执行器的动作。

自我评价

一、填空题

1. 发动机电控系统由_____、_____、_____组成。
2. 喷油器按照安装部位分为_____、_____。
3. 多点喷射系统根据喷油器安装位置分为_____、_____。
4. 喷油器按照喷射方式分为_____、_____。

二、问答题

1. 电控燃油喷射系统有什么优点？
2. 电控系统有哪些应用？
3. 汽车电子技术发展经历了哪三个阶段？
4. 电子控制单元的功能是什么？
5. 传感器的功用是什么？
6. 电控系统主要传感器有哪些？

项目二

汽油机电控燃油喷射系统

项目导读

汽油机燃油供给系统的任务是根据发动机各种不同工况的要求,配制出一定数量和浓度的可燃混合气,供入气缸,使之在临近压缩终了时点火燃烧而膨胀做功。最后,供给系统还应将燃烧产物——废气排入大气中。

思维导图

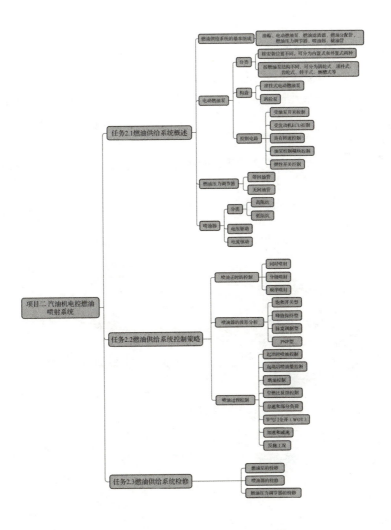

任务 2.1　燃油供给系统概述

素质目标

1. 具备沟通交流能力、团结协作能力。
2. 遵守操作规范，强化安全意识。
3. 具备精益求精的工匠精神。
4. 锻炼科学的分析和解决问题的能力。

知识目标

1. 了解燃油供给系统的组成、安装位置及分类。
2. 了解燃油系统各个部件的工作原理。
3. 了解无回油系统。

能力目标

1. 通过以下的学习，学生应能对各种燃油系统进行说明；能独立完成对燃油系统的检测工作。
2. 掌握电控燃油喷射系统各部件的常见故障与排除。
3. 掌握电控燃油喷射系统的燃油压力测试方法及通过燃油压力判断其系统故障。

任务分析

燃油供给系统是发动机电控系统的重要部分，在熟悉燃油供给系统主要组成部件的布置和结构基础上（图 2-1-1），掌握电动燃油泵、燃油压力调节器、燃油滤清器等部件的作用及类型、结构及原理、维护与检修方法。

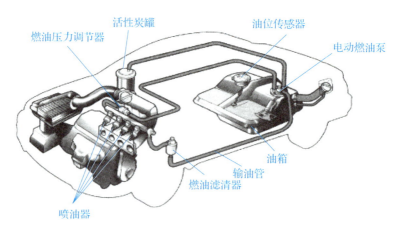

图 2-1-1　燃油供给系统部件位置图

任务讲解

氧传感器的原理及其检测

❄ 2.1.1 燃油供给系统的基本组成

燃油供给系统是电控汽油喷射系统中的重要组成部分，主要由油箱、电动燃油泵、燃油滤清器、燃油分配管、燃油压力调节器、喷油器、输油管等组成，部分车型还设有油压脉动阻尼器、冷起动喷油器等，如图 2-1-2 所示。

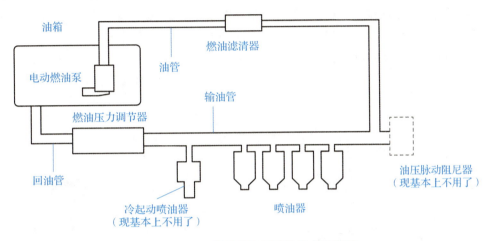

图 2-1-2　燃油供给系统的组成示意图

燃油系统的主要作用是向发动机提供燃烧所需要的燃油，燃油从油箱被燃油泵加压后，经燃油滤清器过滤燃油中的杂质，供给喷油器。发动机电控单元根据各传感器的输入信号控制喷油器的开启，将计量后的燃油喷入各进气歧管或稳定压室中，与流入发动机内的空气进行混合，形成可燃混合气，并参与燃烧。同时在燃油系统中还利用油压调节器将多余的燃油送回油箱，使燃油的压力保持在 250~300 kPa，并利用油压脉动阻尼器来吸收管路中的油压波动，从而提高喷油的控制精度。

燃油系统的故障一般都是由油压过高或过低造成的，油压过高会造成混合气过浓，油压过低会造成混合气过稀。但是这不等于混合气过浓或过稀就一定是由于燃油系统引起的，比如说油压正常，但是混合气偏稀，就可能是由于进气系统漏气引起的。如果油压过高或过低，就必须从燃油系统入手进行检测了。

❄ 2.1.2　电动燃油泵

1927 年，ACsparkplug 公司研制成功第一台机械式油泵，采用发动机曲轴驱动。

1969 年，通用最先在别克车上使用内置电动燃油泵。

电动燃油泵（Electronic Fuel Pump，EFP）是一种由小型直流电动机驱动的燃油泵，其作用是将燃油从油箱中吸出，给电控燃油喷射系统提供具有一定压力的燃油。电动燃油泵的泵体和电动机安装在一起。

1. 电动燃油泵的分类

电动燃油泵按安装位置不同，可分为内置式和外置式两种。

内置式：安装在油箱中，具有噪声小、不易产生气阻、不易泄漏、管路安装较简单等优点。

外置式：串接在油箱外部的输油管路中，优点是容易布置、安装自由度大，但噪声大，易产生气阻。

按燃油泵结构不同，可分为涡轮式、滚柱式、齿轮式、转子式、侧槽式等类型。

目前，在电控汽油喷射系统中大多数应用的电动燃油泵都为内置式的涡轮泵，安装在燃油箱内。有些车型在油箱内还设有一个小油箱，燃油泵置于小油箱内，这样可防止在油箱燃油不足时，因汽车转弯或倾斜引起燃油泵周围燃油的移动，使燃油泵吸入空气而产生气阻。外置式电动燃油泵多采用滚珠式，它串接在油箱外部的输油管路中，优点是容易布置、安装自由度大，但噪声大，且燃油供给系统易产生气阻，所以只有少数车型应用，如图2-1-3所示。

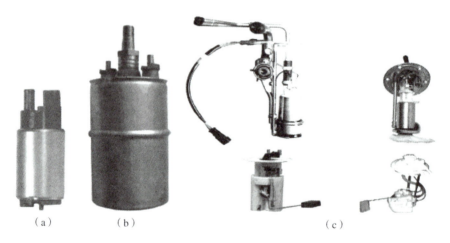

图2-1-3　叶片泵、滚柱泵及安装支架总成

(a) 叶片；(b) 滚柱泵；(c) 油泵与安装支架总成

2. 电动燃油泵的构造

1) 滚柱式电动燃油泵

其主要由燃油泵电动机、滚柱泵、出油阀等组成，如图2-1-4所示。

滚柱式电动燃油泵一般安装在油箱外面，因其输出压力波动较大，故在出油端必须安装阻尼减震器。

(1) 滚柱泵主要由滚柱和转子组成，转子呈偏心状，置于泵壳内，燃油泵由直流电动机驱动，当转子旋转时，位于转子槽内的滚柱在离心力的作用下，紧压在泵壳体内表面上，对周围起密封作用，在相邻两个滚柱之间形成了工作腔，在燃油泵运转过程中，工作腔转出出油口后，其容积不断增大，形成一定的真空度，当转到与进油口连通时，将燃油吸入；而吸满燃油的工作腔转过进油口后，其容积又不断减小，使燃油压力提高，受压燃油流过电动机，从出油口输出。

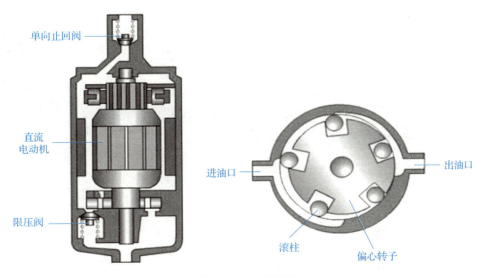

图 2-1-4 滚柱泵

(2) 限压阀的作用：当系统油压过高时起作用，从而避免因油压过高损坏管路。

(3) 单向止回阀的作用：当停机熄火后油泵不转时该阀门关闭，避免管路中的燃油流回油箱，保证系统内有一定的残压避免造成下次起动时不容易着车。

2) 涡轮泵

涡轮式电动燃油泵（简称涡轮泵）主要由电动机、涡轮泵、出油阀（单向阀）、泄压阀（安全阀）等组成，油箱内的燃油进入燃油泵内的进油室前，首先经过滤网初步过滤。电动机和叶片连成一体，密封在同一壳体内。

涡轮泵主要由叶轮、叶片、泵壳体和泵盖等组成（图 2-1-5），叶轮安装在燃油泵电动机的转子轴上。电动机通电时，电动机驱动叶轮旋转，离心力的作用，叶轮周围小槽内的叶片贴紧泵壳，并将燃油从进油室带往出油室。由于进油室燃油不断被带走，所以形成一定的真空度，将燃油箱内的燃油经进油口吸入；而出油室燃油不断增多，燃油压力升高，当油压达到一定值时，则顶开单向止回阀经出油口输出。单向止回阀和限压阀的作用与涡轮泵相同。

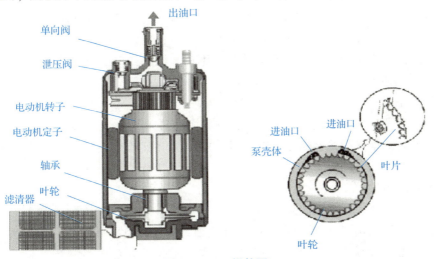

图 2-1-5 涡轮泵

3. 燃油泵控制电路

车型不同，采用的燃油泵控制电路一般也不同，主要分为以下几种类型。

1）受油泵开关控制的油泵电路

由空气流量计中的燃油泵开关对燃油泵工作进行控制，控制电路如图 2-1-6 所示。这种控制方式用于 L 型翼片空气流量计系统中，这种电路目前已很少采用。

微机点火控制系统

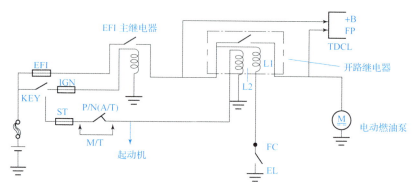

KEY—点火锁；TDCL—诊断座；IGN—点火熔断丝；FC—油泵控制；ST—起动；
A/T—自动变速器；FP—油泵；M/T—手动变速器；P/N—驻车/空挡起动开关。

图 2-1-6 燃油泵开关控制的油泵电路

（1）组成。

受发动机 ECU 控制的油泵电路由主熔断器、主继电器、开路继电器、油泵、发动机 ECU、诊断座等组成。

（2）元件安装位置。

发动机 ECU 位于仪表台下方。

主熔断器、主继电器、开路继电器位于发动机机舱的熔丝盒内。

（3）工作原理。

KEY 与 IGN 闭合，EFI 主继电器线圈通电，开关闭合，燃油泵不工作；KEY 与 IGN 和 ST 同时接通时，即起动挡位，线圈 L2 通电，燃油泵工作，着车成功后，KEY 回位，只与 IGN 接通，当空气流过空气流量计，燃油泵开关闭合，L1 通电，开路继电器触点闭合，燃油泵工作；发动机不工作时，空气流量计叶片不动，燃油泵开关断开，L1 断电，开路继电器触点分开，燃油泵停止工作。

（4）检修思路。

第一步，检测油泵两端电压，若有电，则更换油泵；

第二步，将一根导线接诊断座 +B 和 FP 两端，若不工作则更换 EFI 主继电器；

第三步，当起动时油泵工作，钥匙回位后油泵不工作，则油泵控制开关出现故障，否则，更换开路继电器。

2）受发动机 ECU 控制的油泵电路

由 ECU 和开路继电器对燃油泵工作进行控制，其控制电路如图 2-1-7 所示。这种控制方式多用于 D 型系统及 L 型热线式和卡门式空气流量计系统中。

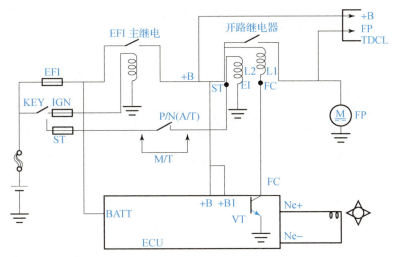

图 2-1-7 受发动机 ECU 控制的油泵电路

（1）组成。

受发动机 ECU 控制的油泵电路由主熔断器、主继电器、开路继电器、油泵、发动机 ECU、诊断座等组成。

（2）元件安装位置。

发动机 ECU 位于仪表台下方。

主熔断器、主继电器、开路继电器位于发动机机舱的熔丝盒内。

一般丰田汽车有两个诊断座，一个为 OBD-Ⅰ，位于发动机机舱内；另一个为 OBD-Ⅱ，位于仪表台下方。

（3）工作原理。

开路继电器中有两组线圈：一组线圈（L2）直接由点火开关起动挡控制，另一组线圈（L1）由 ECU 控制。

当 KEY-IGN 闭合时，EFI 主继电器闭合，接通了发动机 ECU 和开路继电器的电源。起动车时，KEY-ST 给开路继电器内 L2 供电，开路继电器触点闭合，接通 FP 电源，油泵工作。发动机 ECU 接收到点火信号时，控制 FC 线搭铁，使开路继电器闭合，给 FP 提供电源，油泵开始转动。3~5 s 后，发动机 ECU 没有收到起动或发动机转速信号，就会截止 FC 线，开路继电器断开 FP 电源，油泵停止转动。实现 3 s 功能，建立系统工作油压，方便起动着车。

当发动机运转后，ECU 收到转速传感器信号后，控制 VT 三极管导通，使开路继电器工作，开路继电器触点保持闭合状态，起动后，L2 退出工作。油泵继续工作，给系统提供工作油压。

如果发动机意外熄火，来自曲轴位置与转速传感器的转速信号 Ne 中断，ECU 内部的三极管 VT 立即截止，线圈 L1 的电路被切断，开路继电器的触点断开，电动燃油泵断电而停止运转。

（4）检修思路。

第一步，检测油泵两端电压，若有电，则更换油泵；

第二步，将一根导线接诊断座 +B 和 FP 两端，若不工作则更换 EFI 主继电器；

第三步,当起动时油泵工作,钥匙回位后油泵不工作,则ECU局部故障或曲轴位置传感器故障,否则,更换开路继电器。

3)具有转速控制的燃油泵控制电路

此种控制电路的特点是,燃油泵的转速可以变化,即可根据发动机转速和负荷的不同而变化。其控制电路如图2-1-8所示。

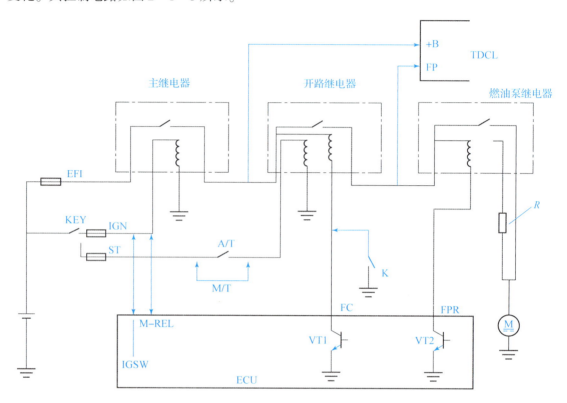

IGSW—点火开关;M-REL—主继电器控制;FPR—燃油泵转速控制。

图2-1-8 具有转速控制的燃油泵控制电路

(1)组成。

具有转速控制的燃油泵控制电路由主熔断器、主继电器、开路继电器、油泵继电器、油泵、发动机ECU、诊断座等组成。

(2)元件安装位置。发动机ECU位于仪表台下方,主熔断器、主继电器、开路继电器位于发动机机舱的熔丝盒内。

一般丰田汽车有两个诊断座,一个为OBD-Ⅰ,位于发动机机舱内;另一个为OBD-Ⅱ,位于仪表台下方。

(3)工作原理。

第一种电路:KEY-ON后,主继电器闭合,接通系统电源,发动机ECU控制VT1搭铁,开路继电器闭合。油泵以高速转动3~5s,3~5s后,发动机ECU未收到转速信号,开路继电器停止给油泵继电器供电,油泵停实现3s功能,起动时开路继电器闭合。

当发动机在怠速或中小负荷工作时,VT2导通使继电器常开触点闭合,电阻串入电路中,油泵低速运转。

当高转速大负荷时，ECU 切断 VT2 搭铁，使油泵继电器常闭触点闭合，油泵高速运转。

第二种电路：在发动机使用步进式电动机怠速阀车上，主继电器由 ECU 控制。

KEY - ON 后，先给 ECU 一个信号 IGSW，ECU 通过 M - REL 输出 12 V 给主继电器，使主继电器闭合，然后 ECU 再根据转速信号控制 VT1 工作，使油泵工作。

发动机关 ECU 根据信号来控制 VT2 工作，使油泵实现高、低速转动。K 线为故障检测线。

（4）检修思路。

第一步，检测油泵两端电压，若有电，则更换油泵；

第二步，当发动机处于高转速时油泵工作而低转速时不工作，则检测油泵继电器，正常则 ECU 局部故障或转速传感器故障；

第三步，当发动机处于高低转速油泵都不工作，将一根导线接诊断座 + B 和 FP 两端，若不工作则更换 EFI 主继电器；

第四步，当起动时油泵工作，钥匙回位后油泵不工作，则 ECU 局部故障或转速传感器故障，否则，更换开路继电器。

4）利用油泵控制模块控制的油泵电路

由燃油泵 ECU 对燃油泵工作进行控制，燃油泵 ECU 通过发动机 ECU 控制，给燃油泵不同的驱动电压，使燃油泵的转速和油压能按需求变化，其控制电路如图 2 - 1 - 9 所示。

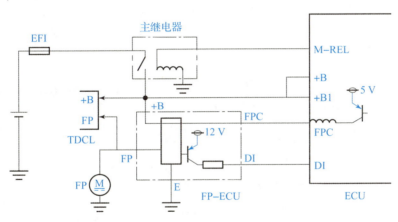

DI—油泵检测线；M - REL—主继电器控制；FPC—油泵高低速控制。

图 2 - 1 - 9 利用油泵控制模块控制的电路

（1）组成。

利用油泵控制模块控制的油泵电路由发动机 ECU、油泵 ECU、主继电器、主熔断器、诊断座等组成。

（2）元件安装位置。

发动机 ECU 位于仪表台下方，主熔断器、主继电器位于机舱的熔丝盒内，油泵 ECU 位于行李厢内，诊断座位于发动机机舱内。

（3）工作原理。

当 KEY - ON 后，发动机 ECU 接收到点火信号，控制 ECU 从 M - REL 输出 12 V 电流给主继电器，使主继电器闭合，给发动机 ECU 和油泵 ECU 提供电源。当发动机 ECU 接收到电流时,会从 FPC 输出 4~6 V 的电压信号给油泵 ECU,油泵 ECU 接收到高电压信号后,会从 FP 线输出 12 V 的电源给油泵,油泵高速转动。3~5 s 后,发动机 ECU 没有收到起动或发动机转速信号,就会截止 FPC 线,油泵 ECU 将截止 FP 电源,油泵停止转动。实现 3 s 功能,建立系统工作油压,方便起动着车。

起动后,当发动机在怠速或小负荷时,发动机 ECU 向油泵 ECU 的 FPC 端输出一个低电位,约 2.5 V,此时 FP - ECU 的 FP 端输出 9 V,使油泵低速运转。

当发动机在起动阶段后高转速、大负荷下工作时,发动机 ECU 向油泵 ECU 的 FPC 端输入一个高电位信号,为 4~6 V,此时 FP - ECU 的 FP 端输出 12 V,使油泵高速运转。

当发动机的转速低于最低转速(如 120 r/min)时,发动机 ECU 向燃油泵 ECU 的 FPC 端输入一个低电位信号(0 V),燃油泵 ECU 停止向燃油泵提供工作电压,使燃油泵停止工作。

发动机 ECU 与燃油泵 ECU 之间的 DI 电路为燃油泵 ECU 的故障诊断信号线路。

(4) 检修思路。

第一步,当 KEY - ON 后,检测 M - REL 端是否有电,没电则 ECU 局部故障;

第二步,检测油泵两端是否有电,有电则更换油泵;

第三步,否则更换 FP - ECU。

5) 惯性开关控制的油泵电路

此种控制电路的特点是:油泵电路中串联了一个惯性开关,当车辆发生故障时,惯性开关可以断开其电路,防止油泵继续转动,燃油外泄发生事故。惯性开关控制的油泵电路如图 2 - 1 - 10 所示。

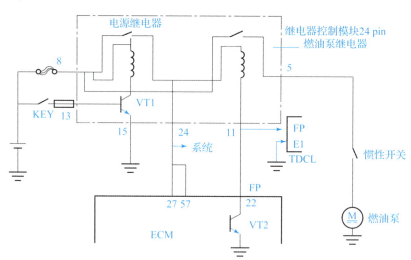

图 2 - 1 - 10 惯性开关控制的油泵电路

(1) 组成。

惯性开关控制的油泵电路主要由继电器控制模块、ECM、油泵和惯性开关等组成。

(2) 元件安装位置。

继电器模块是将多个继电器组合在一起,位于散热器支架上方或发动机室左侧。

福特车系惯性开关位于后备厢内;东风雪铁龙车系惯性开关位于机舱内左减震器旁。

诊断座 TDCL 为 6pin+1pin，位于发动机室右侧。

（3）工作原理。

惯性开关（图 2-1-11）串联在油泵电路中，当汽车发生碰撞时，此开关会自动断开，将油泵电路切断，以防意外。惯性开关位于行李厢装饰衬内侧，当开关断开后，如需恢复闭合，按一下复位按钮即可。

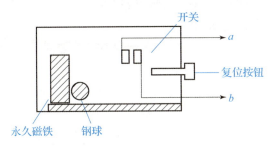

图 2-1-11 惯性开关

当 KEY-ON 后，继电控制模块内 VT1 导通使电源继电器闭合，接通 ECM 和系统的电源，ECM 内 VT2 导通，使油泵继电器闭合，从而使油泵工作，油泵的电流走向从 +B→易熔线→继电器模块 8 号→油泵继电器→继电器模块 5 号→惯性开关→油泵→搭铁。当行车中，如发生强烈碰撞，惯性开关会立即断开，切断油泵电路，以防意外。

（4）检修思路。

第一步，检测油泵两端是否有电压，有电则更换油泵；

第二步，检测惯性开关两端电阻，无穷大则惯性开关断开；

第三步，将导线接诊断座 FP 和 E1 端，若油泵正常工作，检测油泵继电器，正常则 ECU 局部故障；

第四步，检测电源继电器，正常则 VT1 损坏。

2.1.3 燃油压力调节器

燃油压力调节器（图 2-1-12）的作用是保持输油管内燃油压力与进气管内气体压力的差值恒定，即根据进气管内压力的变化来调节燃油压力。因为喷油器的喷油量除取决于喷油持续时间外，还与喷油压力有关。

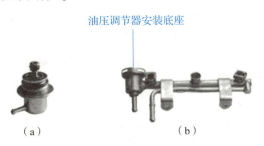

图 2-1-12 油压调节器

(a) 油压调节器；(b) 燃油轨及油压调节器底座

进气管内的真空度随节气门的转动而产生波动，将进气管的真空引入燃油压力调节器，可使燃油压力与进气压力之间的压力差保持恒定。

相同的喷油持续时间内，喷油压力越大，喷油量越多，反之亦然。所以只有保持喷油压力恒定不变，在各种负荷下喷油持续时间是决定喷油量的唯一因素，以实现电控单元对喷油量的精确控制。

燃油压力调节器根据安装位置分为两种类型，一种与燃油分配管相连，特点是带回油管；另一种在油箱中，特点是无回油管。

压力之差一般为250~300 kPa，喷油量唯一取决于喷油器开启时间。

1. 带回油管的燃油压力调节器

带回油管的燃油压力调节器通常安装在燃油分配管的一端（燃油分配管的作用是固定喷油器和燃油压力调节器，并将燃油分配给各个喷油器），其实物如图2-1-13所示，其结构如图2-1-14所示，燃油压力调节器主要由膜片、弹簧、回油阀等组成。压力调节器是一金属壳体中间通过一个膜片将壳体内腔分为两个小室：一个内装有预紧力的弹簧压在膜片上的称为弹簧室；另一侧为燃油室，膜片上方的弹簧室通过软管与进气管相通，膜片与回油阀相连，回油阀控制回油量。

 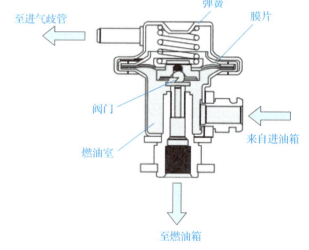

图2-1-13　燃油压力调节器实物　　　　图2-1-14　燃油压力调节器的结构

燃油压力调节器的工作原理：当发动机工作时，燃油压力调节器膜片上方承受的压力为弹簧的弹力和进气管内气体的压力之和，膜片下方承受的压力为燃油压力，当膜片上、下承受的压力相等时，膜片处于平衡位置不动。当进气管内气体压力下降（真空度增大）时，膜片向上移动，回油阀开度增大，回油量增多，使输油管内燃油压力也下降；反之，当进气管内的气体压力升高时，则膜片带动回油阀向下移动，回油阀开度减小，回油量减小，使输油管内燃油压力也升高。

由此可见，在发动机工作时，燃油压力调节器通过控制回油量来调节输油管内的燃油压力，从而保持喷油压力恒定不变。

2. 无回油系统

无回油燃油系统实际并不是真的没有回油管，只是将回油管和燃油压力调节器与燃油泵、燃油滤清器、燃油表传感器等组成一体,一起组合安装在燃油箱内,燃油压力调节器和燃油滤清器位于总成的上部,由一条油管将燃油分配管和这个总成连接起来,如图2-1-15所示。

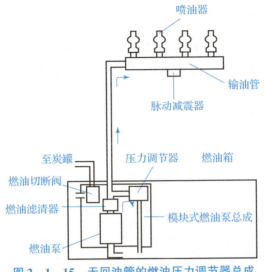

图2-1-15 无回油管的燃油压力调节器总成

在无回油管燃油系统中,由于燃油泵供给的多余燃油在燃油箱完成回流,从而避免了回油吸热导致油温升高的现象。

无回油管的燃油压力调节器是一个弹簧加载的压力调节器,如图2-1-16所示。它主要由调节阀和调压弹簧组成。

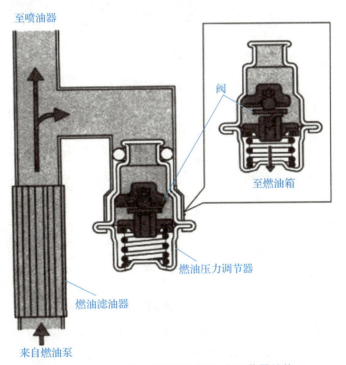

图2-1-16 无回油管的燃油压力调节器结构

它的作用是把燃油管的压力限定在 350 kPa。当燃油压力小于 350 kPa 时，调压阀在调压弹簧的作用下落座；当燃油压力大于 350 kPa 时，调压阀克服调压弹簧的作用力向下移动，多余的燃油便经过调压阀和阀座之间的间隙流入调压弹簧室，再返回油箱。这样可减少燃油热量，减小燃油气泡的形成。当然，标准压力限定值与车型有关。

典型无回油系统（POLO）：

POLO 无回油系统如图 2-1-17 所示，去掉了回油管和真空控制的油压调节器。燃油压力通过安装在燃油滤清器上的压力调节器进行调节，燃油压力保持在 0.3 MPa，在燃油轨上装有一排气阀，在更换系统原件后，应进行排气。

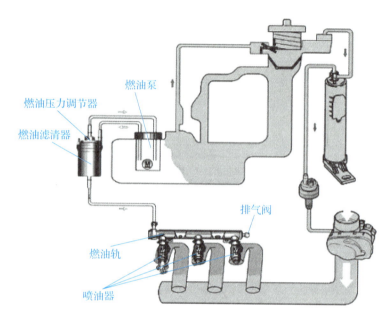

图 2-1-17 POLO 无回油系统

燃油滤清器安装在油箱的右侧，燃油压力调节器镶嵌在燃油滤清器上，并用一个固定夹固定。系统压力高低取决于调节器中弹簧加载在膜片上的弹力的大小，油泵将燃油送入滤清器的空腔。系统设定压力为 0.3 MPa，当系统压力超过 0.3 MPa 后，膜片开启，释放燃油降低系统压力。

在更换汽油滤清器时，必须更换燃油压力调节器密封胶圈。在作业完成后，起动发动机观察是否有泄漏。

无回油系统的检测和维修与以上讲解的基本相同，在这里不一一阐述。

2.1.4 燃油滤清器

汽油在储运及加注过程中，难免会混入一些机械杂质和水分，如果这些杂质随着燃油进入供油系统中和发动机气缸内，就会加速气缸磨损。滤清器堵塞后，将使供油管的阻力增加，供油不足，造成混合气过稀，发动机功率下降。而燃油滤清器的作用就是滤除燃油中的氧化铁、粉尘等固体夹杂物，防止燃油系统堵塞，减小系统的机械磨损，确保发动机稳定运转，提高工作可靠性。燃油滤清器安装在燃油泵之后的高压油路中，安装位置一般在车身底部。燃油滤清器的种类多种多样，如图2-1-18所示。

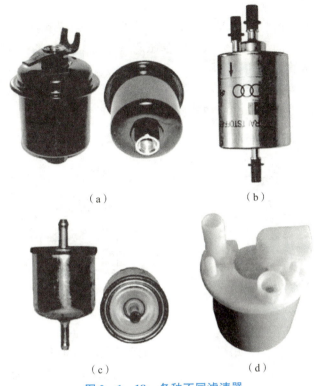

图 2-1-18　各种不同滤清器

(a) 使用螺纹连接的滤清器；(b) 快接头连接的滤清器；(c) 使用卡扣连接的滤清器；
(d) 与油泵一起安装的滤清器

燃油滤清器应具有过滤效率高、寿命长、压力损失小、耐压性能好、体积小、质量轻等性能。滤清器内部经常受到200～300 kPa的燃油压力，因此耐压强度要求在500 kPa以上。

汽车燃油滤清器内部结构基本相同，多采用纸质滤芯，外壳用硬塑料或金属封闭，为易耗品。其结构如图2-1-19所示。燃油从入口进入滤清器，经过壳体内的滤芯过滤后，清洁的燃油从出油口流出。

其更换周期应参照生产商所提供的时间表，并根据当地油品调整其更换周期，但不可高于生产商的标准。一般汽车每行驶20 000～40 000 km或1～2年，应更换燃油滤清器。更换燃油滤清器时，应首先释放燃油系统压力，并注意燃油滤清器壳体上的箭头标记为燃油流动方向。长期不更换可造成车辆加速无力或无高速等故障现象。

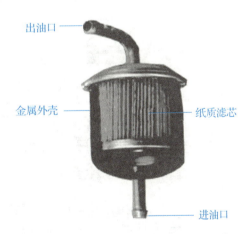

图 2-1-19　滤清器结构

2.1.5 油压脉动阻尼器

当燃油泵泵油、喷油器喷射及油压调节器的回油平面阀开闭时，都将引起燃油管路中油压的脉动和脉动噪声。燃油压力脉动太大使油压调节器的工作失常。油压脉动阻尼器的作用是减小燃油管路中油压的脉动和脉动噪声。

脉动阻尼器一般有两个安装位置：一是在供油管路上安装（图 2-1-20），二是在燃油泵上安装。值得注意的是有些车型不加装脉动阻尼器。

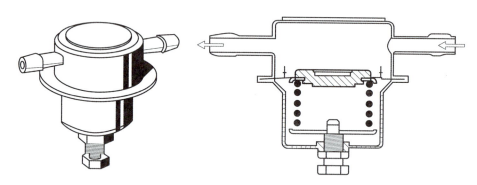

图 2-1-20　油压脉动阻尼器

油压脉动阻尼器的工作原理如图 2-1-21 所示，来自燃油泵的燃油先流到油压脉动阻尼器，然后流向燃油导轨。当燃油压力过高时，膜片压缩弹簧使膜片前部的空间增大，使本来过大的压力值缓和下来；当油压过低时，弹簧伸张使膜片前部的空间减小，从而使油压略有上升。燃油压力脉动减震器通常是在 250 kPa 的压力下使用，但是由于喷油器工作时会产生压力脉动，所以它的常用工作范围可达 300 kPa 左右。

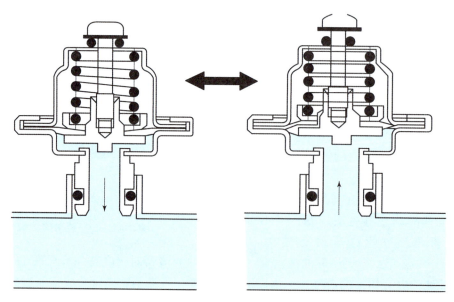

图 2-1-21　油压脉动阻尼器的工作原理

当油压脉动阻尼器出现故障时，对燃油系统的影响不会很大，检查时可用手摸脉动阻尼器，当燃油泵运转时，应感觉内部有振动感，如果没有，则应给予更换。

2.1.6 燃油导轨

燃油导轨又叫燃油分配总管（图2-1-22），燃油导轨安装在进气歧管上，它的作用是安装喷油器并将高压燃油均匀、等压地输送给各个喷油器。燃油导轨与喷油器之间用O形圈和喷油器固定夹子密封，O形圈可防止燃油泄漏，并具有隔热和隔振的作用。喷油器固定夹子将喷油器固定在燃油导轨上。大多数燃油导轨上都有燃油压力测试口，可用于检查和释放油压，燃油压力调节器和燃油脉动衰减器一般安装在燃油导轨上。

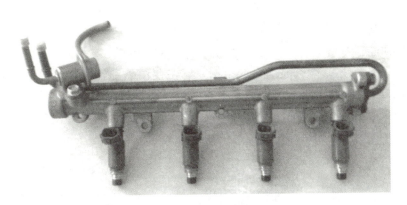

图2-1-22 燃油导轨示意图

2.1.7 喷油器

燃油喷射是利用喷油器（图2-1-23）将一定压力（250~350 kPa）的燃油以雾状形式喷入进气总管或进气歧管或气缸内，然后和空气混合成可燃混合气。

电子燃油喷射系统（EFI）是根据系统中的各种传感器信号，然后通过ECU的对比、逻辑分析，最后计算出喷油器通电时间（即喷油量），并接通喷油器电磁阀电路（喷油器是电磁阀类执行器，安装在燃油导轨上），使喷油器喷油，从而对喷油器的喷油时刻、喷油量进行精确的控制。

示波器的使用

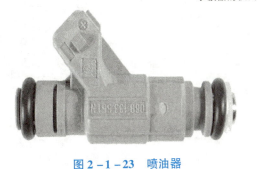

图2-1-23 喷油器

1. 喷油器的分类与结构

按结构不同可分为针阀、球阀及片阀三种，如图2-1-24所示。按其电磁线圈的阻值可分为高阻抗12~17 Ω、低阻抗0.6~3 Ω，其低阻抗喷油器不可直接加载蓄电池电压进行测试。

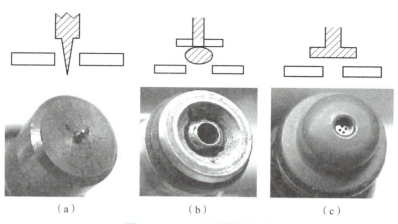

图 2-1-24 喷油器的分类
(a) 针阀式；(b) 球阀式；(c) 片阀式

1）针阀式喷油器

图 2-1-25 所示为针阀式喷油器的结构。它主要由喷油器壳体、喷油针阀、套在针阀上的衔铁以及根据喷油脉冲信号产生电磁吸力的电磁线圈等组成。电磁线圈无电流时，喷油器内的针阀被回位弹簧压在喷油器出口处的密封锥形阀座上。电磁线圈通电时，产生磁场吸动衔铁上移，衔铁带动针阀从其座面上升约 0.1 mm，燃油从精密环形间隙中流出。

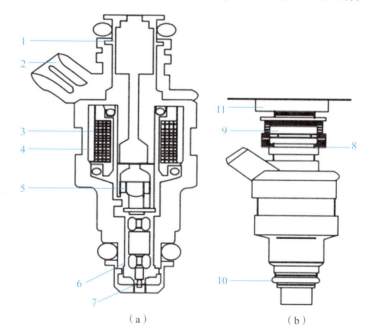

1—滤网；2—电接头；3—电磁线圈；4—弹簧；5—衔铁；6—针阀；7—轴针；
8—保险夹头；9—上密封圈；10—下密封圈；11—燃油总管。

图 2-1-25 针阀式喷油器的结构与安装
(a) 针阀式电磁喷油器结构；(b) 连接与安装

2）球阀式喷油器

如图 2-1-26 所示，它与针阀式喷油器的主要区别在于针阀的结构。球阀式的阀是用激光束将钢球、导杆和衔铁焊接在一起制成的,其质量减轻到只有普通式针阀的一半,这是采用短的空心导管实现的。

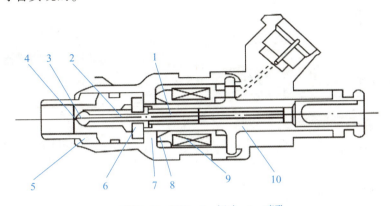

1—弹簧;2—阀杆;3—阀球;4—喷孔;
5—护套;6—限位块;7—阀体;8—衔铁;9—电磁线圈;10—铁芯。
图 2-1-26 球阀式喷油器

3)片阀式喷油器的结构

如图 2-1-27 所示,采用质量较轻的阀片和空式阀座,不仅具有较大的动态流量范围,而且抗堵塞能力较强。

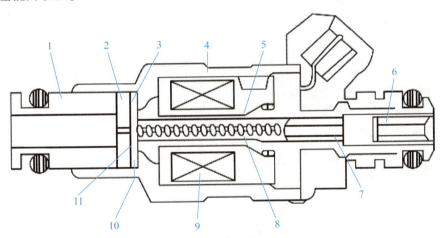

1—喷嘴套;2—阀座;3—垫圈;4—喷油器体;5—衔铁;6—滤网;7—调压滑套;
8—弹簧;9—电磁线圈;10—挡圈;11—阀片。
图 2-1-27 片阀式喷油器的结构

2. 喷油器的驱动方式

喷油器的驱动方式分为电流驱动与电压驱动两种方式。电流驱动只适用于低阻喷油器,电压驱动既可用于低阻喷油器,又可用于高阻喷油器。

1)电压驱动

这种驱动方式简单,在发动机工作中,当 VT 三极管导通时,接通喷油器回路,喷油器工作即会将燃油喷出,如图 2-1-28 和图 2-1-29 所示。

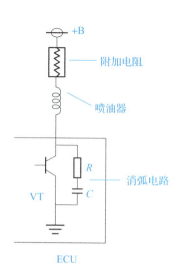
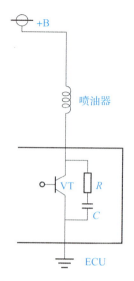

图 2-1-28　高电阻喷油器　　　　图 2-1-29　低电阻喷油器

在低电阻喷油器中减少了电磁线圈的电阻和匝数，减少了电感，其优点是喷油器本身响应特性好，但由于电阻减小而使电流增大，会使线圈烧坏，因此在电路中加入附加电阻。

2）电流驱动

当开始阶段，三极管处于饱和导通状态，喷油器内电流最大，称为峰值电流，一般为 4~8 A。当 A 点电压达到设定值时，控制回路使三极管 VT 在喷油期间以约 20 MHz 的频率交替导通和截止，使电流保持在 1~2 A，使针阀保持打开状态，如图 2-1-30 所示。

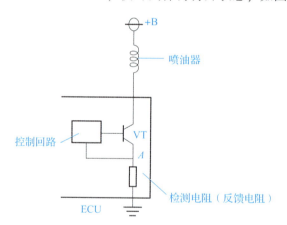

图 2-1-30　电流驱动电路图

喷油器工作原理：发动机 ECU 根据喷油控制信号将喷油器与电源回路接通时，电磁线圈通电并在周围产生磁场，吸引衔铁移动，而衔铁与阀体一体，因此克服弹簧张力而打开，燃油即开始喷射。当 ECU 将电路切断时，吸力消失，弹簧使阀体关闭，喷射停止。

喷油量的多少取决于阀体行程、喷口截面积及喷射环境压力与燃油压力的压差和喷油时间。当前述各因素确定时，喷油量就取决于阀体的开启时间，即电磁线圈的通电时间。

任务 2.2　燃油供给系统控制策略

素质目标

1. 培养学生的爱国情怀。
2. 培养学生规范整理的劳动意识。
3. 培养学生精益求精的工匠精神。
4. 培养学生勤俭节约，树立环保意识。

知识目标

1. 喷油正时的控制。
2. 喷油波形分析。
3. 喷油过程控制。

能力目标

1. 通过以下内容的学习，学生应能掌握喷射系统控制策略。
2. 掌握喷油正时的控制方法。
3. 掌握喷油器喷油波形的分析方法。
4. 掌握喷油器不同工况下喷油量的控制。

任务分析

喷油量的控制是发动机电控系统两大控制核心之一，另一个核心是点火控制，熟练掌握不同工况下喷油量的确定因素，对以后发动机的故障判断具有决定性的作用。

任务讲解

燃油喷射电子控制系统由各种传感器与控制开关、电子控制单元 ECU 和执行器 3 部分组成，如图 2-2-1 所示。

汽车发动机燃油喷射电子控制系统，采用的传感器主要有空气流量传感器或歧管压力传感器、曲轴位置传感器、凸轮轴位置传感器、节气门位置传感器、冷却液温度传感器、进气温度传感器、氧传感器和车速传感器等；电子控制单元 ECU 采集的控制开关信号主要有点火开关信号、起动开关信号、电源电压信号、空调开关信号和空挡安全开关信号等；执行器主要有电动燃油泵、电磁喷油器和油压调节器。

在燃油喷射电子控制系统的控制部件中，空气流量传感器、曲轴位置传感器、凸轮轴位置传感器和节气门位置传感器最关键，其信号是计算确定和控制燃油喷射量必不可少的传感器。冷却液温度传感器、进气温度传感器、氧传感器、车速传感器的信号以及各种开关信号主要用于判断发动机运行状态、修正燃油喷射量，增强控制效果。

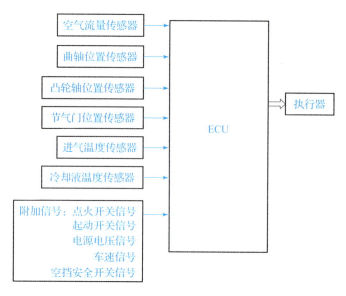

图 2-2-1 燃油喷射控制系统控制图

2.2.1 喷油正时的控制

喷油正时控制就是控制喷油器何时开始喷油。发动机燃油喷射系统按喷油器安装部位分为单点喷射系统和多点喷射系统两类。单点喷射系统只有一或两只喷油器,安装在节气门体上,发动机一旦工作就连续喷油。多点喷射系统每个气缸配有一只喷油器,安装在燃油分配管上。喷油器的控制电路决定着喷油正时,即喷油时刻与喷油顺序。喷油器的控制电路可分为同时喷射、分组喷射和顺序喷射 3 种方式。

1. 同时喷射

(1) 同时喷射控制电路(四缸发动机)如图 2-2-2 所示。

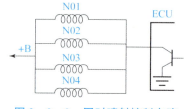

图 2-2-2 同时喷射控制电路

同时喷射控制电路只有一根控制线,直接由发动机 ECU 控制,发动机 ECU 根据各个信号同时控制打开或同时控制关闭各个缸的喷油器。

(2) 同时喷射正时图如图 2-2-3 所示。

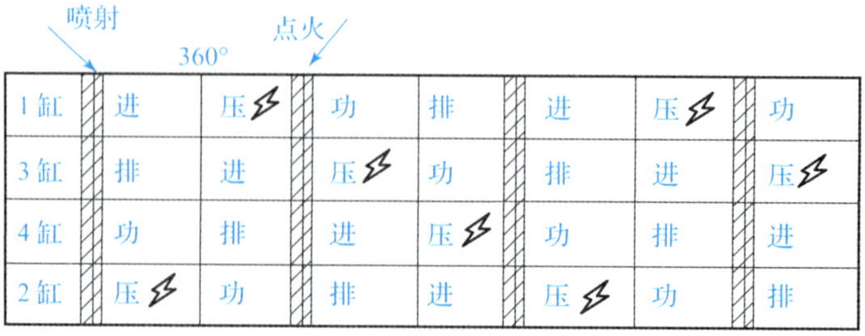

图 2-2-3 同时喷射正时图

各个喷油器同时喷射,通常曲轴每转一转喷一次油(每个工作循环同时喷油2次),各缸喷油时间不可能最佳,混合气质量不一致,电路结构与软件较简单,早期多采用。喷油正时与发动机工作行程没有关系。

2. 分组喷射

(1) 分组喷射控制电路如图2-2-4所示。

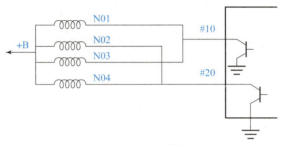

图2-2-4 分组喷射控制电路

分组喷射控制电路只有2根、3根或4根控制线(根据缸数而定),直接由发动机ECU控制,发动机ECU根据各个信号分组交替控制各组缸喷油器喷射。

(2) 分组喷射正时图如图2-2-5所示。

1缸	进	压 ⚡	功	排	进	压 ⚡	功	
3缸	排	进	压 ⚡	功	排	进	压 ⚡	
4缸	功	排	进	压 ⚡	功	排	进	
2缸	压 ⚡	功	排	进	压 ⚡	功	排	

图2-2-5 分组喷射正时图

分组喷射就是把所有气缸的喷油器分成2组(四缸机)、3组(六缸机)或4组(八缸机),ECU用2路、3路或4路控制电路控制各组喷油器,以各组最先进入做功行程的气缸为基准轮流交替喷射,每一个工作循环中各喷油器均喷射1次(或2次)。

3. 顺序喷射

(1) 顺序喷射控制电路(四缸发动机)如图2-2-6所示。

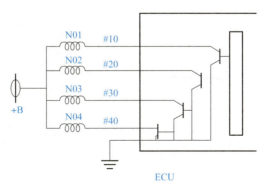

图2-2-6 顺序喷射控制电路

顺序喷射控制电路喷油器驱动回路数与气缸数目相等，直接由发动机 ECU 控制，发动机 ECU 根据各个信号控制各个喷油器独立喷射。

（2）顺序喷射正时图如图 2-2-7 所示。

1缸	压	⚡	功		排		进		压	⚡	功		排
3缸	进		压	⚡	功		排		进		压	⚡	功
4缸	排		进		压	⚡	功		排		进		压	⚡
2缸	功		排		进		压	⚡	功		排		进

图 2-2-7 顺序喷射正时图

顺序喷射也叫独立喷射，曲转每转两转各缸喷油器都轮流喷射一次，且按照发动机工作顺序依次喷射。

顺序喷射方式由于要知道向哪一缸喷射，因此应具备气缸判别信号，常叫判缸信号，判缸信号来自曲轴位置传感器、凸轮轴位置传感器。

2.2.2 喷油器的波形分析

喷油器有饱和开关型、峰值保持型、博世 BOSCH 峰值保持型（脉宽调制型）、PNP 型 4 种类型。

1. 饱和开关型（电压驱动型，如图 2-2-8 所示）

1）测试条件

（1）接好示波器。

（2）温机达工作温度。

（3）使系统进入闭环控制状态。

三元催化器的原理及其检测

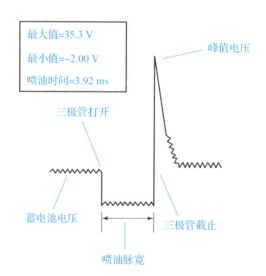

图 2-2-8 饱和开关型（电压驱动型）波形图

(4) 关掉空调和所有附属电气设备。
(5) 挡杆置于 P 或 N 挡。
(6) 用脚控制加速踏板，使发动机转速缓慢上升，并观察喷油时间增加情况。

2) 分析方法

(1) 从进气管加入丙烷，使混合气加浓，喷油时间应缩短，证明氧传感器正常。
(2) 让真空泄漏，使混合气变稀，喷油时间应延长，证明氧传感器正常；若混合气变浓或变稀，喷油时间都没有改变，证明传感器有故障。
(3) 通常喷油时间怠速时 1~6 ms，冷起动或 TPS 全开时 6~35 ms。
(4) 峰值电压，匝数较少的线圈产生峰值电压较低，正常范围为 30~100 V，由此被消弧电压限制为 30~60 V。

2. 峰值保持型（电流控制型，如图 2-2-9 所示）

其主要用于单点 TBI 系统中，有少数多点喷射使用，如通用 2.3LQVAD-4 发动机系列、土星 1.9 L 和五十铃 1.6 L。

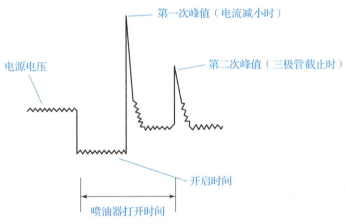

图 2-2-9　峰值保持型（电流控制型）波形图

(1) 当 ECU 控制三极管导通时，保持波形轨迹在 0 V，直到检测到通过电流达到 4 A 时，ECU 将电流切换到 1 A（只限流电阻开关）。在切换瞬间产生第一个峰值，在关闭喷油器时产生第二个峰值。
(2) 可以通过改变混合气浓度的方法，来检查喷油时间的变化。
(3) 加速时，将看到第二个峰尖向右移动，第一个峰尖保持不动，如果混合气很浓，能看到两个峰尖顶部靠得很近。
(4) 如果在两个尖峰之间有很多杂波，表示驱动器有故障。

3. 博世 BOSCH 峰值保持型（脉宽调制型，如图 2-2-10 所示）

此形式不同于其他峰值保持型，其他类型是靠一个电阻来降低电流，而这种类型是脉冲开关电路。

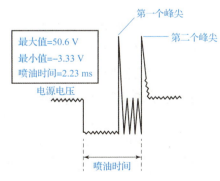

图 2-2-10　博世 BOSCH 峰值保持型（脉宽调制型）波形图

4. PNP 型（图 2-2-11）

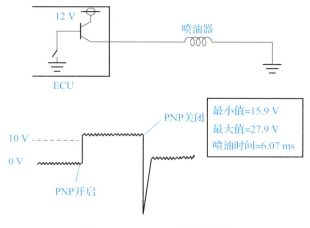

图 2-2-11　PNP 型波形图

PNP 型用于 Jeep4、0L 发动机系列，1988 年以前的克莱斯勒发动机系列，还有第一批博世喷射轿车，如富豪 264 和奔驰 V8。

PNP 型是由在 PCM 中的开关三极管的形式而得名。

（1）PNP 控制波形分析，显示一条 0 V 直线。
①测试设备和喷油器连接是否良好；
②供电电源、控制电路是否良好；
③控制线是否搭铁。

（2）显示一条 12 V 直线。
①ECU 内部、外部接地不良；
②ECU 没收到 CMP 或 CKP 信号；
③ECU 电源故障；
④ECU 内喷驱动器损坏。

（3）喷油时间过长，造成淹缸，原因为 ECU 故障或主控信号故障。

（4）尖峰过低，为喷油器线圈短路。

2.2.3　喷油过程控制

1. 起动时喷油控制

当起动机驱动发动机起动时，发动机转速很低且波动较大，导致空气流量传感器误差较大。因此，当 ECU 根据曲轴位置传感器、点火开关和节气门位置传感器信号判断发动机处于起动工况时，将运行起动程序。ECU 根据冷却液温度传感器的信号确定基本喷油量，进气温度和蓄电池电压确定修正量，对喷油量进行开环控制。其控制原理如图 2-2-12 所示。

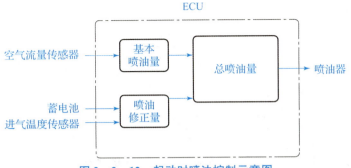

图 2-2-12 起动时喷油控制示意图

2. 起动后喷油量控制

在起动后正常运转工况下，单片机主要根据空气流量传感器（MAF）信号和曲轴位置传感器（CKP）信号得到的发动机转速计算出基本喷油量，并经过进气温度、大气压力、蓄电池电压、发动机水温、怠速工况、加速工况以及全负荷工况等参数修正后，得出喷油脉宽，向喷油器发送喷油指令控制喷油。

喷油器的实际喷油量由基本喷油量、喷油修正量和喷油增量 3 部分组成。

基本喷油量由空气流量传感器（MAF）信号、曲轴位置传感器（CKP）信号以及目标空燃比（A/F）计算确定。喷油修正量由氧传感器（O2S）信号和蓄电池电压 UBAT 信号计算确定。喷油增量由节气门位置传感器（TPS）信号、冷却液温度传感器（THW）信号和点火开关（IGN）信号计算确定。

起动后喷油控制原理如图 2-2-13 所示。

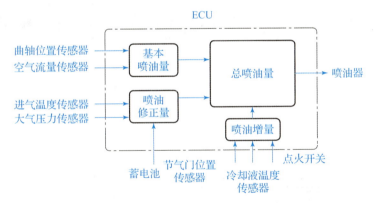

图 2-2-13 起动后喷油控制原理

3. 断油控制

发动机断油控制系统根据断油条件的不同，可分为超速断油控制、减速断油控制和清除溢流控制等。

超速断油是指当发动机超过允许的极限转速时，ECU 立即控制喷油器中断燃油喷射。

减速断油是指发动机在高速运转中突然减速时，ECU 自动控制喷油器中断燃油喷射。

清除溢流是指当加速踏板踩到底，同时又接通点火开关起动发动机时，ECU 自动控制喷油器中断燃油喷射，以便排除气缸内的燃油蒸气，使火花塞干燥以便能够跳火。

4. 空燃比反馈控制

为降低发动机有害气体的排放量，许多汽车上装备了三元催化转换装置。但三元催化转换装置只有在混合气浓度处于理想空燃比附近时才能使 CO、HC 的氧化反应和 NO 的还原反应同时进行，才能最大限度地降低有害气体的排放量。为将混合气体浓度控制在理想空燃比 14.7：1 附近，在发动机的排气管中安装了氧传感器，ECU 通过氧传感器的反馈信号对喷油量进行控制，从而控制混合气的浓度。

5. 怠速和部分负荷

怠速被定义为发动机产生的扭矩只够补偿摩擦损失的工况。怠速工况时，发动机不提供功率给飞轮。部分负荷工况指介于怠速工况和全速工况之间的运行工况。标准设计都是在发动机运行温度达到正常值后，较浓的混合气供给怠速和部分负荷工况。

6. 节气门全开（WOT）

在节气门全开的工况下需要补偿加浓。该补偿加浓可提供最大扭矩和功率。

7. 加速和减速

燃油的汽化状况在很大程度上受进气歧管内压力的影响。节气门开度的突然改变会导致进气歧管内压力的突然变化，进而导致进气管内油膜的波动，急加速会引起进气歧管内更高的压力，因此，燃油的汽化率更低和进气管道内的油膜增加。喷射的燃油有一部分损失在管道壁上的凝聚，在一段短时间内发动机吸入的混合气变稀，直到油膜重新稳定为止。同样，突然减速的情况相反，会导致混合气变浓。温度修正功能可改变混合气，以维持最佳运行状态，并保证发动机获得三元催化器高效工作所需稳定的混合气。

8. 反拖工况

反拖工况时燃油供应被切断。虽然这种手段有利于在下坡时节省燃油，但它最初的目的是保护三元催化器不会因不完全燃烧（失火）发生的过热而损坏。

任务 2.3　燃油供给系统检修

素质目标

1. 培养学生的爱国情怀。
2. 培养学生规范整理的劳动意识。
3. 锻炼科学的分析和解决问题的能力。
4. 培养学生精益求精的工匠精神。

知识目标

1. 燃油供给系统检修方法。
2. 燃油供给系统常见故障及排除。

能力目标

1. 通过以下内容的学习，学生应能完成对燃油供给系统部件的检测及部件更换工作。

2. 掌握燃油泵检修方法。
3. 掌握燃油压力调节器的检修方法。
4. 掌握喷油器的检修方法。

任务分析

燃油供给系统的故障是影响发动机正常工作三大要素之一，故障主要体现在供油和喷射两个方面，也就是油泵、燃油压力调节器以及喷油器，既要考虑本身的机械故障，也要考虑电路的控制，在检修过程中，要熟悉其工作过程和控制逻辑。

任务讲解

2.3.1　燃油泵的检修（以大众迈腾 B8L 为例）

1. 控制逻辑

如图 2-3-1 所示，根据大众迈腾 B8L 燃油泵控制单元 J538 电路可以看出，燃油泵控制单元 J538 通过熔丝 SB10 供电，经燃油泵控制单元 J538 的 T5ax/4 端子搭铁形成回路。燃油泵电动机 G6 通过燃油泵控制单元 J538 的 T5ax/1 端子供给正极信号，经由燃油泵控制单元 J538 的 T5ax/2 端子搭铁形成回路，从而使燃油泵电动机 G6 正常工作。而燃油泵控制单元 J538 通过 T5ax/5 端子向发动机控制单元 J623 的 T91/9 端子传递燃油泵控制单元工作信号。

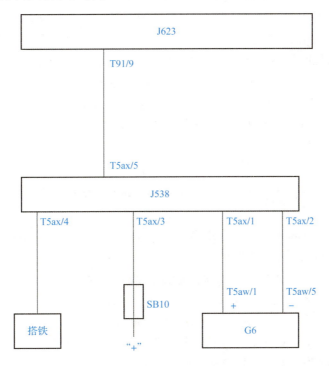

J623—发动机控制单元；J538—燃油泵控制单元；G6—燃油泵电动机；SB10—熔丝。

图 2-3-1　大众迈腾 B8L 燃油泵控制电路

2. 诊断思路

在汽车检测与维修技能大赛中,本案例针对比赛设置故障点,分析燃油泵控制单元 J538 的常见故障如下:

G6 的 T5aw/1 端子至 J538 的 T5ax/1 端子之间正极线路断路;

G6 的 T5aw/5 端子至 J538 的 T5ax/2 端子之间负极线路断路;

J538 的 T5ax/3 端子供电电源线路断路;

J538 的 T5ax/3 端子供电电源线路虚接;

J538 的 T5ax/4 端子供电电源线路断路;

J538 的 T5ax/4 端子供电电源线路虚接;

熔丝 SB10 断路或者虚接;

熔丝 SB10 供电故障;

J538 的 T5ax/5 端子至 J623 的 T91/9 端子信号线路断路;

J538 的 T5ax/5 端子至 J623 的 T91/9 端子信号线路虚接。

综合上述故障点,针对每个故障点进行检测及判断。

1) 故障描述

打开点火开关,仪表盘显示正常,起动发动机,起动机正常运转,但发动机无着车征兆。

2) 诊断步骤

(1) 测试前,打开点火开关,起动发动机。

(2) 使用故障诊断仪,从发动机控制单元读取故障码,诊断仪无相关故障码出现。

(3) 读取燃油泵相关的数据流。

第一步,测量燃油泵 G6 的 T5aw/1 端子与 T5aw/5 端子分别对地波形,测试结果可能有以下情况(注:T5aw/1 正常波形为 12 V 方波,T5aw/5 正常波形为 0 V):

①波形均为 0 V 直波,T5aw/1 为异常波形,转第二步的 (1);

②波形均为 12 V 直波,均为异常波形,转第二步的 (2)。

第二步,分两种情况:

(1) 测量 J538 的 T5ax/1 端子对地波形,可能为:

①波形为 12 V 直波,说明 J538 的 T5ax/1 端子至 G6 的 T5aw/1 端子之间线路断路;

②波形为 0 V 直波,J538 正极可能有故障,转第三步。

(2) 测量 J538 的 T5ax/2 端子对地波形,可能为:

①波形为 0 V 直波,说明 J538 的 T5ax/2 端子至 G6 的 T5aw/5 端子之间线路断路;

②波形为 12 V 直波,J538 负极可能有故障,转第五步。

第三步,测量 J538 供电电源 T5ax/3 端子对地电压,可能为:

①T5ax/3 对地电压 12 V 正常,转到第五步测量搭铁;

②T5ax/3 对地电压 0 V 异常,转到第四步测量熔丝;

③T5ax/3 对地电压 0.1~12 V 异常,转到第四步测量熔丝。

第四步,测量 J538 供电电源熔丝 SB10,可能为:

①测量 SB10 两端对地电压分别为 12 V,12 V 正常,可能原因:熔丝至 J538 线路断路

或虚接；

②测量 SB10 两端对地电压分别为 0 V，0 V 异常，可能原因：熔丝供电线路断路，进一步检查熔丝上游供电；

③测量 SB10 两端对地电压分别为 0 V，12 V 异常，可能原因：熔丝自身损坏；

④测量 SB10 两端对地电压均为 0.1～12 V 的某个电压值，则异常，可能原因：熔丝供电线路虚接，检修供电线路；

⑤测量 SB10 两端对地电压分别为 12 V，0.1～12 V，则异常，可能原因：熔丝虚接，更换熔丝。

第五步，测量 J538 的搭铁 T5ax/4 端子对地电压：

①电压 0 V，正常，转第六步；

②电压 0.1～12 V，异常（搭铁线路虚接）；

③电压 12 V，异常（搭铁线路断路）。

第六步，测量 J538 的 T5ax/5 端子（注：正常波形为 12 V 方波）：

①12 V 直波，波形异常，转第七步；

②12 V 拉低不到 0 V 的方波，波形异常，转第七步。

第七步，测量 J623 的 T91/9 端子（注：正常波形为 12 V 方波）：

①2.5 V 方波，波形异常，J538 的 T5ax/5 至 J623 的 T91/9 之间线路断路；

②波形正常，0538 的 T5ax/5 至 J623 的 T91/9 之间线路虚接。

3. 总结

本文对大众迈腾燃油泵常见故障进行了分析，列举了燃油泵的常见故障点，根据故障现象，给出了故障的诊断方法和检测步骤，不但对教学以及维修行业提供了一套完整的诊断思路，而且对技能大赛训练人员提供了更好的思路，尤其对任务工单也给出了一套书写的依据，便于技能大赛人员在参赛中赛出好成绩，达到以赛促学，以赛促教的目的。

2.3.2 喷油器的检修

喷油器的控制电路比较简单，检修起来也不复杂，要注意的地方就是，如果要拆卸喷油器，务必要先泄压，以免造成安全事故。

1. 就车检查

（1）在发动机运转中，把手指放在喷油器上，感到有振动为正常。

（2）在发动机运转中，拔下某缸喷油器的控制线插头，如发动机转速下降或不稳，说明该缸喷油工作正常；否则，说明该缸喷油器工作不良。

（3）检测喷油器电磁线圈电阻。低电阻值的喷油，应用精度高的数字万用表检测。冷起动喷油器电阻值 2～5 Ω 为正常（现在车型基本上没有安装冷起动喷油器了），低电阻值喷油器在 1.5～3 Ω 为正常，高电阻值主喷油器 13～16 Ω 为正常。线圈不能有短路、断路、搭铁现象，否则应更换。

2. 喷油试验

（1）喷雾试验。拆下喷油器，连接上供油管和蓄电池或连接 3 V 电源，用导线碰蓄电池正极,喷油干脆,停油及时为正常。

(2) 滴油试验。不给喷油器加电,但电动燃油泵继续泵油,喷油嘴滴油量每分钟大于1滴为正常。

(3) 喷油器喷油量试验。将喷油器与蓄电池连接15 s,看其喷油的数量。每种车型都有具体要求,应查阅有关资料。检查全部喷油器的喷油量差值,一般15 s 不能大于5 mL。需要注意的地方,如果是低阻喷油器,需要串联一只8~10 Ω 的电阻。

2.3.3 燃油压力调节器的检修

燃油压力调节器的故障比较隐蔽,在检修的时候要区分外置(有回油管)还是内置(无回油管),两种类型的工作原理不一样,检修方法大致一样的,一般是通过油压测试的方法来检测,需要注意的是内置式的油压是固定的,一般为350 kPa 左右。下面以外置式为例。

1. 注意事项

发动机工作时,由于燃油泵的供油量远大于发动机消耗的油量,所以回油阀始终保持开启,使多余燃油经过回油管流回油箱。发动机停止工作(燃油泵停转)时,随输油管内燃油压力下降,回油阀在弹簧作用下逐渐关闭,以保持燃油系统内有一定的燃油压力。

(1) 作业应在通风良好的环境下进行,避免烟火。
(2) 打开系统前,应断开油泵熔断器,起动发动机泄掉燃油压力。
(3) 拆装油箱部件时,应水平停放车辆,燃油箱内燃油量不可超过总容积的3/4。
(4) 电动燃油泵不能放在空气中进行长时间空转。
(5) 作业进行过程中,不要移动车辆,以防发生火灾。
(6) 断开接头前应彻底清洗接头及其周围区域。
(7) 拆下的零件应放在清洁表面并盖好,不可使用有绒毛的抹布。

2. 燃油系统的油压检测

1) 释放燃油系统的油压
(1) 接通点火开关,使发动机怠速运转;
(2) 拔下油泵继电器或电动燃油泵线束插头,使发动机自行熄火;
(3) 再使发动机起动2~3次,即可完全释放燃油系统压力;
(4) 关闭点火开关,插上油泵继电器或电动燃油泵线束插头。

2) 检测燃油系统的油压
(1) 测试前的准备工作:电源电压正常;按要求释放系统油压;连接油压表如图2-3-2所示;
(2) 接通点火开关,发动机怠速运转时,油压表压力显示值应符合(250±20)kPa;
(3) 突然加大节气门开度时,油压表压力应迅速增大到300 kPa 左右。

若燃油系统压力过低,可夹住回油软管以切断回油管路,再检查燃油压力表指示压力,若压力恢复正常,说明燃油压力调节器有故障,应更换;若压力仍过低,应检查燃油系统有

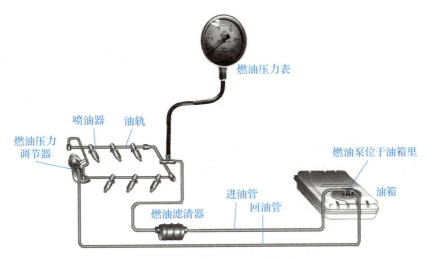

图 2-3-2 燃油压力表的连接

无泄漏，燃油泵滤网、燃油滤清器和油管路是否堵塞，若无泄漏和堵塞故障，应更换燃油泵。若燃油压力表指示压力过高，应检查回油管路是否堵塞；若回油管路正常，说明燃油压力调节器有故障，应更换。

故障案例

1. 大众桑塔纳

1）故障现象

一辆桑塔纳轿车在正常行驶过程中，突然熄火，再也不能起动。

2）维修过程

起动车发现有高压火，可以听到油泵工作，油管可以感觉到油压，说明电控系统正常。用二极管试灯测喷油信号，起动车时灯不亮，用试灯测喷嘴电源；起动车时无电，直接检查油泵熔丝（在熔丝盒左上方的熔丝），拆下左下护板发现熔丝烧坏。换上熔丝，起动车时熔丝又烧了，说明喷油嘴供电线路有搭铁现象。分析此车油泵熔丝给喷油器、氧传感器及炭罐电磁阀供电，所以应检查这几个电控元件的供电线搭铁，（用断开法）在喷嘴供电线上用试灯一端接供电线，另一端接火线，线路有搭铁时试灯亮，逐一断开各插头，接触到炭罐电磁阀插头时，试灯灭了，仔细检查发现插头处大线破皮与大架搭铁，用绝缘胶带包好后接上熔丝，试车一切正常。

3）故障总结

当遇到线路搭铁的故障时，首先分析搭铁的线路与哪些元件相连，用试灯接电源与搭铁的线路，试灯亮，然后用断开法进行维修。像熄火这种故障现象，不会经常发生的。

2. 上海桑塔纳轿车动力不足

1）故障现象

一辆上海桑塔纳轿车，怠速运转正常，车辆起步后感到动力不足，车身抖动，类似缺缸的状态。

2）维修过程

在没有故障检测仪的情况下，按常规的思路进行故障检测，因为此车故障感觉类似缺缸的状态，而导致缺缸不外乎点火、喷油和气缸密封状况三方面因素。本着先易后难的原则，首先检查火花塞的状况，拆检发现第 1 缸的火花塞工作状况不好，有燃烧不完全的迹象。但更换该缸火花塞、分缸线和分电器后，故障依旧。由此故障检测的重点应转向第 1 气缸的密封状况和喷油状况。

测量气缸压力，均符合要求；测量喷油器电压时发现，第 2、3、4 缸喷油器发动机控制单元控制端子的电压约为 0.3 V，而第 1 缸喷油器发动机控制单元控制端子的电压却为 12 V，由此判定是第 1 缸喷油器控制线路存在与正极短路故障。经查发现该线路在从蓄电池固定架下面经过的部分有磨穿搭铁现象。用绝缘胶带将磨穿部分包好后，故障排除。

3）故障总结

正常起动时，车辆振动很小，线路损坏部分不搭铁，怠速正常；在行走时，车身就会产生振动，造成搭铁并出现以上现象。

3. 总结燃油系统常见故障现象及故障原因

（1）车速无法超过 ×× km 或突然无法加速，重新起动后行驶一段路程故障又重现。故障原因：

①油泵滤网堵塞；

②汽油滤芯堵塞；

③油泵性能下降。

（2）车辆起动困难，提速性差。故障原因：

①油泵性能减弱造成油压低；

②汽油滤芯堵塞；

③油压调节器阀球泄漏；

④系统泄漏。

（3）油泵熔丝经常烧毁。故障原因：

①油泵线圈短路；

②油泵电源线与车身之间搭铁。

（4）油耗高。故障原因：

①喷油器轻微堵塞；

②油压调节器滤芯堵塞；

③汽油滤芯堵塞；

④汽油泵性能下降。

4. 东风日产

1）故障现象

东风日产蓝鸟 EQ7200 - Ⅲ 在行驶中无规律地突然加速无力并熄火，再次起动后正常。

2）诊断思路

根据故障现象判断，这种故障多因：

（1）油泵控制电路虚接；

(2) 供油管路堵塞；

(3) 油压调节器有卡滞。

3) 维修过程

接车后通过车主的描述，发动机熄火前出现加速无力现象。从这点上说明发动机是供油不足所导致的熄火现象，如果因为控制单元或点火出现问题发动机会马上熄火。由于故障为偶发性故障，决定路试以验证故障现象。在路试时故障并没有出现，但从路试数据流发现过量空气系数 A/F 为 123%，系统正加浓混合气，这是由进气系统或燃油系统过脏所造成的。于是再次询问车主，得知该车没有冷车起动困难现象，决定对油路进行检测。在拆下油泵时发现油箱内有大量漂浮杂质，清理后故障排除。

4) 结论

由于没有注意保持油箱内的清洁，加入了大量不清洁的汽油，在油位高时杂质漂浮，油位低时被油泵吸附在油泵的滤网上。这样造成了系统油压不足而熄火的现象，这也是故障不经常发生的原因。

5. 本田雅阁

1) 故障现象

一辆本田雅阁 2.0L 轿车，行车中突然熄火并再也无法起动。

2) 维修过程

首先检查点火系统，拆下火花塞观察无积炭和烧蚀现象，接通起动机观察火花正常。接着检查燃油系统，根据卸下的火花塞比较干燥的情况看，可能没有燃油喷入燃烧室。于是取下喷油泵上的进油管，将它插入一空瓶中，然后接通起动机，没有汽油喷出，接着打开后备厢，找到汽油泵电源线插头并将其拔下，用 12 V 电源加到油泵上听到油泵旋转声，同时前面来油管也有油喷出，说明油泵没有问题。然后用电压表测试油泵来电的插座，接通起动机时，插座内火线的电压只有 1 V，看来是油泵继电器有问题。到车内打开转向盘下面的护罩，找到油泵继电器，该继电器是一个无触点电子继电器。

由于该电器是可以修复的，打开外壳取出线路板，经检查 VT 晶体管呈断路状态损坏。该管型号为 SA1012，如无同型号管，可用相同参数的 PNP 管代换。换管后装车试用，发动机即正常起动。

3) 故障总结

一般的电路故障大多为电路中的熔断器、继电器故障，所以在检查电路时，应先检查熔断器、继电器，这样能提高工作效率。

任务拓展

缸 内 直 喷

1. 缸内直喷简介

缸内直喷技术，是指将喷油器设置在进排气门之间，将高压燃油直接注入燃烧室平顺高效地燃烧，通过均匀燃烧和分层燃烧实现了高负荷、尤其是低负荷下的燃油消耗降低，动力还有很大提升的一种技术。

缸内直喷又称 FSI，即燃料分层喷射技术，代表着传统汽油发动机的一个发展方向。传统的汽油发动机是通过 ECU 采集凸轮位置以及发动机各相关工况从而控制喷油器将汽油喷入进气歧管。但由于喷油器离燃烧室有一定的距离,汽油同空气的混合情况受进气气流和气门开关的影响较大,并且微小的油颗粒会吸附在管道壁上,所以希望喷油器能够直接将燃油喷入气缸。各汽车厂商采用的发动机科技中,最炙手可热的技术非缸内直喷莫属。这套由柴油发动机衍生而来的科技目前已经大量使用在包含大众(含奥迪)、宝马、梅赛德斯 - 奔驰、通用以及丰田车系上。

各厂商缸内直喷技术英文缩写:大众:TSI;奥迪:TFSI;梅赛德斯 - 奔驰:CGI;宝马:GDI;通用:SIDI;福特:GDI;比亚迪:TI。

2. 缸内直喷工作原理

这一技术是用来改善传统汽油发动机供油方式的不足而研制的缸内直接喷射技术,先进的直喷式汽油发动机采用类似于柴油发动机的供油技术,通过一个活塞泵提供所需的 100 bar[①] 以上的压力,将汽油提供给位于气缸内的电磁喷射器。然后通过 ECU 控制喷射器将燃料在最恰当的时间直接注入燃烧室,其控制的精确度接近毫秒,其关键是考虑喷射器的安装,必须在气缸上部留给其一定的空间。由于气缸顶部已经布置了火花塞和多个气门,已经相当紧凑,所以将其布置在靠近进气门侧。由于喷射器的加入导致了对设计和制造的要求都相当高,如果布置不合理、制造精度达不到要求,会导致刚度不足甚至漏气而得不偿失。另外 FSI 发动机对燃油品质的要求也比较高,目前国内的油品状况可能很难达到 FSI 发动机的要求,所以部分装配了 FSI 的进口发动机出现了发动机的水土不服。

此外,FSI 技术采用了两种不同的注油模式,即分层注油和均匀注油模式。

发动机低速或中速运转时采用分层注油模式。此时节气门为半开状态,空气由进气管进入气缸撞在活塞顶部,由于活塞顶部制作成特殊的形状从而在火花塞附近形成期望中的涡流。当压缩过程接近尾声时,少量的燃油由喷射器喷出,形成可燃气体。这种分层注油方式可充分提高发动机的经济性,因为在转速较低、负荷较小时除了火花塞周围需要形成浓度较高的油气混合物外,燃烧室的其他地方只需空气含量较高的混合气即可,而 FSI 使其与理想状态非常接近。当节气门完全开启、发动机高速运转时,大量空气高速进入气缸形成较强涡流并与汽油均匀混合,从而促进燃油充分燃烧,提高发动机的动力输出。ECU 不断地根据发动机的工作状况改变注油模式,始终保持最适宜的供油方式。燃油的充分利用不仅提高了燃油的利用效率和发动机的输出,而且改善了排放。

3. 缸内直喷的应用

缸内直喷技术在 VAG 集团中被广泛运用,由 AudiRS4 和 R8 共享的 4.2 L FSI 发动机即是其中性能强悍的代表作。其中大众集团可以算是导入缸内直喷科技最具代表性的例子,目前包含奥迪和大众都已将名为 FSI(奥迪品牌)或 TSI(大众、斯柯达品牌)的缸内直喷发动机列为旗下车款的高阶动力来源,而且在奥迪和大众车系的顶级车上,甚至更以 FSI 结合涡轮增压来增大动力。

供油系统采用缸内直喷设计的最大优势在于燃油是以极高压力直接注入燃烧室中,因此除了喷油嘴的构造和位置都异于传统供油系统,在油气的雾化和混合效率上也更为优异。加

---

① 巴,1 bar = 100 kPa。

上近来车上各项电子系统的控制技术大幅进步，计算机对于进气量与喷油时机的判读与控制也越加精准，因此缸内直喷技术使发动机的燃烧效率大幅提升，除了发动机得以产生更大动力外，对于环保和节能也都有正面的帮助。采用缸内直喷的发动机除了材质上的讲究，就连活塞、燃烧室也都经过特别设计。但是缸内直喷科技也并非无敌，因为从经济层面来看，采用缸内直喷的供油系统除了在研发过程必须花费更大成本，在产品构成复杂且精密的情况下，零组件的价格也比传统供油系统昂贵，这些都是未来缸内直喷发动机尚待解决的问题。

4. 缸内直喷技术特点

缸内直喷有以下特点：

（1）由于汽油直接喷射，使缸内充分得到冷却，使用较大的压缩比，部分负荷燃油消耗率可以降低。

（2）与缸外喷射系统汽油机相比，由于提高了燃油雾化质量和降低了泵气损失，功率可以增加。

（3）缸内汽油直接喷射发动机可大幅降低 CO_2、CO、HC 及 NO_x 的排放。缸内直接喷射发动机比一般喷射发动机能够更省油及输出功率高的原因如下：低负荷时，利用层状气体分布，压缩行程末期喷射的燃料被进气涡流及活塞顶部的球形曲面保持在火花塞附近，为易于点燃的最佳混合气，而周围则为空气层，整个燃烧室内的超稀薄空燃比仍能稳定燃烧，达到省油效果。

（4）急速转速可设定在较低值。进气行程就开始喷油，燃料汽化的吸温冷却效果，使空气密度增加，可提高容积效率，故比一般喷射发动机的输出功率高。

（5）直接喷入气缸中燃油的汽化作用，降低空气温度，发动机不易爆燃。

缸内直喷系统存在的问题：

（1）稳定性燃烧控制，汽油直喷发动机采用分层燃烧，其在不同层面混合气浓度有差别，因此要控制不同层面的混合气稳定燃烧具有相当大的难度。

（2）对密封元件的要求更高，由于缸内直喷系统是建立在高油压的前提下的，因此对系统中各元件的冲击也相当大，尤其是密封圈。

（3）对喷油器的要求更高。不同于传统的进气歧管喷射，缸内直喷发动机的喷油器是直接安装在气缸内，由于缸内温度高、压力时高时低、混合气的燃烧不充分等因素的存在，因此，喷油器应当有良好的耐高温性并配有具有一定耐高温能力的密封件。

5. 缸内直喷技术发展

在电子控制技术不断的演进之下，发动机控制系统得以透过绵密的感知器网络，随时监控发动机运作的状况，即时调整供油量，使新鲜空气与燃料的比例能保持在最佳的14.7∶1左右，让所提供的燃油都能达成最佳的燃烧效果。如之前所提到的，空气与燃油的比例若能够保持在14.7∶1的比例之下，将能获得理论上最为完美的燃烧效果，自然亦能输出最大的动力。但这样的设定，亦代表着燃油的使用有着一定的物理极限，将无法进一步降低。面对人口越来越多、石油越来越少的状况，歧管喷射系统遇到了瓶颈，即便ECU控制的精度越来越高、喷油器的雾化效果越来越好、甚至将每一气缸的喷油独立，但种种更为精密的控制，仍无法满足新时代的要求。全球的科学家与工程师无不绞尽脑汁，希望能想出更为节省能源的方式，希望能让同样的燃油可以输出更大的动力、行驶更远的里程。而稀薄燃烧以及缸内燃油直喷的技术就在这样的情形之下被提了出来。

为了达成节省能源的目标，科学家将空气与燃油的比例大幅下降，发展出不同于传统的歧管直喷技术，这便是稀薄燃烧技术。

稀薄燃烧技术的原理：使用稀薄燃烧技术的发动机，喷油器的位置不再位于进气歧管当中，而是置于气缸内，将燃油直接喷射于燃烧室。

稀薄燃烧技术的要素：

汽车汽油发动机实现稀燃的关键技术归纳起来有以下三个主要方面：

（1）提高压缩比。采用紧凑型燃烧室，通过进气口位置改进使缸内形成较强的空气运动旋流，提高气流速度；将火花塞置于燃烧室中央，缩短点火距离；提高压缩比至13：1左右，促使燃烧速度加快。

（2）分层燃烧。如果稀燃技术的混合比达到25：1以上，按照常规是无法点燃的，因此必须采用由浓至稀的分层燃烧方式。通过缸内空气的运动在火花塞周围形成易于点火的浓混合气，混合比达到12：1左右，外层逐渐稀薄。浓混合气点燃后，燃烧迅速波及外层。为了提高燃烧的稳定性，降低氮氧化物（NO_x），现在采用燃油喷射定时与分段喷射技术，即将喷油分成两个阶段，进气初期喷油，燃油首先进入缸内下部随后在缸内均匀分布；进气后期喷油，浓混合气在缸内上部聚集在火花塞四周被点燃，实现分层燃烧。

（3）高能点火。高能点火和宽间隙火花塞有利于火核形成，火焰传播距离缩短，燃烧速度增快，稀燃极限大。有些稀燃发动机采用双火花塞或者多极火花塞装置来达到上述目的。

使用稀薄燃烧的发动机，在进气行程中并不进行供油，而是在压缩行程后段才进行供油，利用高压的供油泵以及特殊的喷油器设计，将油气有效地集中在火花塞附近，让燃油一口气地点燃，达成最佳的燃烧效果，而空气与燃油的比例最多可以降低至40：1以下，大幅降低了发动机运转的油耗。为了让燃油能够精确地集中在火花塞的附近，使用稀薄燃烧技术的发动机，便需要导入缸内燃油直喷技术，以便在压缩行程进行供油，并配合特殊的活塞造型，以达成油气导引的目的。

然而，使用稀薄燃烧的技术，虽然能在燃油使用上有大幅度的节省，但是在需要大动力输出，则无法有效地满足。同时大量的燃油集中在火花塞附近点燃，将造成局部温度过高，使同样导入气缸的氮气与氧气发生作用，产生过多的氮氧化物，造成污染。而这些问题，在经过多年的研发之后，透过更精密的控制以及最新的触媒科技，均获得了有效的解决，亦让LEXUS决定将缸内燃油直喷技术导入3GR-FSE发动机上，推出第一款商品化的缸内直喷发动机产品。

自我评价

一、填空题

1. 电控燃油喷射系统的燃油供给系统由_____和_____等组成。
2. 燃油泵按安装位置不同分为_____和_____。
3. 燃油泵主要由_____、_____、_____等组成。
4. 燃油泵的作用是_____。
5. 喷油器按结构不同可分为_____、_____、_____三种。

6. 喷油器的驱动方式分为_____与_____两种方式。
7. 喷油器按其电磁线圈的阻值可分为高阻抗_____Ω、低阻抗_____Ω。
8. 喷油器的作用是_____。
9. 油压调节器的作用是_____。
10. 喷油器的控制电路可分为_____、_____、_____三种方式。

二、选择题

1. 丰田公司由油泵 ECU 控制的油泵电路高转速时 FPC 的信号电压为（　　）V。
A. 4~6　　　　　B. 2~3　　　　　C. 5~7　　　　　D. 11~12
2. 丰田公司由油泵 ECU 控制的油泵电路低转速时 FPC 的信号电压为（　　）V。
A. 4~6　　　　　B. 2~3　　　　　C. 5~7　　　　　D. 11~12
3. 燃油系统有回油系统的正常怠速油压为（　　）。
A. 250 kPa　　　B. 147 kPa　　　C. 400 kPa　　　D. 500 kPa
4. 关于油电路引起的发动机起动困难故障原因下列叙述中不正确的一项是（　　）。
A. 燃油压力太低　　　　　　　　B. 冷起动喷油器不工作
C. 缸套磨损严重　　　　　　　　D. 冷起动喷油器一直工作
5. 丰田公司由油泵 ECU 控制的油泵电路，油泵低速转动时油泵的电压为（　　）V。
A. 9　　　　　　B. 12　　　　　C. 10　　　　　D. 5

三、判断题

1. 本田公司二极管的第一个作用是防止起动时电流串入点火挡位，第二个作用是防止点火时起动车。（　　）
2. 本田公司电阻的作用是起到单向截止的作用。（　　）
3. 油泵有两套供电电路：一是由油泵继电器提供，二是由机油压力开关控制。（　　）
4. 福特公司油泵电路的作用是当汽车发生碰撞时，此开关会自动断开，将油泵电路切断，以防意外。（　　）
5. 电流驱动只适用于高阻喷油器，电压驱动既可用于低阻喷油器，又可用于高阻喷油器。（　　）

四、简答题

1. 简述油压测试的方法与步骤，并通过油压测试的结果分析判断出故障的部位。
2. 简述喷油器的检测方法。如何对喷油器进行测试？
3. 简述丰田公司油泵 ECU 控制的油泵电路是如何实现油泵高低速转动的。
4. 简述喷油波形的分析方法。
5. 简述喷油器的清洗方法。

项目三
空气供给系统

项目导读

空气供给系统是电控发动机的重要组成部分，对于电控发动机来说，进气量的检测方式比较多，有较强的理论性和实践性，所以对于空气供给系统的作用、结构、原理、检测等的掌握，是本项目的主要学习内容。

思维导图

任务 3.1　空气供给系统概述

素质目标

1. 培养学生的爱国情怀。
2. 培养学生规范整理的劳动意识。
3. 培养学生职业道德精神。
4. 培养学生交通安全伦理意识。

知识目标

1. 空气供给系统的组成及分类。
2. 空气供给系统传感器的工作原理与检测方法。

能力目标

1. 通过以下内容的学习，学生应能完成对空气供给系统部件的检测及部件更换工作。
2. 掌握空气滤清器的维护、节气门和进气管的检修方法。
3. 掌握进气系统各部件的常见故障与排除。

任务分析

发动机要想正常工作，必须为其提供连续可燃的空气汽油混合气，直接或间接地测量进入发动机的空气量，并按规定的空燃比计量汽油的供给量，从而形成可燃混合气，如图 3-1-1 所示。燃油供给系统的作用是提供连续的汽油，而进气系统的作用则是测量和控制燃油燃烧时所需的空气量，为发动机可燃混合气的形成提供必要的空气。进气系统由空气滤清器、进气歧管、传感器、怠速控制装置、增压控制装置等组成。传感器在电控发动机中的作用是非常大的，它测量的准确度直接影响着汽车的动力性、经济性以及排放性。

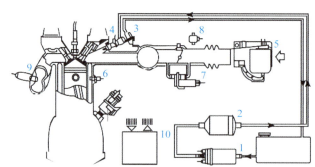

1—燃油泵；2—燃油滤清器；3—油压调节器；4—喷油器；5—空气流量计；6—冷却液温度传感器；
7—怠速控制阀；8—节气门位置传感器；9—氧传感器；10—ECU。

图 3-1-1　可燃混合气形成的过程

一般行驶时，空气的流量由通道中的节气门来控制（节气门由加速踏板操作）。踩下加速踏板时，节气门打开，进入的空气量多。怠速时，节气门关闭或微关，空气由节气门或旁通道通过。

传感器是装在发动机各部位的信号转换装置，用来测量或检测反映发动机运行状态下的各种物理量、电量和化学量等，并将它们转换成计算机能接收的电信号后再送给ECU。

任务讲解

3.1.1 空气供给系统主要部件布置

电控进气系统主要由空气滤清器、空气流量计（或进气压力传感器）、怠速控制装置、进气节流装置及进气增压装置等组成，如图3-1-2所示。

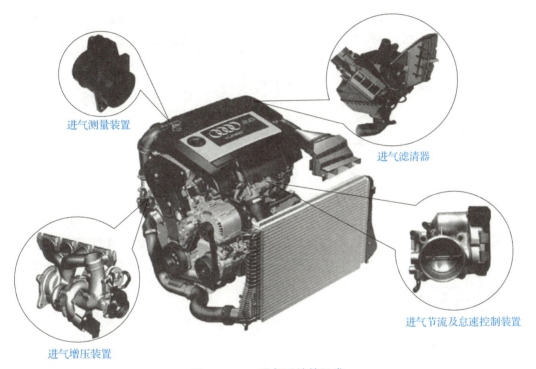

图3-1-2 进气系统的组成

怠速控制系统的怠速控制阀和控制系统的进气温度传感器、节气门位置传感器、进气管绝对压力传感器（D型，字母"D"是德文"Druck＜压力＞"的第一个字母，是利用压力传感器检测进气歧管内的绝对压力，测量方法属于间接测量法）或空气流量计（L型，字母"L"是德文"Luftmengen＜空气＞"的第一个字母，是利用流量传感器直接测量吸入进气管的空气流量）也安装在进气系统中，在部分电控燃油喷射发动机的进气系统中还装有其他系统的元件。

1. D型发动机电控系统的空气供给系统

D型发动机电控系统没有空气流量传感器，控制系统利用检测到的绝对压力与发动机的转速来计算吸入气缸的空气量，又称为速度/密度型燃油喷射控制系统。由于空气在进气歧管内流动时会产生压力波动，发动机怠速（节气门关闭）时的进气量与汽车加速（节气门全开）

时的进气量之差可达40倍以上,进气气流的最大流速可达80 m/s,因此,D型燃油喷射系统的测量精度不高,但控制系统的制造成本较低。进气系统结构简单,应用比较广泛。

D型发动机电控系统的空气供给系统如图3-1-3所示。发动机工作时,经空气滤清器过滤后的空气,通过进气总管和节气门体被分配到各缸的进气歧管再进入气缸。流入进气总管的空气量取决于节气门体内的节气门开度和发动机转速。怠速控制阀通过发动机冷却液进行预热。有的发动机设置容量较大的进气室,可防止进气的波动,同时也可减少各缸进气的相互干扰。怠速控制阀、进气温度传感器、进气歧管绝对压力传感器、节气门位置传感器等均安装在进气系统中。

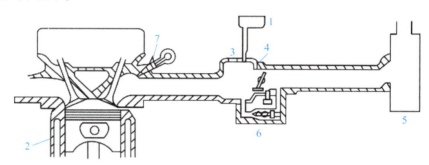

1—进气歧管绝对压力传感器;2—发动机;3—稳压箱;4—节流阀体;5—空气滤清器;6—空气阀;7—喷油器。

图3-1-3　D型发动机电控系统的空气供给系统

2. L型发动机电控系统的空气供给系统

由于采用直接测量的方法,因此进气量的测量精度较高,控制效果优于D型燃油喷射系统。当前各车型采用的L型传感器分为体积流量型（如翼板式、量芯式、涡流式）传感器和质量流量型（如热线式和热膜式）传感器。质量流量型传感器工作性能稳定、测量精度高、使用效果好,但制造成本相对D型要高。由于热膜式空气流量传感器内没有运动部件,因此没有流动阻力,而且使用寿命远远高于热线式流量传感器。L型发动机电控系统的空气供给系统如图3-1-4所示。

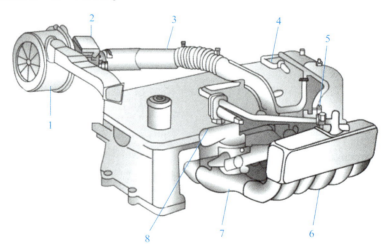

1—空气滤清器;2—空气流量传感器;3—进气管;4—PCV管;5—节气门位置传感器;
6—进气总管;7—进气歧管;8—怠速控制阀。

图3-1-4　L型发动机电控系统的空气供给系统

与 D 型发动机电控系统的空气供给系统相比，L 型发动机电控系统在空气供给系统中设置了空气流量传感器，而取消了进气歧管绝对压力传感器，其他组成部件基本相同。

3.1.2 空气供给系统主要部件的结构

空气供给系统

1. 空气滤清器

燃油燃烧需要大量的空气。以普通轿车为例，每消耗 1 L 汽油需要消耗 5 000～10 000 L 空气。大量的空气进入气缸，若不将其中的杂质或灰尘滤除，必然加速气缸的磨损，缩短发动机使用寿命。实践证明，发动机不安装空气滤清器，其寿命将缩短 2/3。空气滤清器的功用主要是滤除空气中的杂质或灰尘，让洁净的空气进入气缸，以减轻发动机磨损。另外，空气滤清器也有降低进气噪声的作用。

空气滤清器在车上的位置如图 3-1-5 所示。

图 3-1-5　空气滤清器在车上的位置

目前，汽车发动机广泛采用纸质干式空气滤清器，其滤芯是用树脂处理的微孔滤纸制成，滤芯呈波折状，具有较大的过滤面积，如图 3-1-6 所示。为保证滤芯上、下两端的密封，在滤芯两端装有密封圈。发动机工作时，空气由滤清器盖与外壳之间的空隙进入，经过滤芯滤清后，经接管流向气缸。

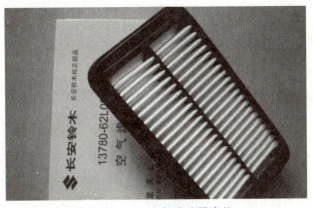

图 3-1-6　空气滤清器滤芯

空气过滤器使用寿命通常建议每行驶 2 万 km 更换一次。汽车空气滤清器经常在恶劣环境中工作的车辆应当不超过 1 万 km 更换一次。

常见品牌有曼牌、博世、马勒、霍尼韦尔、弗列加、索菲玛、豹王、K&N，以及各大汽车厂商冠名的品牌。其价格从几十元到数百元不等。

2. 进气管

进气管一般包括进气软管、进气总管和进气歧管。进气软管用于连接空气滤清器与节气门体，进气总管用于连接节气门体与进气歧管。有些发动机的进气总管与进气歧管制成一体，有些则是分开制造再用螺栓连接。典型的进气管如图 3-1-7 所示。

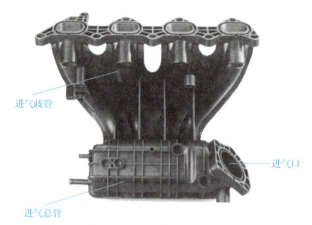

图 3-1-7 典型的进气管

进气歧管的功用是给各个缸分配空气。进气歧管用螺栓安装在气缸盖上，并在进气歧管与气缸盖之间装有密封垫，以防止漏气。

3. 空气流量计

空气流量计（MAF）也称空气流量传感器，用于 L 型发动机电控系统中，其作用是将单位时间内吸入发动机气缸的空气量转换成电信号并输送给 ECU，作为决定喷油量和点火正时的基本信号之一。按结构形式和检测进气量的原理不同，空气流量计可分为叶片式、热线式、热膜式和卡门漩涡式 4 种类型。所产生的信号也有电压型和频率型两种。大多数车系的进气温度传感器往往也设置于该传感器的内部，一般安装在空气滤清器和节气门体之间。

现代电控发动机质量型空气流量传感器（热膜式、热线式）应用最为广泛，卡门涡旋式空气流量传感器只有三菱公司生产的部分发动机还在使用。

1）叶片式空气流量传感器

叶片式空气流量传感器如图 3-1-8 所示。利用发动机真空吸力所产生的气流，推动测量板运动并带动一个电位计转动，电位计将电压信号送入电控单元，电控单元使用这个信号计算进气量。

当发动机怠速工作时，节气门接近关闭，只有少量空气进入发动机，流过主流通道的空气推动翼片偏转很小的角度，同时与翼片同轴的电位计则输出一个微弱的电压信号给电控单元，电控单元便向喷油器输出短脉冲宽度的电脉冲，这时流过旁通空气道的空气未经空气流量计计量，因此不影响喷油量，但却使混合气变稀，使 CO 的排放量减少；当发动机在高速大负荷运转时，节气门接近全开，吸入的空气量较多且全部流过主流道，空气推动翼片偏转较大的角度，电位计则输出较强的电压信号，电控单元相应向喷油器输出长脉冲宽度的电脉冲，由于进气阻力大，目前已不再使用。

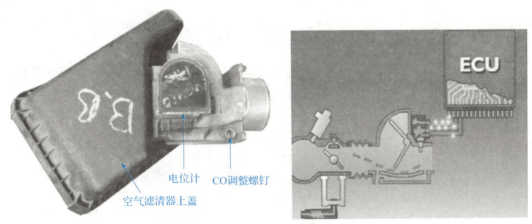

图 3-1-8　叶片式空气流量传感器

2）量芯式空气流量传感器

量芯式空气流量传感器如图 3-1-9 所示。与叶片式空气流量传感器的工作原理和结构基本相同，不同的只是测量元件有所变化。由于进气阻力过大，所以当时只在少数的车型中有所使用。

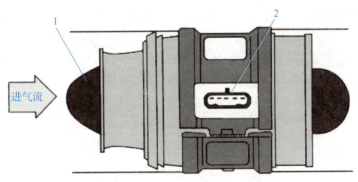

1—量芯；2—线束插头。

图 3-1-9　量芯式空气流量传感器

3）卡门涡旋式空气流量传感器

卡门涡旋式空气流量传感器是根据卡门涡流理论，利用超声波或光电信号，通过检测旋涡频率来测量空气量的一种传感器。

卡门涡旋式空气流量传感器通常与空气滤清器外壳安装成一体，其结构如图 3-1-10 所示。卡门涡旋式空气流量传感器是根据卡门涡流的理论制成的。它在进气道内设置一个涡流发生器（三角形或非流线型立柱），空气流经涡流发生器时，在涡流发生器后方的气流中就会产生一系列不对称但十分规则的空气涡流（即卡门涡流），因为这种现象首先被卡门发现，所以称为卡门涡流。根据卡门涡流理论流体在绕过非流线物体时，尾流左右两侧产生成对的交替排列的旋转方向相反的对称涡流。所以涡流发生器内产生的涡流将沿气流流动方向向后移动，移动速度与空气流速成正比，即在单位时间内流经涡流发生器后方内某点的涡流数与空气流速成正比，因此，通过测量单位时间内的空气涡流数（即涡流频率），就可以计算出空气气流的流速和流量。测量单位时间内涡旋数量的方法有反光镜检测和超声波检测两种。

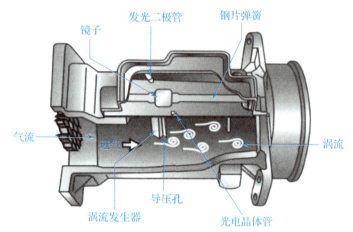

图 3-1-10　卡门涡旋式空气流量传感器的结构

反光镜检测方式的涡旋检测装置由反光镜、发光二极管、光敏晶体管和板弹簧等组成，如图 3-1-11 所示。

反光镜式卡门涡旋式空气流量传感器的工作原理如图 3-1-12 所示，其内只有一只发光二极管和一只光电晶体管。发光二极管发出的光束被一片反光镜反射到光电晶体管上，使光电晶体管导通，输出电流信号，再转换成电压信号。反光镜安装在一个很薄的金属簧片上。涡旋发生器由于发生涡旋而产生的压力变化通过压力导向孔导至金属簧片上，在进气气流涡旋的压力作用下金属簧片振动，其振动频率与单位时间内产生的涡旋数量相同。由于反光镜随簧片一同振动，因此被反射的光束也以相同的频率变化，致使光电晶体管也随光束以同样的频率导通、截止。进气流速越大，涡旋强度越大，光敏电压信号的频率越高，反之频率低。ECU 根据所接收的电压信号频率的高低来判断进气流量的大小，然后再向喷油器发出喷油指令。

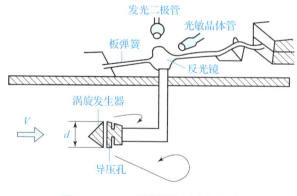

图 3-1-11　反光镜检测进气方式

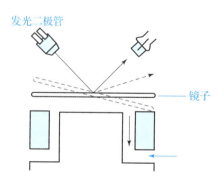

图 3-1-12　反光镜式卡门涡旋空气流量传感器的工作原理

超声波检测方式如图 3-1-13 所示，是利用卡门涡旋引起的空气密度变化进行测量。空气流动方向的垂直方向安装超声波信号发生器，在其对面安装超声波接收器。从信号发生器发出的超声波因受卡门涡旋造成的空气密度变化的影响，到达接收器有时变早，有时变晚，而测出其相位差，利用放大器使之形成矩形波，则矩形波的脉冲频率（图 3-1-14）即为卡门涡旋的频率。

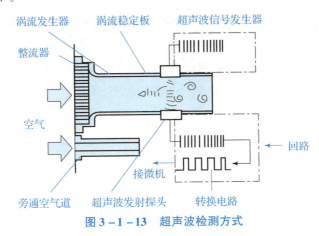

图 3-1-13　超声波检测方式

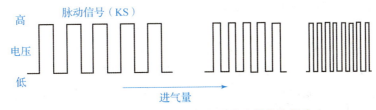

图 3-1-14　卡门涡旋空气流量传感器的信号脉冲

超声波式卡门涡旋空气流量传感器设有两个空气道：主空气道和旁通空气道。涡流发生器设在主空气道上；设置旁通空气道是为了调节主空气道的流量，这样，对于排放量不同的发动机，通过改变旁通空气道截面积的大小，可使用同一规格的流量传感器来满足流量检测的要求。

超声波是指频率超过 20 kHz 的机械波，当发动机运转并吸入一定的气体时，超声波发生器发出的超声波通过发射器不断向接收器发出一定频率（40 kHz）的超声波。当超声波通过进气气流到达接收器时，由于受到气流移动速度及旋涡数量变化的影响，接收到的超声波信号的相位（时间间隔）以及相位差（时间间隔之差）就会发生变化，且进气量越大，旋涡数越多，移动速度越快，接收到超声波的相位及相位差越大；反之，越小。控制电路根据超声波信号的相位或相位差的变化就可计算出涡流的频率，并将其输入 ECU，ECU 根据输入的进气涡流信号就可计算出进气量，从而精确控制喷油量。

4）热线式空气流量计

（1）热线式空气流量计的类型及组成。热线式空气流量计有两种：第一种是将热线电阻安装在主进气道中，称为主流测量方式的热线式空气流量计；第二种是将热线电阻安装在旁通气道中，称为旁通测量方式的热线式空气流量计。热线式空气流量计主要由防护网、采样管、热线电阻、温度补偿电阻、控制电路等组成，如图 3-1-15 所示。

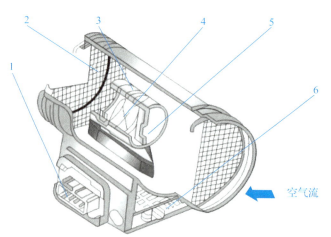

1—控制电路板;2—防护网;3—采样管;4—热线电阻;5—温度补偿电阻;6—线速连接器。

图3-1-15 热线式空气流量计结构

热线式空气流量计在进气道设置一个发热体,在进气流经过发热体时带走了热量,为保持发热体的温度传感器加大通过发热体的电流,这个加大的电流被 ECU 用作计算发动机的进气量。

热线式空气流量计能在短时间内反映空气的流量,响应速度快,无运动组件,进气阻力小,不易磨损,测量范围大,因此在汽车上有着很广泛的应用。

(2)热线式空气流量计的控制电路原理。人们都知道,在空气通道中放置一发热体,空气流经发热体时带走其热量,使发热体变冷,发热体周围通过的空气流量越多,被带走的热量也越多,热线式空气流量计就是利用惠斯通电桥的原理工作的,热线就是电桥的一个臂。热线式空气流量计就是根据这个原理制成的。

安装在控制电路板上的精密电阻 R_A 和电桥电阻 R_B 与发热电阻 R_H 及温度补偿电阻 R_K 组成了惠斯通电桥,如图 3-1-16 所示。发热电阻 R_H 放在进气道内,当进气气流流经它时,其热量被流过的空气吸收,使发热电阻变冷,且空气流量增大时,被带走的热量也增加,质量型空气流量计就是利用发热电阻与空气之间的这种热传递进行空气流量测定的。

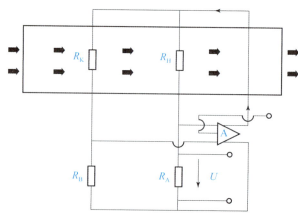

A—混合集成电路;R_H—发热电阻;R_K—温度补偿电阻;R_A—精密电阻;R_B—电桥电阻。

图3-1-16 惠斯通电桥原理

混合集成电路 A 控制热线温度,当空气流过该发热电阻时,由于空气带走热量使发热电阻的阻值发生变化,从而使惠斯通电桥失去平衡。为了保持该电桥的平衡,必须提高电压,加大通过发热电阻的电流,进而使发热电阻的温度升高,使原来的电阻值恢复。根据这一原理,通过控制电路,改变惠斯通电桥的电压和电流,使发热电阻损失的热量与电流加热发热电阻产生的热量相等,并使发热电阻的温度和其电阻值保持一致。这样通过发热电阻的电流便是空气流量的单一函数,也就是发热电阻电流随空气流量的增大而增大,随空气流量的减小而减小。加热电流通过精密电阻 R_A 产生的电压降作为电压输出信号输送给 ECU,于是微机便可通过电压降的大小测得空气流量来控制精确的喷油量。

旁通测量方式的热线空气流量计与主流测量方式的不同:它是将白金热线和温度补偿电阻用铂线缠绕在线管上制成的。热线式空气流量计的热线因长时间暴露在空气中,会造成空气中的杂质依附在热线上,需增加自洁功能。当点火开关从 ON 到 OFF 位置时,ECU 会给空气流量计一个自洁信号,使热线瞬间温度升高到 1 000 ℃,使依附在热线上的杂质烧掉。因旁通热线式的空气流量计上的白金热线缠绕在陶瓷绕线管中,并没有暴露在空气中,所以就不需要自洁功能。传感器壳体两端设置有与进气道相连接的圆形插接接头,空气入口和出口都设有防止传感器受到机械损伤的防护网。传感器入口与空气滤清器一端的进气管相连,出口与节气门的一端相连。

热线式空气流量传感器的电子控制线路板包括电桥平衡电路、自洁电路和怠速混合气调节电位器,电子装置的大多数元件(除 R_H、R_K 和 R_A)都安装在这块集成电路板上。其上一般设置六端子插头与发动机微机控制装置相连接,用以传递信息,如图 3 – 1 – 17 所示。

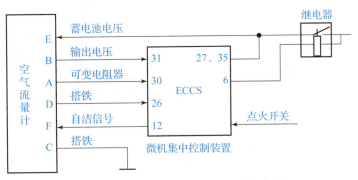

图 3 – 1 – 17　热线式空气流量计电路图

5)热膜式空气流量计

热膜式空气流量计是热线式空气流量计的改进产品,所不同的是热线式的发热电阻为白金铂丝,而热膜式采用的发热体是热膜(由发热金属铂固定在薄树脂膜上制成),而不是热线。热膜式空气流量传感器发热体不直接承受空气流动所产生的作用力,增加了发热体的强度,提高了流量计的可靠性。

在热膜式电阻附近设有温度补偿电阻,温度补偿电阻和热膜电阻组成电桥控制电路,其控制原理与热线式空气流量计相同。

与热线式空气流量计相比,热膜电阻的电阻值较大,所以消耗电流较小,使用寿命较长。但是,由于其发热元件表面制作有一层绝缘保护薄膜,因此不会沾有尘埃而影响测量精度,但存在辐射热传导作用,因此响应特性稍差。

由于现代轿车所使用的空气流量计大部分为热膜式,下面以上海大众公司桑塔纳2000GSi 型轿车的 AJR 型发动机采用的热膜式空气流量为例:

(1) 空气流量计(G70)的结构。热膜式空气流量计安装在空气滤清器和进气软管之间,主要由控制电路、热膜、上流温度传感器、金属护网等组成,其结构如图 3-1-18 所示。

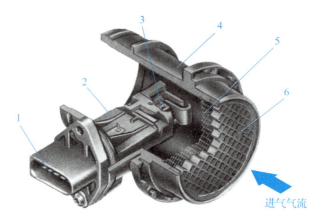

1—插头;2—混合电路盒;3—金属热膜元件;4—壳体;5—滤网;6—导流格栅。

图 3-1-18　热膜式空气流量计结构

(2) 电路图,如图 3-1-19 所示。

空气流量计 1 号端子为空端子,2 号端子为油泵继电器提供的 12 V 电源,3 号端子为传感器信号负线,4 号端子为控制单元提供的 5 V 电源,5 号端子为传感器信号线,如图 3-1-20 所示。

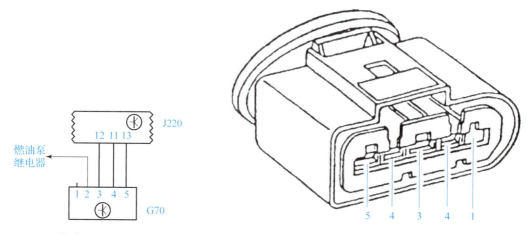

图 3-1-19　热膜式空气流量计传感器电路　　图 3-1-20　热膜式空气流量传感器插脚

(3) 检查空气流量计的供电电压,使用汽车万用表连接空气流量计插头端子 2 和端子 3,起动发动机应为 12 V,如果没有电压,应检查熔丝与端子 2 间线路有无断路或短路,如正常,则检查汽油泵继电器。

(4) 测量空气流量计插头端子 4 对发动机搭铁点电压约为 5 V(用 20 V 量程挡)。如果空气流量计供电电压正常,应测试信号线路;如不正常,则更换发动机 ECU。

（5）测试空气流量计线路。

测试空气流量计端子与发动机控制单元上相关端子间的电阻值应小于 1 Ω。如果线路有断路或短路，应修复；如果线路没有故障，则更换空气流量计。

（6）试验工作情况。

发动机怠速运转，读测量数据流显示组 02，检查进气质量，标准值应为 2.0～4.0 g/s，如果不在标准范围内或者查询到空气流量计有故障，应检查空气流量计的供电电压，如表 3-1-1 所示。

表 3-1-1　热膜式空气流量计的数据

02	1	发动机转速	发动机转速：怠速正常值为 800 r/min
	2	发动机负荷	发动机负荷：怠速时正常值为 1.0～5.0 ms
	3	喷油时间	发动机每次循环喷油时间，怠速时正常值为 2.0～5.0 ms。若小于 2.0 ms，可能炭罐清除比例高；若大于 5.0 ms，发动机负荷过大
	4	进气流量	进气流量：怠速时正常值为 2.0～4.0 g/s，若小于 2.0 g/s，可能进气系统有泄漏；若大于 4.0 g/s，可能发动机负荷过大

4. 进气歧管绝对压力传感器

进气歧管绝对压力传感器（MAP）一般装于发动机机舱内，用一根真空管与进气歧管相接或直接装在节气门后方的进气歧管上。部分早期车型安装于 ECU 内或发动机室内防火壁上，如图 3-1-21 所示。

燃油喷射系统

图 3-1-21　进气歧管绝对压力传感器位置

进气歧管绝对压力传感器（MAP）的作用是测量进气歧管压力，用以将进气管内的压力变化转换成电信号，它与转速信号一起输送到 ECU，作为决定喷油器基本喷油量的依据。控制单元同时使用进气量计算发动机的负荷，以采用相应的发动机控制策略。部分车型采用进气压力传感器进行气缸判别，如采用德尔夫电控系统国产 465 发动机、491 发动机等。

进气压力传感器基本结构形式有两种：一种是压敏电容式，常见于福特公司生产的汽车上；另一种是压敏电阻式，普遍应用于 D 型电控燃油喷射系统中。

1）压敏电阻式 MAP 结构和原理

压敏电阻式 MAP 主要由绝对真空室、硅片（膜片）底座、真空管接头、引线电极、IC 放大电路等组成，其结构如图 3-1-22 所示。

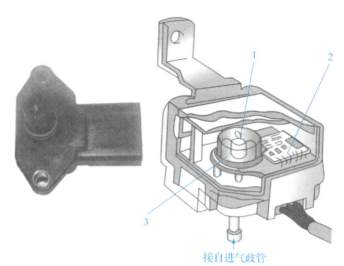

1—硅片；2—IC放大器；3—绝对真空泵。

图 3-1-22　压敏电阻式进气歧管绝对压力传感器的结构

半导体压敏电阻式进气压力传感器是利用半导体压阻效应的原理制成的。硅膜片是用单晶硅制成的压力转换元件，其长和宽各为 3 mm，厚度为 160 μm，在硅膜片的中心部位用腐蚀方法制作了一个直径为 2 mm、厚度为 50 μm 的薄膜片，在薄膜片表面的圆周上，采用集成电路加工和台面扩散技术制作了 4 只阻值相等的应变电阻，并将 4 只电阻连接成惠斯通电桥电路，然后再与传感器内部的温度补偿电阻和信号放大电路等混合集成电路连接，如图 3-1-23 所示。

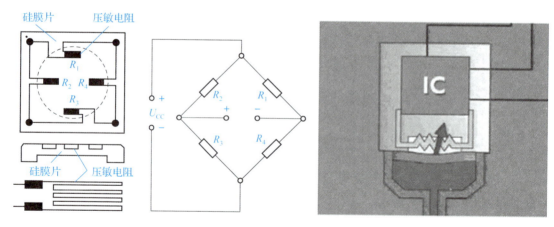

图 3-1-23　半导体压敏电阻式进气压力传感器示意图

硅膜片一面通真空室，一面承受来自进气歧管中气体的压力，在此气体压力的作用下，硅膜片会产生变形，且压力越大变形越大，传感器膜片变形如图 3-1-24 所示，膜片上压敏电阻的阻值在此压力的作用下会发生变化，使传感器上惠斯通电桥的平衡被打破，当电桥的输入端输入一定的电压或电流时，在电桥的输出端便可得到相应变化的信号电压或信号电流，因为此信号比较微弱，故采用了混合集成电路进行放大后输入给 ECU，进气压力传感器电路如图 3-1-25 所示。

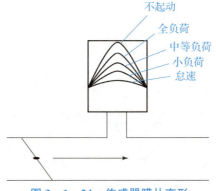

图 3 – 1 – 24　传感器膜片变形

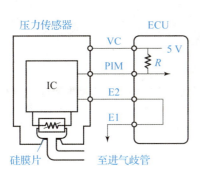
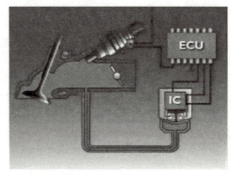

图 3 – 1 – 25　进气压力传感器电路

不起动发动机时，下方为大气，上方为真空，膜片变形最大，输出信号最强。

全负荷时，下方真空度小，吸力小，上方为真空，膜片变形较大，输出信号较强。

中等负荷时，下方真空度较大，吸力较大，上方真空度不变，膜片变形较小，输出信号较弱。

小负荷时，下方真空度大，吸力大，上方真空度不变，膜片变形小，输出信号弱。

怠速时，下方真空度最大，吸力最大，上方真空度不变，膜片变形最小，输出信号最弱。

2）压敏电容式 MAP 的结构和原理

位于压敏电容式 MAP 壳体内的弹性膜片用金属制成，弹性膜片上、下两个凹玻璃的表面也均有金属涂层，这样在弹性膜片与两个金属涂层之间形成两个串联的电容，膜片上腔为绝对真空，下腔通进气管，如图 3 – 1 – 26 所示。

当发动机工作时，进气管内的空气压力作用于弹性膜片上，使弹性膜片产生位移，弹性膜片与两个金属涂层之间的距离发生变化，这样，两个电容的电容量也发生变化，电容量的变化量与弹性膜片的位移成正比，电容量的变化量再经过测量电路转换成电压信号输送给 ECU。当发动机怠速运转时，下腔压力小，电容的变化量小，产生的信号电压也小；当发动机大负荷运转时，下腔压力大，电容的变化量大，产生的信号电压也增加。

5. 温度传感器

温度是反映汽车发动机、变速器和空调等热负荷状态的重要参数。温度传感器是汽车使

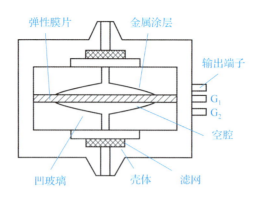

图 3-1-26 压敏电容式进气歧管绝对压力传感器

用数量最多的一种传感器。例如,为了保证控制系统能够精确控制发动机的工作参数,必须随时随地检测发动机冷却液温度、进气温度和排气温度,以便修正控制参数,计算吸入气缸空气的质量流量以及进行排气净化处理,等等。

温度传感器有多种,现代汽车广泛使用的是热敏电阻式温度传感器。

热敏电阻是利用陶瓷半导体材料的电阻值随温度变化而变化的特性制成的。根据热敏电阻的特性不同,可分为负温度系数 NTC 热敏电阻、正温度系数 PTC 热敏电阻和临界温度系数 CTR 热敏电阻,如图 3-1-27 所示。

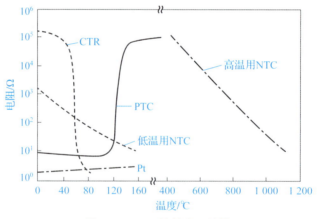

图 3-1-27 热敏电阻特性

热敏电阻式温度传感器的突出优点是灵敏度高、响应性好、结构简单、成本低廉。因此,汽车电子控制系统普遍采用了负温度系数 NTC 热敏电阻式温度传感器,如冷却液温度传感器、进气温度传感器、排气温度传感器、燃油温度传感器等。

1) 进气温度传感器(THA)

(1) 进气温度传感器的结构与作用。

进气温度传感器通常安装在空气滤清器之后的进气软管上或空气流量传感器上,如图 3-1-28 所示,其作用是提高喷油器的控制精度。进气温度传感器的结构主要由绝缘套、塑料外壳、防水插座、铜垫圈、热敏电阻等组成,如图 3-1-29 所示。

图3-1-28 进气温度传感器安装位置

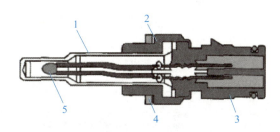

1—绝缘套；2—塑料外壳；3—防水插座；
4—铜垫圈；5—热敏电阻。

图3-1-29 进气温度传感器的结构

(2) 原理。

进气温度传感器用以检测进气温度，测量进气温度的目的是为了确定进气的密度，可以提高进气量测量的精度。它通常与进气压力传感器联合使用，可以准确地反映进入气缸的空气量。部分质量型流量传感器也配有进气温度传感器，如图3-1-30所示。

进气温度传感器也是由负温度系数的热敏电阻组成的，即温度升高时传感器的电阻明显减小，ECU则根据输入的电信号对喷油量进行修正。如果进气温度传感器出现故障，会使输入给ECU的进气温度电信号出现中断，使进入发动机气缸中的混合气过稀或过浓，燃烧情况变坏，出现热起动困难、废气排放量增大、工作不稳定的情况。若在行车中出现上述的情况，则应对进气温度传感器进行检测。

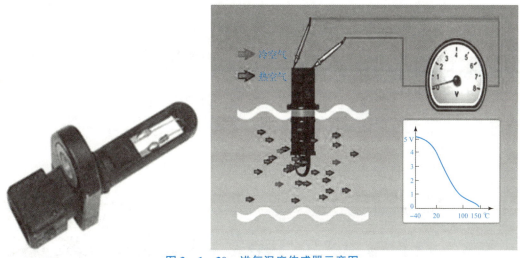

图3-1-30 进气温度传感器示意图

2) 冷却液温度传感器

(1) 冷却液温度传感器的作用。

冷却液温度传感器（THW）一般安装在发动机水套或出水管上，用于检测发动机冷却液的温度，ECU利用其信号对喷油量、点火正时等进行修正控制，以实现某些特定的控制功能。

控制内容有：

①发动机冷起动时，提供特浓混合气，以确保顺利起动。

②冷却液温度较低时，适当提高发动机的怠速，并适当延迟点火，以缩短暖机时间，从而减少磨损，并提供较浓混合气，以维持发动机稳定运转。

③冷却液温度较低时，不允许自动变速器升入超速挡，以避免发动机在冷态下低速大负荷运转而造成过度磨损，同时也不允许锁止变矩器，以便利用自动变速器油温使发动机快速升温。

④冷却液温度较高时，增大冷却风扇的转速；冷却液温度过高时，暂时停止空调的工作等。

可见，冷却液温度传感器信号除了影响发动机的工作状态外，还影响自动变速器、汽车空调等的工作状态，其故障往往会带来发动机起动、怠速、油耗、冷却及自动变速器换挡、空调制冷等诸多方面的问题。

（2）温度传感器结构与原理

各种汽车上所用的冷却液温度传感器的结构和工作原理都大同小异，一般都采用了负温度系数（NTC）热敏电阻。

冷却液温度传感器的结构如图3-1-31所示，主要由负温度系数热敏电阻、金属引线和壳体等组成。所谓负温度系数是指其电阻值随温度的上升而减小。

冷却液温度传感器的壳体上制作有螺纹，以便于在发动机上的安装。连接器有单端子式和双端子式两种，发动机电控系统一般采用双端子式。仪表板上水温表所用的冷却液温度传感器则一般为单端子式，其壳体为传感器的搭铁极。

冷却液温度传感器的主要部件是负温度系数热敏电阻，位于传感器的金属管壳内，其电阻值与温度的关系如图3-1-32所示。

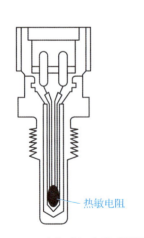

图3-1-31 冷却液温度传感器的结构

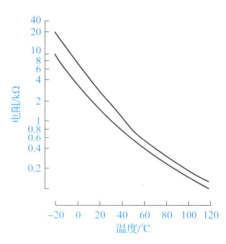

图3-1-32 冷却液温度传感器的阻值与温度关系

冷却液温度传感器的工作电路如图3-1-33所示，传感器的热敏电阻通过导线与ECU相连，并与ECU内部的分压电阻串联，形成分压电路。ECU向该分压电路提供稳定的工作电压（一般为5V），热敏电阻所获得的分压值即为测得的温度信号。

温度升高时，热敏电阻的电阻值减小，其上的分压值降低；反之，温度降低时，其上的分压值升高。ECU根据该分压值的大小，即可判断被测对象的温度。

当温度传感器的信号超出正常范围时，ECU即判定传感器发生了故障，在储存相应故障码的同时，进入失效保护模式，以维持发动机继续运转。水温和进气温度传感器故障时，

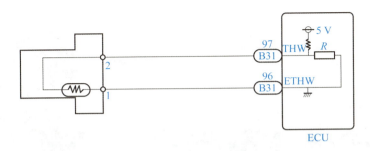

图 3 – 1 – 33　冷却液温度传感器的工作电路

失效保护模式的假定温度分别为 80 ℃ 和 20 ℃ 左右（不同车系可能会有所不同）。

早期汽车冷却液温度传感器失效保护模式的假定温度为 40 ℃ 或 60 ℃ 左右，这种低温假设会造成失效保护模式下排放污染的过度增大，但可以确保低温顺利起动；现代汽车的高温假设（80 ℃）可以改善失效保护模式下排放性能，但低温起动性能会变差。

6. 节气门体

节气门体安装在进气管中，用以控制发动机正常工况下的进气量。节气门体实物如图 3 – 1 – 34 所示，主要由节气门、怠速控制装置、怠速空气道等组成。节气门位置传感器安装在节气门轴上，用来检测节气门的开度。

节气门体的检测

图 3 – 1 – 34　节气门的安装位置

(a) 大众车系节气门体；(b) 一般车型节气门体

节气门体按照控制方式不同主要分为机械式节气门体和电子式节气门体两种。机械式节气门也就是拉线式，现已经不采用。

1）电子式节气门体的控制

与拉线式节气门总成相比较，电子节气门开启角度不再由加速踏板拉索控制。电子节气门结构及加速踏板位置传感器如图 3 – 1 – 35 所示。

其优点是功能强、控制灵活、发动机加速响应性好，容易实现驱动牵引力控制（ASR）和定速巡航、自动变速器换挡防冲击等多种附加功能，同时简化了设计、降低了成本。

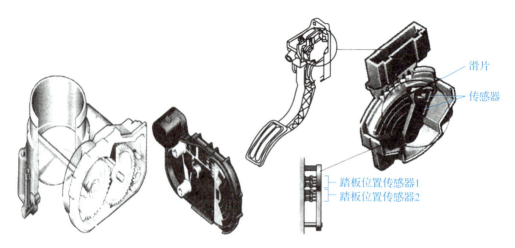

图 3-1-35 电子节气门结构及加速踏板位置传感器

其缺点是一旦系统出现故障,发动机只在备用模式下固定转速工作,不能通过加速踏板实现加速和减速。

2)电子节气门控制系统的组成

电子节气门控制系统由加速踏板模块、节气门控制单元 J338、节气门位置传感器、故障指示灯等组成,如图 3-1-36 所示。

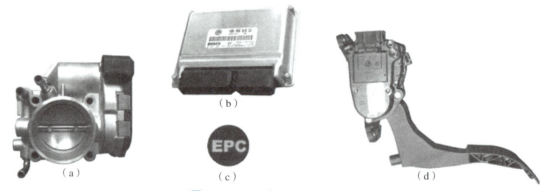

图 3-1-36 电子节气门的组成
(a) 节气门位置传感器;(b) 节气门控制单元;(c) 故障指示灯;(d) 加速踏板模块

(1)加速踏板模块由加速踏板、踏板位传感器 1(G79)、踏板位传感器 2(G185)组成,使用两个传感器是为了最大限度地保证可靠性,这种系统配置也称为"冗余系统"。在技术上,如果某种信息提供高于系统工作所要求时,则发生冗余,如图 3-1-37(a)所示。

发动机控制单元能够根据两个加速踏板位置传感器所提供的信号识别出加速踏板当前的位置。两个传感器是滑动触点电位计,同轴安装在加速踏板上,滑动触点电位计输出电压随加速踏板位置的变化而变化。

如果一个传感器发生故障,则发生以下情况:

①存储故障码,并点亮 EPC 故障指示灯;

②系统开始起动怠速运行模式,如果在定义的测试时间内第二个传感器在怠速位置内,则车辆继续运行;

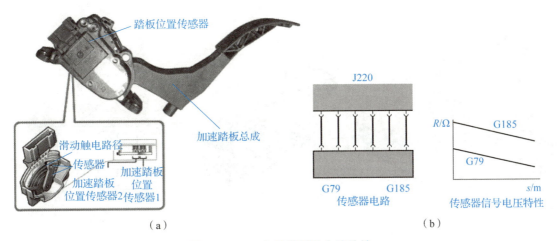

图 3-1-37 加速踏板及电路特性
(a) 加速踏板；(b) 电路特性

③如果需要进入节气门全开状态，则发动机转速缓慢提高；
④此外，也通过制动灯开关或制动踏板开关识别怠速；
⑤舒适系统功能，如巡航控制或发动机制动调节功能被关闭。
当两个传感器都发生故障时，则发生以下情况：
①存储故障码，并点亮 EPC 故障指示灯。
②发动机保持高怠速（最高 1 500 r/min）下运行，并不再对加速踏板的动作做出响应。

加速踏板位置
传感器的检测

由于发动机管理系统的不同，两个传感器同时发生故障时可能不会被正确地识别出来，故障指示灯没有点亮。发动机在高怠速下运行，并不再对加速踏板的动作做出响应。

两个滑动触点电位计上的电源均为 5 V。出于安全性的考虑，每个传感器都有单独的电源（红色）、地线（棕色）及信号线（绿色），如图 3-1-37 (b) 所示。

传感器 G185 的电路中安装了一个串联电阻，两个传感器的特性曲线不同。在相应的数据块中读出的传感器信号以百分比的形式显示，因此，100% 接近于 5 V。

实际上在检测时，两个传感器的输出不会为 5 V 或 0 V，这样做的目的是为了检查是否有短路、断路故障。如果位置传感器是电阻式的传感器（能测电阻变化），会在滑动电阻两端串接固定电阻，如果是霍尔式的传感器（能测电压），这是由霍尔传感器的设计特点和安装位置决定的。

(2) 节气门控制单元 J338。（这以电阻式为例，现在霍尔电压式也用得较多）
节气门控制单元位于进气歧管上，能够向发动机提供足够的空气流量。它由节气门体、节气门、节气门驱动装置 G186、节气门驱动装置 G187 角度传感器 1、节气门驱动装置 G187 角度传感器 2 等组成，如图 3-1-38 所示。

开启或关闭节气门，发动机控制单元通过激活节气门驱动装置的电动机来完成。两个角度传感器向发动机控制单元提供当前节气门位置的反馈信号，出于可靠性的考虑，使用了两个传感器。

两个角度传感器使用共同的电源线（红色）和地线（棕色），每个角度传感器都有自己的信号线（绿色）。蓝色为节气门驱动装置控制线，其是否被激活取决于节气门的运动方向，如图 3-1-39 所示。

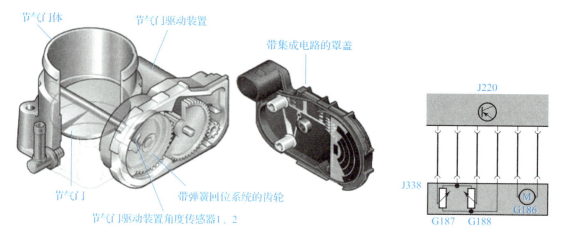

图 3-1-38 节气门控制单元的组成　　图 3-1-39 电子节气门电路

（3）节气门位置传感器。

如图 3-1-40 所示，1、2（G187、G188）两个传感器都是滑动触点电位计，滑动触点安装于节气门轴齿轮上，与罩盖上的电位计条接触。

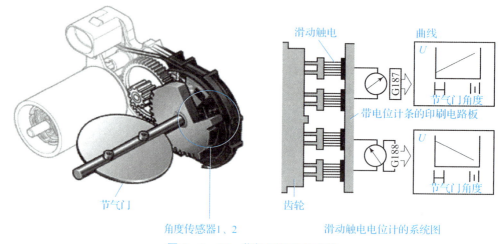

图 3-1-40 节气门角度传感器

当加速踏板位置发生变化时，电位计向控制单元发送的信号也相应发生变化。两个电位计信号的曲线是相反的，这使发动机控制单元可以区分这两个电位计并执行测试功能。节气门的角度在测量数据块中以百分比来显示，因此，0% 表示关闭，100% 表示全开。

如果发动机控制单元接收到一个错误的信号或角度传感器没有发出信号：

①故障存储器中会存储故障码，并且电子节气门控制系统故障指示灯亮；

②对扭矩有影响的控制系统（例如巡航定速或发动机制动系统）都将被关闭；

③负载信号被用来监测剩下的那个角度传感器；

④对加速踏板的响应正常。

如果发动机控制单元接收到一个错误的信号或者两个角度传感器都没有发出信号：

①故障存储器中会存储故障码，并且电子节气门控制系统故障指示灯亮；

②节气门驱动装置被关闭；

③发动机仅在 1 500 r/min 的高怠速状态下运行，并且不再对加速踏板做响应。

（4）故障指示灯（EPC），如图 3-1-41（a）所示。

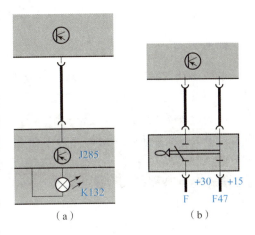

图 3-1-41　电路图
(a) EPC 指示灯电路图；(b) 制动踏板电路

接通点火开关后，EPC 点亮 3 s，如果系统没有故障码，或者在这期间没有检测到故障，则指示灯熄灭；如果系统中存有故障码，发动机控制单元激活故障指示灯，故障指示灯直接由发动机控制单元控制接地线（棕色）。

故障指示灯发生故障时对节气门的功能没有影响，但是会在故障存储器中存储一个故障码。指示灯没有闪码功能。

（5）辅助信号（制动灯开关 F 及制动踏板开关 F47），如图 3-1-41（b）所示。

节气门信号的匹配

两个传感器都集成在位于制动踏板的部件中，"制动踏板踩下"的信号在电子节气门控制系统中的两个作用：一是关闭巡航系统；二是加速踏板位置传感器发生故障时，被用作缺省的怠速信号。制动踏板开关 F47 被作为发动机控制单元的一个后备信息传感器。

如果一个传感器发生故障，或者发现输入信号不正常，发动机控制单元开始执行以下功能，一是舒适系统功能，例如巡航控制系统被关闭；二是如果一个加速踏板位置传感器也发生故障时，发动机转速限制在高怠速。

任务 3.2　空气供给系统进气控制技术

素质目标

1. 养成服从管理，规范作业的良好工作习惯。
2. 养成团队合作和安全操作的意识。
3. 培养热爱劳动的意识。
4. 培养学生职业道德精神。
5. 培养学生交通安全伦理意识。

知识目标

1. 了解发动机怠速转速的控制要求及控制方法。
2. 了解怠速控制系统的结构与工作原理。

能力目标

1. 掌握旋转滑阀式怠速控制阀、步进电机式怠速控制阀的检查方法。
2. 掌握大众车系怠速控制系统的检查方法。

3. 掌握电子加速控制系统的检查方法。

任务分析

在汽车使用过程中，发动机怠速运转的时间约占 30%，怠速转速的高低直接影响燃油消耗和排放污染。怠速转速过高，会使燃油消耗增加；怠速转速过低，由于运行条件较差或负载增加（如发动机冷车运转、空调打开、电器负荷增大、自动变速器挂入挡位、动力转向工作等），容易导致发动机运转不稳甚至熄火，同时又会增加排放污染。因此，电控发动机需要根据发动机怠速时工作条件及负荷的变化来控制怠速运转时的最低稳定转速。本次任务主要介绍电控发动机怠速控制系统的结构及检修的相关知识。

任务讲解

3.2.1 怠速控制系统

1. 怠速控制系统的功用及组成

1）怠速控制系统的功用

怠速是指节气门关闭，节气门踏板完全松开，且发动机对外无功率输出并保持最低转速稳定运转的工况。电控汽油喷射式发动机在怠速工况时，空气通过节气门缝隙或旁通的怠速空气道进入发动机，并由空气流量计（或进气歧管绝对压力传感器）对进气量进行检测，电控燃油喷射系统则根据各传感器信号控制喷油量，保证发动机以最佳的怠速转速运转。此时，驾驶员无法进行怠速进气量的调节与控制。

在怠速控制系统中，ECU 根据节气门位置传感器信号和车速信号确认怠速工况，只有在节气门全关、车速为零时，才进行上述的怠速控制。

2）怠速控制系统的组成

怠速控制系统主要由传感器、ECU 和执行元件三部分组成，如图 3-2-1 所示。各组成部分的功用如表 3-2-1 所示。其工作过程如图 3-2-2 所示，ECU 首先根据各传感器的

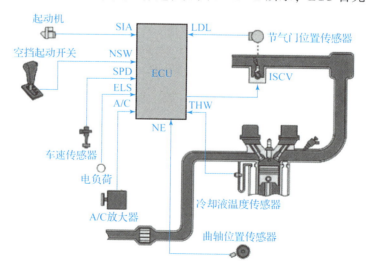

图 3-2-1 怠速控制系统组成

检测信号判断发动机是否处于怠速工况及发动机负荷的变化情况,然后根据存储在 ECU 的怠速控制程序确定一个怠速运转的目标转速,并与实际怠速转速进行比较,根据比较结果控制执行元件工作,以调节进气量,使发动机的怠速转速达到所确定的目标值。

表 3 – 2 – 1　怠速控制系统组成部分及其功用

组件		功能
传感器	发动机转速传感器	检查发动机转速
	节气门位置传感器	检查发动机怠速状态
	车速传感器	检测汽车行驶速度
	冷却液温度传感器	检测发动机冷却液温度
	起动开关信号	检测发动机的起动工况
	空调（A/C）开关信号	检测空调的工作状态
	空挡起动开关信号	检测换挡手柄位置
	动力转向开关信号	检测动力转向装置的工作状态
	发电机负荷信号	检测发电机负荷的变化
	液力变矩器负荷信号	检测液力变矩器负荷的变化
	怠速控制阀	控制怠速进气量
ECU		根据各传感器的输入信号,把发动机的实际转速与各传感器信号所确定的目标转速进行比较。根据比较结果,确定相当于目标转速的控制量,驱动执行机构,使怠速保持在目标转速范围内

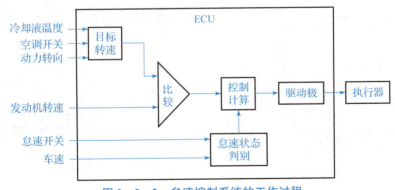

图 3 – 2 – 2　怠速控制系统的工作过程

2. 怠速控制系统类型

怠速控制的实质就是对怠速工况下的进气量进行控制。根据控制进气量方式的不同,怠速控制可分为节气门直动式和旁通空气两种控制类型,如图 3 – 2 – 3 所示。旁通式现已经不采用,不再做介绍。

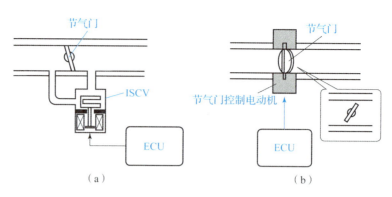

图 3-2-3 怠速控制系统的控制类型
(a) 旁通式；(b) 直动式

1) 节气门直动式

节气门直动式是通过执行元件改变节气门的最小开度来控制怠速进气量。

(1) 节气门直动式怠速控制执行机构的结构。

节气门直动式怠速控制执行机构的结构，是通过节气门体怠速稳定控制器控制节气门的开启来实现怠速稳定控制的。怠速稳定控制器由一个直流电动机通过齿轮传动，控制节气门的开启。图 3-2-4 所示为捷达轿车采用的节气门直动式怠速控制执行机构。节气门体主要由节气门和怠速稳定控制器组成，该怠速稳定控制器主要由怠速电动机、齿轮减速机构、应急弹簧、节气门电位计、怠速节气门电位计和怠速开关等构成。怠速电动机可正反两方向旋转，通过减速机构直接驱动节气门转动，使节气门开度增大或减小。节气门电位计相当于电喷发动机的节气门位置传感器，怠速节气门电位计相当于一个高灵敏度的仅用于检测节气门怠速开度的节气门位置传感器，怠速开关则用来判定节气门是否进入怠速状态。

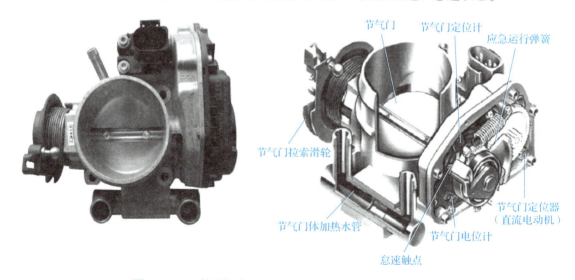

图 3-2-4 捷达轿车采用的节气门直动式怠速控制执行机构

(2) 节气门直动式怠速控制执行机构的工作原理。

节气门直动式怠速控制执行机构的控制电路如图 3-2-5 所示，节气门体上的怠速稳定控制器通过一个8端子插接器与ECU相连,各端子的排列如图3-2-6所示。ECU的62端子向节气门电位计和怠速节气门电位计提供5 V工作电压,67端子则通过ECU内部搭铁、75端子和74端子分别接收来自节气门电位计和怠速节气门电位计的信号,69端子与怠速开关相连,用来判定节气门是否进入怠速状态。在怠速开关闭合、69端子电位为0的情况下,ECU通过66端子和59端子向怠速电动机输出正向或反向的工作电流,使怠速电动机驱动节气门开大或关小,达到稳定和调节怠速的目的。当需要锁定怠速电动机从而锁定节气门开度时,ECU通过内部电路将66端子与59端子短接,即将怠速电动机的两个输入端子短接,利用电动机电枢感应电流所产生的磁场,形成电动机的转动阻力,从而产生制动效果。

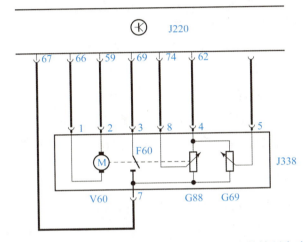

图3-2-5 节气门直动式怠速控制执行机构的控制电路

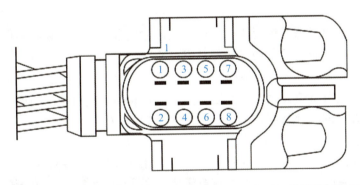

1—怠速电动机正极;2—怠速电动机负极;3—怠速开关正极;4—传感器电源(5 V);
5—输出信号;6—空脚;7—怠速开关负极;8—怠速节气门位置传感器信号。

图3-2-6 大众汽车节气门直动式连接器各端子的排列

当ECU根据转速、水温、空调开关等信号判定需要调节节气门开度来稳定或控制发动机的怠速转速时,就会向怠速电动机提供正向或反向工作电流,使怠速电动机正向或反向运转,并通过齿轮减速机构驱动节气门开度增大或减小,怠速节气门电位计则将节气门怠速开度的变化情况随时反馈给ECU。当发动机转速或节气门开度达到理想值时,ECU又会将怠速电动机锁定,从而使节气门开度锁定。当节气门由大开度突然关闭时,怠速电动机还可以减缓节气门的关闭速度,起动节气门缓冲的作用。

此外，ECU具有自适应学习功能，在稳定的怠速工况下，ECU可将对应的怠速节气门开度位置存储记忆，以便下次起动后在稳定怠速控制过程中参考。当发动机技术状况发生变化（如磨损、积炭等情况）时，要维持同样的怠速转速所需要的节气门开度可能会发生变化，这种自适应学习功能则可保证在发动机技术状态发生变化的情况下，其怠速转速基本维持不变。当发动机熄火时，应急弹簧将节气门拉开至某特定开度，保证下次起动后，发动机处于高怠速运转状态，随着水温的升高，ECU通过怠速电动机将节气门开度逐渐减小，发动机逐渐恢复到怠速状态。

在控制电路或怠速电动机等发生故障的情况下，应急弹簧还可将节气门拉开到某一预定的开度，保证发动机能以较高怠速应急运转，从而避免了熄火。

节气门直动式怠速控制器的结构比较简单，但采用齿轮减速机构后，会导致执行速度变慢，动态响应性差，控制器的外形尺寸也比较大，安装时受到一定的限制，现在绝大多数车型上用的都是这种类型的节气门。

3. 怠速控制系统的控制内容

为了实现发动机在目标怠速转速下稳定运转，怠速控制系统主要完成起动初始位置的设定、起动控制、暖机控制、怠速预测控制、电器负荷增多时的怠速控制等控制内容。

1) 起动初始位置的设定

为了改善发动机的起动性能，关闭点火开关使发动机熄火后，ECU继续给怠速控制执行机构供电 2~3 s，使怠速控制执行机构回到起动初始（全开）位置。当怠速控制执行机构回到起动初始位置后，ECU停止给怠速控制机构供电，怠速控制执行机构保持全开不变，为下次起动做好准备。

2) 起动控制

发动机起动时，由于怠速控制执行机构预先设定在全开位置，在起动期间经怠速空气道可供给最大的空气量，有利于发动机起动。但怠速控制阀如果始终保持在全开位置，发动机起动后的怠速转速就会过高，所以在起动期间，ECU根据冷却液温度传感器信号来控制怠速控制执行机构，调节怠速控制阀的开度，使之达到起动后暖机控制的最佳位置，怠速控制阀的开度随冷却液温度的升高而减小，控制特性存储在ECU内。

3) 暖机控制

暖机控制又称快怠速控制，在暖机过程中，ECU根据冷却液温度信号按内存的控制特性控制怠速控制阀开度，随着温度上升，怠速控制阀开度逐渐减小。当冷却液温度达到设定温度时，暖机控制过程结束。

4) 怠速稳定控制

在怠速运转时，ECU将接收到的转速信号与确定的目标转速进行比较，其差值超过一定值（一般为 20 r/min）时，ECU将通过怠速控制执行机构控制怠速控制阀，调节怠速空气供给量，使发动机的实际转速与目标转速相同。怠速稳定控制又称反馈控制。

5) 怠速预测控制

发动机在怠速运转时，变速器挡位、动力转向、空调工作状态的变化都使发动机的转速发生可以预见的变化。为了避免发动机怠速转速波动过大或熄火，在发动机负荷出现变化时，不等发动机转速变化，ECU就会根据各负载设备开关信号（A/C开关等），通过怠速控制执行机构提前调节怠速控制阀的开度。

6）电器负荷增多时的怠速控制

在怠速运转时，如使用的电器负载增大到一定程度，蓄电池电压就会降低。为了保证电控系统正常的供电电压，ECU 根据蓄电池电压信号，通过怠速控制执行机构调节怠速控制阀的开度，提高发动机的怠速转速，以提高发电机的输出功率。

7）学习控制

在发动机使用过程中，由于磨损等原因会导致怠速控制阀的性能发生改变，怠速控制阀的位置相同时，但实际的怠速转速会与设定的目标转速略有不同。在此情况下，ECU 在利用反馈控制使怠速回归到目标值的同时，还可将怠速控制执行机构的运行情况存储在 ROM 存储器中，以便在此后的怠速控制过程中使用。

4. 怠速控制执行机构的结构及工作原理

1）旋转滑阀式怠速阀

旋转滑阀式怠速控制系统如图 3-2-7 所示。旋转滑阀式怠速阀在以前的车里使用较为广泛，如广州本田奥德赛、桑塔纳 2000、夏利 2000、富康 1.6 以及丰田佳美等轿车都用这种怠速控制阀，现不采用了。

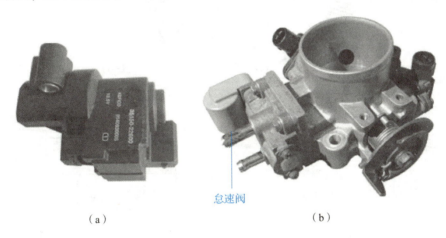

图 3-2-7 旋转滑阀式怠速控制系统
(a) 新型旋转电磁阀；(b) 旧型旋转电磁阀

(1) 结构。

旋转滑阀式怠速控制系统主要由永久磁铁、空气旁通道、旋转滑阀和复位弹簧等组成。其中旋转滑阀固装在电枢轴上，与电枢轴一起转动，用以控制通过旁通空气道的空气量；永久磁铁固装在外壳上，形成永久磁场；复位弹簧的作用是在发动机熄火后使怠速阀旁通道完全打开，如图 3-2-8 所示。

(2) 原理。

电枢铁芯上绕有两组绕向相反的电磁线圈 A 和 B，当给线圈通电时，就会产生磁场从而使电枢轴带动旋转滑阀转动，控制通过旁通空气道的空气。发动机控制模块对电磁线圈 A 和 B 的接角 RSO 和 RSC 进行同一信号反向控制，如图 3-2-9 所示。

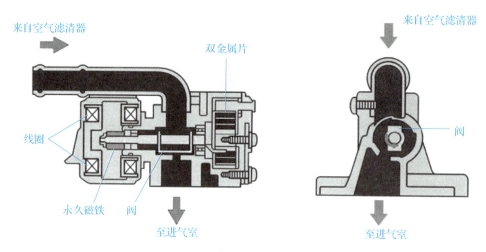

图3-2-8 旋转滑阀式怠速阀结构图

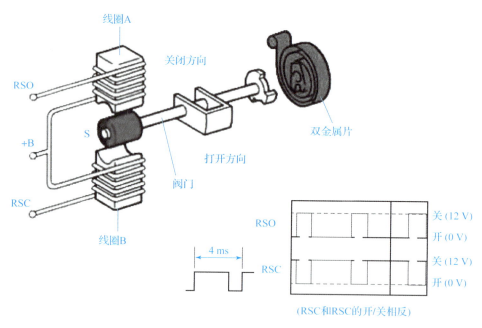

图3-2-9 旧旋转滑阀式怠速阀原理图

①当占空比为50%时,A和B平均通电时间相等,电枢停止转动。

②当占空比大于50%时,线圈A的平均通电时间长,电枢带动旋转滑阀顺时针偏转,空气旁通道截面减小,怠速降低。

③当占空比小于50%时,线圈B的平均通电时间长,电枢带动旋转滑阀逆时针偏转,空气旁通道截面增大,怠速上升。

④旋转滑阀根据控制脉冲信号的占空比偏转,占空比的范围为18%~82%。滑阀的偏转角度限定在90°内。新型的旋转滑阀怠速阀与旧型的在外形上基本相同,但控制方面却是完全不同的。新型旋转滑阀是接收电控单元的信号自身进行控制。

新型旋转滑阀只有一组线圈,通过回位弹簧进行回位控制。它取消了双金属片的加热控制,其控制范围增大且更精确,如图3-2-10所示。

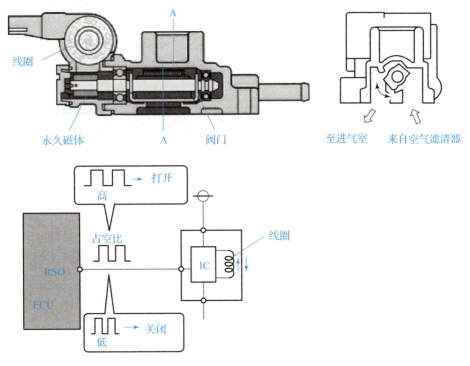

图 3-2-10 新旋转滑阀式怠速阀原理

(3) 旋转滑阀式怠速控制阀 (IACV) 的控制电路,如图 3-2-11 所示。

①起动控制：发动机起动前,怠速空气控制阀 (IACV) 在复位弹簧的作用下使其开度保持最大；在发动机起动过程中,发动机控制模块会根据发动机的运行状况（来自节气门位置传感器和发动机冷却液温度传感器的信号）,从存储器中取出预存的数据,控制怠速空气控制阀的开度。

②暖机控制：在发动机起动后,发动机控制模块根据发动机冷却液温度,控制怠速空气控制阀 (IACV) 的开度,即随着发动机冷却液温度的升高,怠速空气控制阀的开度越来越小,发动机的怠速转速越来越低,直至标准转速。

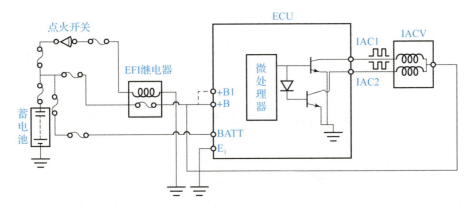

图 3-2-11 旋转滑阀式怠速阀电路

③反馈控制：反馈控制过程与步进电动机怠速控制系统很相似。发动机起动后，当满足反馈控制条件（怠速触点闭合，车速低于 2 km/h，空调开关断开）时，发动机控制模块将根据发动机实际转速与存储器中预先设定的目标转速进行比较，如果发动机的实际转速低于目标转速，发动机控制模块控制怠速控制阀将阀门开大，使其转速升高并接近目标转速；反之，将阀门关小，使其转速下降。

④发动机负荷变化时的预控制：在发动机转速出现变化前，发动机控制模块增加怠速空气控制阀的开度，增大进气量，提高发动机的怠速转速，保持发动机怠速运转的稳定性；而当这些载荷去除以后，发动机控制模块便会减小怠速空气控制阀的开度，使发动机恢复加载前的转速。

⑤学习控制：发动机控制模块（ECU）能够记忆发动机转速与占空比之间的关系并定期进行更新。发动机使用期间的磨损和其他变化会改变这种关系，尽管控制的占空比仍保持在某一值，然而发动机的怠速转速和使用初期数值已不一样。此时发动机控制模块可在反馈控制的基础上进行学习控制，将怠速转速调整到目标值。当目标怠速达到后，发动机控制模块将其占空比存入备用的存储器中，在以后的怠速控制中作为这一工况下控制占空比的基准值。

2）占空比控制的怠速控制系统

占空比怠速控制阀安装在进气歧管上，利用来自发动机控制模块的占空比信号控制经过节气门旁通道的进气量，如图 3 – 2 – 12 所示。

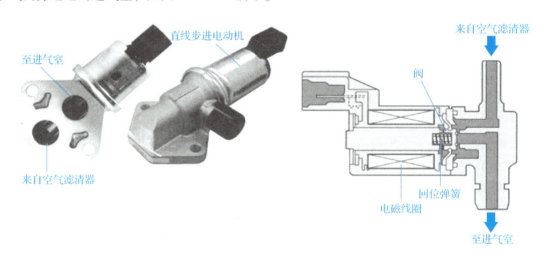

图 3 – 2 – 12　占空比怠速阀

当发动机怠速运行时，发动机控制模块根据各种传感器的信号，向电磁线圈通以占空比可调的脉冲信号。控制信号的占空比决定了线圈中平均电流的大小，而平均电流的大小又决定了电磁阀的开度和发动机怠速的高低。占空比越大，线圈中的平均电流越大，线圈吸力越强，阀门升程高，开度大，旁通空气量大，怠速高；反之，怠速低。

控制过程与步进电动机式和旋转滑阀式怠速控制系统基本一致，只是怠速阀的动作都是由发动机控制模块的占空比信号控制，这种怠速控制阀在日产车和福特车上都被使用。占空比怠速控制阀的控制电路如图 3 – 2 – 13 所示。

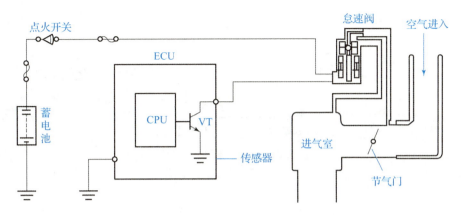

图 3-2-13 占空比怠速控制阀的控制电路

由于这两种怠速控制阀对怠速的调节范围有限,目前已经很少使用。

3) 步进电动机式怠速控制系统

(1) 步进电动机式怠速空气控制阀的结构。

步进电动机由转子和定子构成,丝杠机构将步进电动机的旋转转变为阀杆的直线运动,控制阀与阀杆制成一体,如图 3-2-14 所示。目前,相当一部分汽车都采用步进电动机来控制发动机的怠速转速,如赛欧、奇瑞、切诺基及微型面包车等。

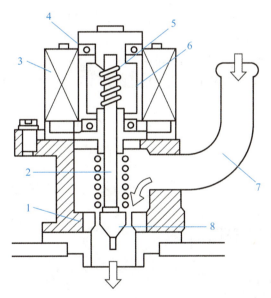

1—阀座;2—阀轴;3—定子线圈;4—轴承;5—进给丝杠;6—转子;7—旁通空气道;8—阀芯。

图 3-2-14 步进电动机结构图

步进电动机式怠速控制阀安装在发动机进气总管上,发动机控制模块根据各传感器的信号在怠速控制阀接头各端子上加电压,从而使电动机转子顺转或反转,使阀芯做轴向移动,改变阀芯与阀座之间的间隙,就可以调节流过旁通空气道的空气量。间隙小,进气量少,怠速低;间隙大,进气量多,怠速高,如图 3-2-15 所示。

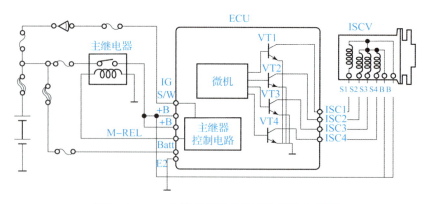

图 3-2-15 步进电动机式怠速控制阀电路图

发动机控制模块根据节气门位置传感器（TPS）的信号和车速信号，来判断发动机是否处于怠速运行状态，然后根据发动机冷却液温度传感器（ECT）、空调开关（A/C）、动力转向开关（PS）以及空挡起动开关等信号，按照存储器内存储的参考数据，确定相应的目标转速。一般情况下，怠速控制常采用发动机转速信号作为反馈信号，实现怠速转速的闭环控制，即发动机的实际转速与目标转速进行比较，根据比较得出的差值，确定相应目标转速控制量，驱动步进电动机使实际转速趋近于目标转速。

（2）步进电动机的步进原理。

每输入一定量的脉冲电压步进电动机转过一定的角度，其转动是不连续的，所以称为步进电动机。步进电动机的转子是一个具有 N 极和 S 极的永久磁铁，定子有两组相对独立绕组，如图 3-2-16 所示，当从 B1 到 B 向绕组输入一个电脉冲信号时，绕组产生一个磁场，在磁力同性相斥、异性相吸原理的作用下，使转子 S 极在右位置，N 极在左位置。

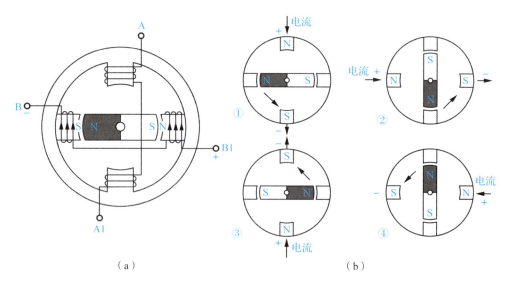

图 3-2-16 永磁转子式步进电动机基本结构与步进原理

(a) 结构简图；(b) 逆时针方向步进转动示意图

在从 B1 到 B 输入脉冲信号消失后，从 A 到 A1 向绕组输入另一个脉冲信号时，绕组产生一个磁场，N 极在上、S 极在下，如图 3-2-16（b）①所示。在同性相斥、异性相吸原理作用下，转子就会沿逆时针方向转动 90°，如图 3-2-16（b）②所示。

在从 A 到 A1 输入脉冲信号消失后，从 B 到 B1 向绕组输入另一个脉冲信号时，绕组产生一个磁场，N 极在左、S 极在右，如图 3-2-16（b）②所示。在同性相斥、异性相吸原理作用下，转子就会沿逆时针方向转动 90°，如图 3-2-16（b）③所示。

在从 B 到 B1 输入脉冲信号消失后，从 A1 到 A 向绕组输入另一个脉冲信号时，绕组产生一个磁场，N 极在下、S 极在上，如图 3-2-16（b）③所示。在同性相斥、异性相吸原理作用下，转子就会沿逆时针方向转动 90°，如图 3-2-16（b）④所示。

如果依次按 B1-B、A1-A、B-B1、A1-A 的顺序向绕组输入 4 个脉冲信号，如图 3-2-17（a）所示，电动机就会沿逆时针方向转动一圈，如图 3-2-17（b）所示。同理，如果依次按 B1-B、A-A1、B-B1、A-A1 的顺序向绕组输入 4 个脉冲信号，如图 3-2-17（b）所示，电动机就会沿顺时针方向转动一圈。

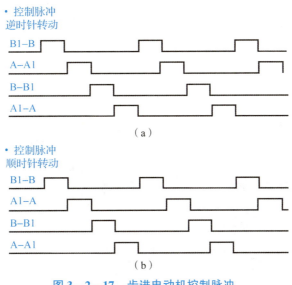

图 3-2-17　步进电动机控制脉冲
（a）逆时针步进转动控制脉冲；（b）顺时针步进转动控制脉冲

（3）步进电动机式怠速控制阀的工作原理。

怠速控制阀中所用的步进电动机的结构如图 3-2-18 所示，主要由永久磁铁制成的有 16 个（8 对）磁极的转子和 2 个定子铁芯组成，每个定子都由两个带 16 个爪极的铁芯交错装配在一块，两个定子上分别绕有 1、3 相和 2、4 相两极线圈，每个定子上两线圈的绕制方向相反。

ECU 控制步进电动机工作时，给线圈输送的是脉冲电压，4 个线圈的通电顺序（相位）不同，步进电动机的转动方向就不同。当按一定顺序输入一定数量脉冲时，步进电动机就向某一方向转过一定角度，步进电动机的转动量取决于输入脉冲数量。因此，ECU 通过对定子线圈通电顺序和输入脉冲数量控制，改变步进电动机式怠速控制阀的位置（开度），从而控制怠速空气量。

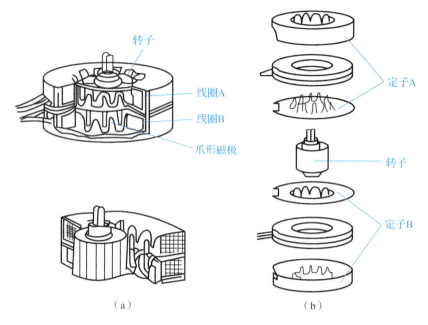

图 3-2-18 步进电动机的结构
（a）整体结构；（b）分解结构

（4）步进电动机式怠速控制系统的控制。

①怠速控制阀（IACV）起动初始位置控制。

为了改善发动机的起动性能，在每次关闭发动机点火开关后，发动机控制模块都要控制 M-REL 端子，继续给 EFI 主继电器供电 2 s 使其保持接通，以便步进电动机完全打开（比如 125 步），进入起动初始位置，为下次起动做好准备。

②怠速控制阀（IACV）的起动控制。

发动机起动时，由于怠速空气控制阀预先设定在全开位置，使起动期间经过怠速空气控制阀的旁通空气量达到最大，发动机更容易起动。在发动机起动后，当发动机转速达到预定值（此值由冷却液温度确定）后，发动机控制模块便控制步进电动机，将怠速空气控制阀开度调节至由冷却液温度所确定的位置。

③怠速控制阀（IACV）的暖机控制。

在发动机暖机过程中，随着发动机冷却液温度的上升，怠速空气控制阀的开度逐渐变小。当冷却液温度达到 70 ℃时，暖机控制结束。

④怠速控制阀（IACV）的反馈控制。

发动机控制模块内有一个预编程的目标怠速值，它根据空调开关、空挡起动开关等信号而变化。怠速控制的过程就是将目标转速和实际转速进行比较并使实际怠速转速接近于目标转速的过程。在发动机怠速运转时，如果发动机的实际转速与发动机控制模块存储器存储的目标转速相差超过一定值（如 20 r/min），发动机控制模块将通过步进电动机控制怠速空气控制阀，增减旁通空气量，使发动机的实际转速与目标转速尽可能相同。

⑤发动机负荷变化的预控制。

发动机在怠速运转时，如果起动空调系统、转动转向盘或挂挡，都将使发动机的负荷立刻发生变化。为了避免发动机怠速转速因为负荷的变化而产生波动甚至造成熄火，在发动机转速出现变化前，发动机控制模块增加怠速空气控制阀的开度，增大进气量，提高发动机的怠速转速，保持发动机怠速运转的稳定性；而当这些载荷去除以后，发动机控制模块又会减小怠速空气控制阀的开度，使发动机恢复加载前的转速。

⑥电气负载增多时的怠速控制在怠速运转时，如使用的电气负载增大（如打开大灯），蓄电池电压就会降低。为了保证发动机控制模块 +B 端子和点火开关（IGSW）端子具有正常的供电电压，需要控制步进电动机，相应地增加旁通道空气量，提高发动机怠速转速，提高发电机的输出功率，以维持蓄电池电压的稳定性。

⑦学习控制过程。由于发动机在整个使用期间，其性能会发生变化，所以虽然步进电动机怠速空气控制阀门的位置未变，但怠速转速和初设的数值也有可能不同。此时发动机控制模块可在反馈控制的基础上进行学习控制，使发动机转速达到目标值。与此同时，发动机控制模块将步进电动机转过的步数即怠速自适应值存储在存储器中，以便在下一个怠速控制中使用。清洗完怠速阀后控制模块仍然以清洗前的自适应值控制怠速阀开度，也就是怠速阀的开度还是比较大、怠速值高。此时，应按照维修手册的步骤进行重新设定。为避免这种现象发生，应定期清洗怠速空气控制阀，而不是等到控制阀太脏甚至已经发生堵塞时再去清洗它。

3.2.2 进气增压控制系统

1. 谐波增压系统

谐波增压系统，是用于提高发动机的输出功率和输出扭矩的，是通过在不同的驾驶情况下增加或减少进气量来实现的。在发动机低速或中速中等负荷下，需要限制进气量并提高进气速度，以改善燃油的雾化质量和燃烧效率；而在大负荷和高速工况下要求增加进气量，以提高发动机的输出功率和输出扭矩。

1）奥迪 V6 发动机的可变进气系统

奥迪轿车 V6 发动机的进气总管由上下两部分组合而成，安装在气缸体 V 形夹角内。在上半部的各缸进气管口均装有一个进气增压控制阀，经连杆联动机构、真空膜盒和电磁真空阀由 ECU 根据发动机转速进行控制。

在发动机静止状态和转速小于 4 100 r/min 时，该阀总是关闭，进气歧管路径长度长，进气谐波波长大，与中低转速相匹配，可获得谐波增压效果，使此时的输出转矩增大，如图 3-2-19（a）所示。

当发动机转速大于 4 100 r/min 时，各缸的进气增压控制阀由 ECU 控制一起打开，进气被短路，相当于进气歧管路径长度缩短，进气谐波波长变短，与高速相匹配，同样能产生谐波增压效果，使此时的输出最大功率增大，如图 3-2-19（b）所示。

2）日产汽车发动机可变进气系统

图 3-2-20 所示为日产汽车发动机的可变进气系统，适用于红旗汽车，装有日产 VG20 发动机的车型。当发动机在低速中、小负荷工作时，转换阀关闭，进气会通过细长的进气管流入，可以提高进气流速，由于细长管的动态效应，改善了中低速的转矩特性，当发动机在

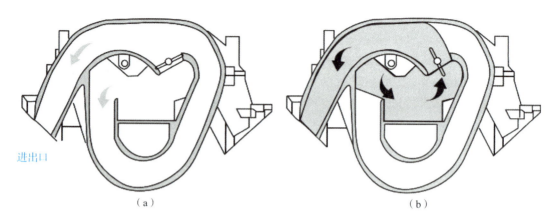

图 3-2-19　奥迪轿车 V6 发动机进气谐波压系增压系统及效果
(a) 低速时；(b) 高速时

高转速大负荷工作时，转换阀开启，空气流经短而粗的进气管道，大大提高了充气量，从而获得较大的效率。

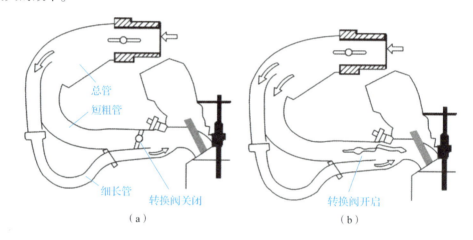

图 3-2-20　日产汽车发动机的可变进气系统
(a) 转换阀关闭；(b) 转换阀开启

2. 涡轮增压控制系统

采用增压技术可非常有效地增加进气量，是在不增大发动机排量的前提下，提高发动机动力性和经济性的重要举措之一。进气增压技术在大功率柴油机上已应用几十年，但汽油发动机的进气压力过高，容易产生爆燃，同时废气涡轮增压器轴承的冷却和润滑困难，所以制约了进气增压技术在汽油机上的应用。

随着发动机电控技术的发展和成熟，ECU 可对发动机各工况的爆燃情况进行有效监控，同时根据发动机气缸内燃烧的状况控制进气压力和进气量，使发动机工作在最佳状态，所以，现在也开始在汽油机上越来越多地采用了进气增压技术。

根据增压装置使用的动力源不同，增压装置可分为废气涡轮增压和动力增压两种类型。废气涡轮增压是利用发动机排出的废气能量驱动增压装置工作，而动力增压是利用发动机输出动力或电源驱动增压装置工作。由于废气涡轮增压装置结构简单又不消耗发动机动力,所以,目前多采用废气涡轮增压的方式。

涡轮增压器由涡轮室和增压器两部分组成,涡轮室进气口与排气歧管相连,排气口接在排气管上。增压器进气口与空气滤清器管道相连,排气口接在进气歧管上。涡轮和泵轮分别装在涡轮室和增压器内,二者同轴刚性连接。

废气涡轮通过一根轴与进气泵轮连接在一起。它们都有叶片,涡轮和泵轮各自装在控制并引导废气和进气的螺旋形腔室内。连接涡轮和泵轮的轴装在轴承中。排气气流由喷嘴引导冲向涡轮叶片。当发动机负荷足够大的时候,就有足够的废气气流使涡轮和轴高速旋转,这个旋转运动就产生了涡流。因为泵轮位于轴的另一端,它也必须随同涡轮轴一起旋转。泵轮安装在进气系统中,当泵轮旋转时,空气被吸入泵轮中心,泵轮叶片带动空气旋转,使空气在离心力作用下甩出。空气在压力作用下离开泵轮壳进入进气歧管,进气管内的压力增加使进入气缸的空气燃油混合气更多,提高了发动机的功率。

涡轮增压系统除涡轮增压器之外,还包括进气旁通阀、排气旁通阀和排气旁通阀控制装置及中冷器等,如图 3-2-21 所示。

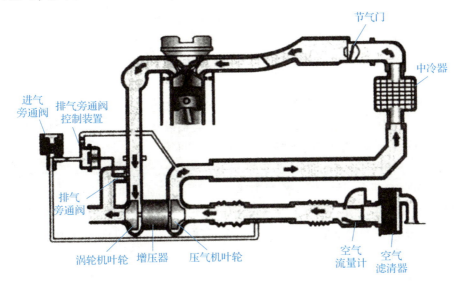

图 3-2-21 废气涡轮增压器的结构

1) 涡轮增压器

涡轮增压器包括涡轮壳体、压缩壳体、中间壳体、涡轮、泵轮、全浮式轴承、排气旁通阀和执行器等,如图 3-2-22 所示。涡轮和泵轮装配在同一根轴上,通过两个浮动轴承分别安装涡轮壳体和压气机壳体,中间体内有润滑和冷却轴承的油道,还有防止机油漏入压气机或涡轮机的密封装置等。

涡轮机叶轮、压气机叶轮和密封套等零件安装在增压器轴上,构成涡轮增压器转子。来自排气歧管的废气压力使涡轮高速旋转,同轴上的泵轮跟着旋转,把进气压入气缸。转子因直接受到排气的冲击,变得特别热而且高速旋转,所以必须耐热并耐磨损。因此,涡轮用超耐热的合金或陶瓷制成。

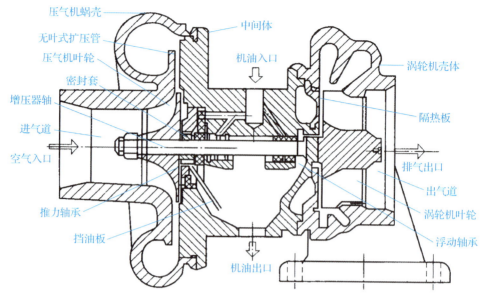

图 3-2-22 废气涡轮增压器结构

转子以超过 100 000 r/min（最高可达 200 000 r/min）的转速旋转，因此转子的平衡是非常重要的。增压器轴在工作中承受弯曲和扭转交变应力，一般用韧性好、强度高的合金钢 40Cr 或 18Crniwa 制造。

增压器轴承的结构是车用涡轮增压器可靠性的关键之一。现代车用涡轮增压器都采用浮动轴承。浮动轴承实际上是套在轴上的圆环，圆环与轴以及圆环与轴承座之间都有间隙，形成双层油膜，圆环浮在轴与轴承座之间，一般内层间隙为 0.05 mm 左右，外层间隙约为 0.1 mm。轴承壁厚 3~4.5 mm，用锡铅青铜合金制造，轴承表面镀层厚度为 0.005~0.008 mm 的铅踢合金或金属铟。在增压器工作时，轴承在轴与轴承座间转动。

增压器工作时产生的轴向推力，由设置在压气机一侧的推力轴承承受。为了减少摩擦，在整体式推力轴承两端的止推面上各加工有 4 个布油槽；在轴承上还加工有进油孔，以保证止推面的润滑和冷却。

2）增压压力的调节

在汽车涡轮增压系统中设置进、排气旁通阀，是调节增压压力最简单、成本最低而又十分有效的方法。排气旁通阀的工作原理如图 3-2-23 所示。控制膜盒中的膜片将膜盒分为上、下两个室，上室为空气室，经连通管与压气机出口相通；下室为膜片弹簧室，膜片弹簧作用在膜片上，膜片通过连动杆与排气旁通阀连接。当压气机出口压力（也就是增压压力）低于限定值时，膜片在膜片弹簧的作用下左移，并带动连动杆将排气旁通阀关闭；当增压压力超过限定值时，增压压力克服膜片弹簧力推动膜片右移，并带动连动杆将排气旁通阀打开，使部分排气不经涡轮机直接进入排气总管中，从而达到控制增压压力及涡轮机转速的目的。

在有些发动机上，排气旁通阀的开闭由 ECU 控制的电磁阀操纵。ECU 根据发动机的工况，由预存的增压压力脉谱图确定目标增压压力，并与增压压力传感器检测到的实际增压力进行比较，然后根据其差值来改变控制电磁阀开闭的脉冲信号占空比，以此改变电磁阀的开启时间，进而改变排气旁通阀的开度，控制排气旁通量，因此能够准确地调节增压压力。

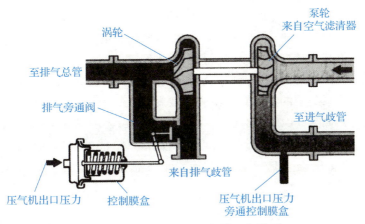

图 3-2-23 排气旁通阀的工作原理

3)涡轮增压器的润滑及冷却

涡轮增压器的润滑油路和冷却方式如图 3-2-24 所示。来自发动机润滑系统主油道的机油,经增压器中间体上的机油进出口进入增压器,润滑和冷却增压器轴和轴承。然后,机油经中间体上的机油出口返回发动机油底壳,在增压器轴上装有油封,用来防止机油窜入压气机或涡轮机壳内。油封损坏将导致机油消耗量增加和排气冒蓝烟。

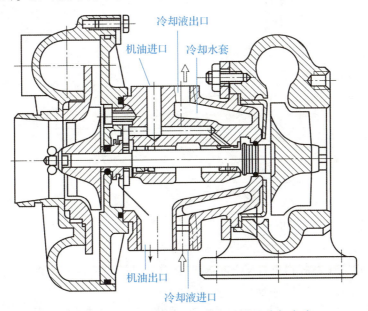

图 3-2-24 涡轮增压器的润滑油路及冷却方式

由于汽油机增压器的热负荷大,所以要在增压器中间体的涡轮机侧设置冷却水套,并用软管与发动机的冷却系统相连。冷却液自中间体上的冷却液进口流入中间体内的冷却水套,从冷却液出口流回发动机冷却系统。冷却液在中间体的冷却水套中不断循环,使增压器轴和轴承得到冷却。

有些涡轮增压器在中间体内不设置冷却水套,只靠机油及空气对其进行冷却。在发动机大负荷或高转速工作之后,如果立即停机,那么机油可能由于轴承温度太高而在轴承内燃烧。因此,这类涡轮增压发动机应该在停机之前,至少在急速下运转 1 min。

4）中冷器

涡轮增压（机械增压）的一个缺点是会加热进气。空气的温度越高，它的密度越小。随着空气的温度变得越来越高，每个进气行程进入气缸的空气分子就越少。另外，进气温度升高也会导致爆燃问题。为了克服这些不利影响，许多增压系统采用了中冷器，中冷器就像一个散热器，将增压系统中的热量转移出去并散发在大气中。中冷器通常采用风冷方式，也有采用水冷方式的，如图3-2-25所示。空气经冷却后密度增大，增加了每个进气行程中氧气的含量。经中冷器冷却后，空气离开增压器进入气缸前的温度约为38℃。空气每冷却5.5℃，发动机的功率就提高1%。如果中冷器能够将空气冷却38℃，发动机的功率就可以提高10%。

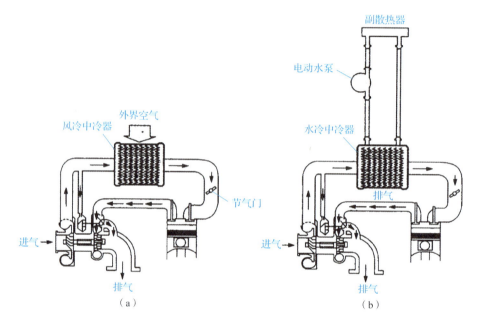

图3-2-25 中冷器的冷却方式

(a) 风冷方式；(b) 水冷方式

5）涡轮增压器使用注意事项

（1）涡轮增压发动机中的机油不仅用来润滑发动机，而且用来润滑和冷却涡轮增压器。发动机机油受涡轮增压器热量的影响，其温度很容易升高。因此，机油和机油滤清器应该定期更换，否则会导致涡轮增压器损坏。

（2）在冷机起动时，因为轴承得不到充分润滑，高速空转或突然加速会导致轴承损坏。

（3）发动机高负荷运转后，如长时间行驶或长距离行驶，在关闭发动机之前，务必使发动机怠速运转数分钟。

3.2.3 可变气门正时控制系统

现代轿车中所使用的可变配气正时有两种，分别为可变配气相位、可变气门升程。其中以大众公司的可变凸轮轴调节系统、丰田公司可变配气相位（VVT-i）、本田公司的可变气门升程（VTEC）极具代表性。

1. 大众公司的可变凸轮轴调节系统

大众公司的五气门双顶置凸轮轴发动机广泛采用可变凸轮轴调节系统，如 ANQ、AEB、AWL 等发动机。

采用可变凸轮轴调节系统的发动机进气凸轮轴由排气凸轮轴通过链条带动，在改变链条上部或下部的长度时，将进气门转过一个相对角度，如图 3-2-26 所示。

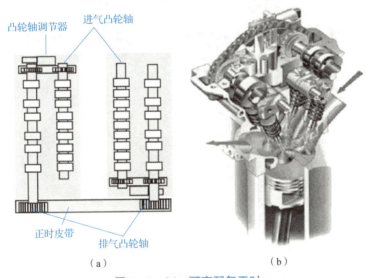

图 3-2-26　可变配气正时

1）调节策略（V6 发动机）

（1）功率调整。

调整功率时，链条下部短、上部长，进气门延迟关闭，进气管内气流流速高，气缸充气量足。因此高转速时，功率大，如图 3-2-27 所示。

（2）扭矩调整。

凸轮轴调整器向下拉长，于是链条上部变短、下部变长。因为排气凸轮轴被齿形带固定住了，此时排气凸轮轴不能转动，进气凸轮轴转过一个角度，进气门提前关闭。

在这个位置时，中、低转速可获得大扭矩输出，如图 3-3-28 所示。

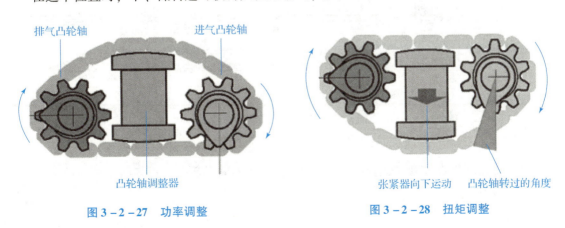

图 3-2-27　功率调整　　　　　　　图 3-2-28　扭矩调整

2）凸轮轴调整器

凸轮轴调整器利用机油压力推动液压缸上下运动，在液压缸运动的同时带动正时链条上、下端长度发生变化。凸轮轴调整器由凸轮轴调节阀N205、液压缸、张紧器等组成，如图3-2-29所示。

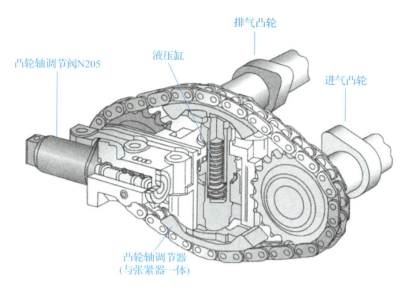

图3-2-29 凸轮调整器原理图

当凸轮轴调节阀N205接通控制油道A时，张紧器向上运动，进气凸轮退后一定角度为功率调节，如图3-2-30所示。

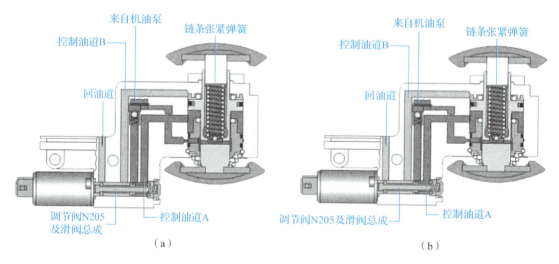

图3-2-30 凸轮调节阀油道图
（a）控制油道A；（b）控制油道B

当凸轮轴调节阀N205接通控制油道B时，张紧器向下运动，进气凸轮轴提前一定的角度为扭矩调节。

2. 丰田公司可变正时系统可变配气相位（VVT-i）

可变气门
电磁阀的检修

1）原理

VVT-i 系统利用油压来调整进气凸轮轴转角气门正时进行优化，从而提高功率输出、改善燃料消耗率和减少废气排放，如图 3-2-31 所示。

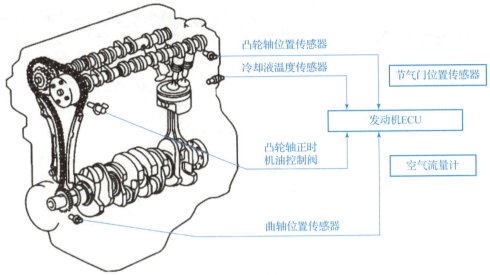

图 3-2-31 可变配气相位

VVT-i 系统设计用于在曲轴角大约 40°范围内对进气凸轮轴进行变动，从而对气门正时进行控制，根据来自各传感器的信号以获得最适合发动机状态气门正时，如图 3-2-32 所示。

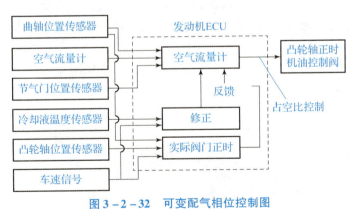

图 3-2-32 可变配气相位控制图

2）发动机对配气正时的需求

（1）在低温、低负荷、低速时，或者在低负荷时延迟气门正时可减少气门重叠，以减少排出的废气逆吹入进气侧，从而达到稳定怠速、提高燃料消耗率和起动性能。

（2）在中等负荷或者在高负荷中低速时提前气门正时可增加气门重叠，以增加 EGR 使用和降低填充损失，从而改善了排放控制和燃料消耗率。此外，同时提前进气门的关闭可减少进气被逆吹回进气侧，改善了容积效率。

（3）在高负荷高速时提前气门正时可增加气门重叠，以增加 EGR 使用和降低填充损失,从而改善了排放控制和燃料消耗率。同时提前进气门的关闭时间可减少进气被逆吹回进气侧,改善了容积效率。

此外,凸轮轴位置传感器的反馈控制被用于将实际进气的气门正时维持在目标气门正时里。

3)VVT-i系统构造

VVT-i系统的构造(图3-2-33)包含着可通过调整进气凸轮轴转角气门正时的VVT-i控制器和一个控制油压的凸轮轴正时机油控制阀,凸轮轴正时机油控制阀是控制油压的。

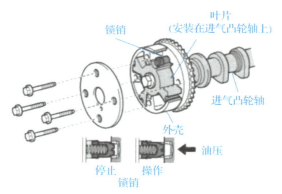

图3-2-33 VVT-i系统的构造

(1)VVT-i控制器。

控制器由一个正时链条驱动的外壳及固定在凸轮轴上的叶片组成。控制油压通过凸轮轴送至VVT-i控制器的叶片沿圆周方向旋转,从而达到配气正时连续变化的目的。当发动机停机时,进气凸轮轴被调整到最大延迟状态以维持起动性能。在发动机起动后,油压并未立即传到VVT-i控制器,锁销使VVT-i控制的动作机械部件锁定,防止撞击产生噪声。

(2)凸轮轴正时控制阀。

发动机ECU利用占空比控制凸轮轴正时控制阀,用于控制VVT-i系统油压的流动方向,如图3-2-34所示。

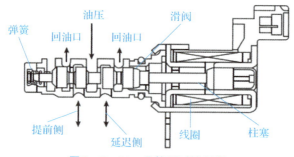

图3-2-34 凸轮正时控制阀

4)VVT-i控制原理

凸轮轴正时控制阀是根据发动机ECU输出的占空比,来选择流向VVT-i控制器的通道。VVT-i控制器控制油压使进气凸轮轴旋转提前,延迟或保持气门正时当前所在位置。发动机ECU根据发动机转速、进气量、节气门位置和冷却液温度来计算出各种运行条件下的最佳配气正时，以便控制凸轮轴正时控制阀。此外，发动机 ECU 使用凸轮轴位置传感器和曲轴位置传感器传出的信号，来计算实际气门正时，并进行反馈控制，以达到阀值的目标配气正时。

（1）提前。由发动机 ECU 控制凸轮轴正时控制阀的位置，油压作用于气门正时提前侧的叶片室，使进气凸轮轴向气门正时的提前方向旋转。VVT – i 提前控制原理如图 3 – 2 – 35 所示。

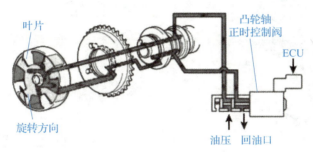

图 3 – 2 – 35　VVT – i 提前控制原理

（2）延迟。由发动机 ECU 控制凸轮轴正时控制阀的位置，油压作用于气门正时延迟侧的叶片室，使进气凸轮轴向气门正时的延迟方向旋转。VVT – i 延迟控制原理如图 3 – 2 – 36 所示。

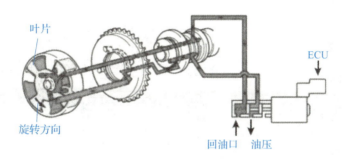

图 3 – 2 – 36　VVT – i 延迟控制原理

（3）保持。发动机 ECU 根据具体的运作参数进行处理，并计算出目标配气正时角度，当达到目标配气正时以后，凸轮轴正时控制阀通过关闭油道来保持油压，即保持现在气门正时的状态。VVT – i 保持控制原理如图 3 – 2 – 37 所示。

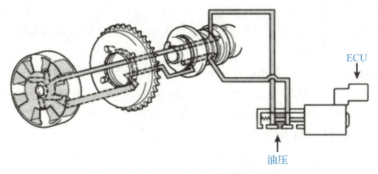

图 3 – 2 – 37　VVT – i 保持控制原理

3. 丰田智能可变配气相位（VVTL-i）

VVTL-i系统以VVT-i系统为基础，并应用了凸轮转换机构来改变进气和排气气门的升程，这样可以在不影响燃油经济性和排放性能的前提下，实现动力性能提高，如图3-2-38所示。

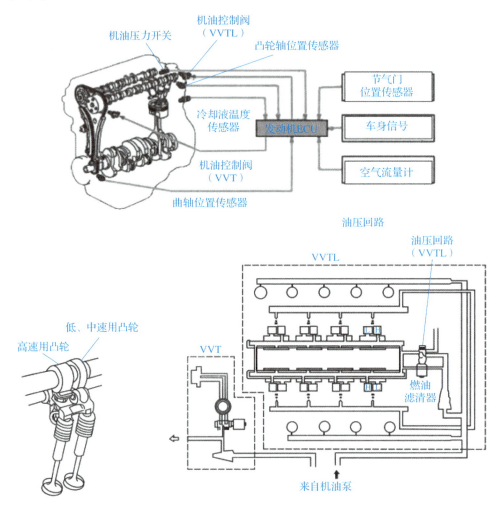

图3-2-38 智能可变配气相位（VVTL-i）控制系统

VVTL-i装置的基本构造及运作与VVT-i系统相同，但它采用了能转换两个不同升程量的凸轮装置，用于改变气门的升程量。发动机ECU依据冷却液温度传感器和曲轴位置传感器传来的信号参数进行处理，并利用VVTL-i机油控制阀在两个凸轮之间进行转换控制，如图3-2-39所示。

VVTL-i系统的构造部件与VVT-i系统的基本相同。VVTL-i系统的主要部件有VVTL机油控制阀、凸轮轴和摇臂，如图3-2-40所示。

1) VVTL-i机油控制阀

VVTL-i机油控制阀在发动机ECU控制下，利用对滑阀位置控制，来实施对凸轮转换机构的高速凸轮侧的油压控制操作。

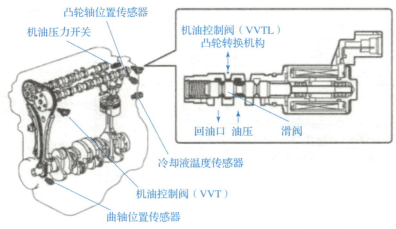

图 3-2-39 智能可变配气相位（VVTL-i）传感器

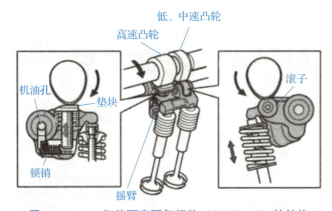

图 3-2-40 智能可变配气相位（VVTL-i）的结构

2）凸轮轴和摇臂

为改变气门的升程量，凸轮轴上有两种类型的凸轮：每个气缸都有低、中速用凸轮和高速用凸轮。凸轮转换机构是由气门和凸轮之间的摇臂构成的。VVTL 机油控制阀的油压传送到摇臂油孔并使锁销推到垫块的下方，这样垫块被固定并和高速凸轮衔接。当失去油压作用时，锁销被弹簧弹回，使垫块处于自由状态，这使垫块能在垂直方向自由移动，从而使高速用凸轮失效。

控制原理：进气和排气凸轮轴所对应的每个气缸都有两个不同升程量的凸轮，并且发动机 ECU 通过油压来控制这些凸轮，使之动作。

低、中速时机油控制阀打开回油口，所以，油压不能作用在凸轮的转换机构上。油压没有作用在锁销上，因此，弹簧将锁销推到未锁定方向，在这种情况下，垫块丧失互顶作用，所以，这时由低、中速凸轮提升气门，如图 3-2-41 所示。

发动机高速冷却液温度高于 60 ℃，机油控制阀关闭回油口，使油压作用于凸轮转换机构的高速凸轮上。在摇臂内部，油压将锁销推到垫块的下方，使垫块作用于摇臂。所以，在低、中速凸轮推下滚子之前，高速凸轮已先推下摇臂，这时由高速凸轮推动气门。此时，发动机 ECU 同时根据机油压力开关传送的信号探测到所使用的凸轮已转换为高速凸轮，如图 3-2-42 所示。

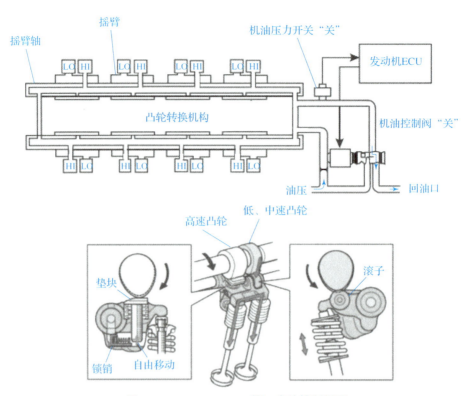

图 3-2-41　VVTL-i 低、中速控制原理

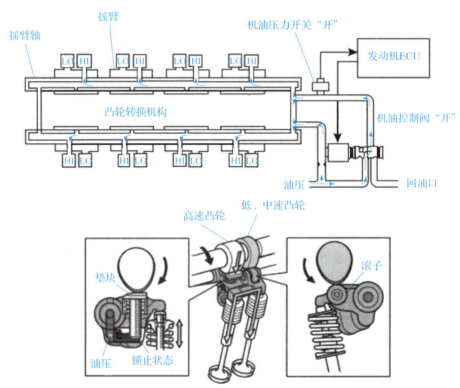

图 3-2-42　VVTL-i 高速控制原理

4. 本田公司的可变气门升程（VTEC）

VTEC 是本田公司在 20 世纪 80 年代开始研究的发动机新技术，在 1989 年，VTEC 技术问世，这种技术早期曾用于本田的运动赛车上，车型是"型格"INTEGRA（DA6）XSi 和 RSi，是世界上第一个能同时控制气门开闭时间及升程等两种不同情况的气门控制系统。

VTEC（Variable Valve Timing &Valve Lift Electronic Control System），其中文意思是"可变气门配气正时和气门升程电子控制系统"。与普通发动机相比，VTEC 发动机所不同的是凸轮与摇臂的数目及控制方法，它有中低速和高速两组不同的气门驱动凸轮，并可通过电子控制系统的调节进行自动转换。

整个 VTEC 系统由发动机电子控制单元（ECU）控制，ECU 接收发动机传感器（包括转速、进气压力、车速、冷却液温度等）的参数并进行处理，输出相应的控制信号，通过电磁阀调节摇臂活塞液压系统，从而使发动机在不同的转速工况下由不同的凸轮控制，及时调整进气门的开度和时间。VTEC 是世界上第一个能同时控制气门开闭时间及升程等两种不同情况的气门控制系统。

1）VTEC 结构

VTEC 发动机的每个气缸，都有与普通气门一样动作的 4 个气门（1 个主进气门，1 个副进气门，2 个排气门），凸轮轴除原有控制 2 个气门的一对凸轮外，还增设了 1 个高位凸轮，3 个凸轮的轮廓各不相同。气门摇臂也因此分成并列排在一起的主摇臂、中间摇臂和辅助摇臂。主摇臂内有一油道与摇臂轴油道相通。主摇臂腔内有一正时活塞，辅助摇臂腔内有同步活塞 A 和 B。在正时活塞和同步活塞之间有一正时弹簧，主摇臂上设有一个正时板，如图 3-2-43 所示。

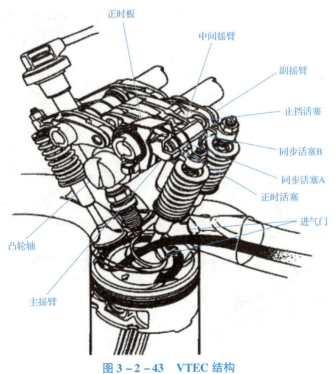

图 3-2-43　VTEC 结构

2）VTEC 工作原理

低转速时，如图 3-2-44 所示，主、副摇臂与中间摇臂分离，分别由主、副凸轮 A、B 以不同的时间与举升驱动。主进气门开度约 9 mm，副进气门则微开，正好能阻止汽化的汽油沉积在气门头上，防止燃油积留在副进气门及管道内，而且这种设计还可使燃烧室内形成涡流，从而获得良好的低速扭矩和响应性。

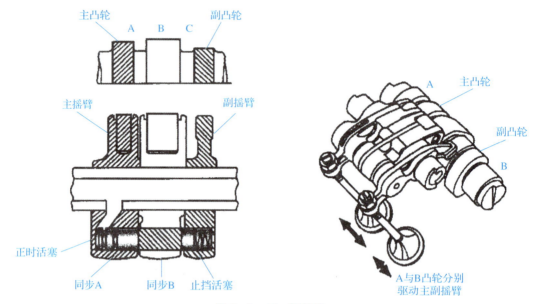

图 3-2-44　低转速

高转速时，如图 3-2-45 所示，因油压进入，正时活塞向右移，主、副与中间摇臂被同步活塞 A 与 B 连接成一体动作，故 3 个摇臂均由中间凸轮 C 以高举升驱动。此时主副进气门开度约为 12 mm，确保高功率输出。

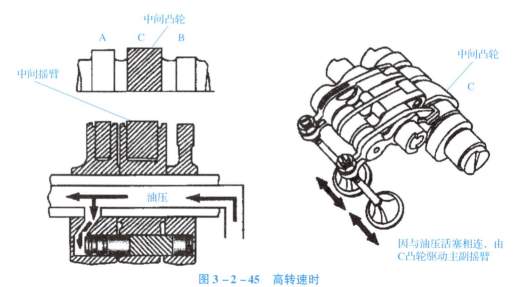

图 3-2-45　高转速时

3）本田 i-VTEC

i-VTEC 是智能可变气门正时和气门升程电子控制系统，是在 VTEC 的基础上，增加了一个称为VTC（Variable Timing Control"可变正时控制"）的装置，一组进气门凸轮轴正时可变控制机构，即i-VTEC = VTEC + VTC。此时，进气阀门的正时与开启的重叠时间是可变的，由VTC控制，VTC机构的导入使发动机在大范围转速内都能有合适的配气相位，这在很大程度上提高了发动机的性能。可以说i-VTEC是VTEC的升级版。

任务3.3 空气供给系统的检修

素质目标

1. 养成服从管理、规范作业的良好工作习惯。
2. 养成团队合作和安全操作的意识。
3. 培养热爱劳动的意识。
4. 培养学生职业道德精神。
5. 培养学生交通安全伦理意识。

知识目标

1. 能够叙述可变气门正时系统的结构和类型。
2. 能够叙述可变气门正时系统的工作原理和控制方法。
3. 能够看懂可变气门正时系统相关电路图和维修手册。

能力目标

1. 能够使用工具正确检测不同类型的可变气门正时系统。
2. 能够正确查阅维修手册，使用解码器读取相关故障码，并进行基本检查。
3. 了解和读取相关元器件的基本数据流，能读懂相关线路图。
4. 能熟练分析、判断元器件故障和线路短路等故障。

任务分析

发动机在低速运转时气流惯性小，需要相对较小的气门重叠角；发动机在高速运转时气流惯性大，需要相对较大的气门重叠角。这样则会增加进气量和减少残余废气量，使发动机的换气过程趋于完善。四冲程发动机的进气迟后角和气门重叠角，应随发动机转速的升高而加大。如果气门升程也能随发动机转速的升高而加大，则将更有利于获得良好的发动机高速性能。

3.3.1 空气流量传感器的检修

1. 万用表检测

1）热线式空气流量传感器（以丰田卡罗拉为例）

丰田卡罗拉空气流量计为热线式，且与进气温度传感器集成在一起，如图3-3-1所示。插接器有五个端子,1和2为进气温度传感器端子,3为供电端,4为搭铁端,5为信号端;工作电压为12 V左右,输出电压为0.2~4.5 V,其检测参数如表3-3-1所示。

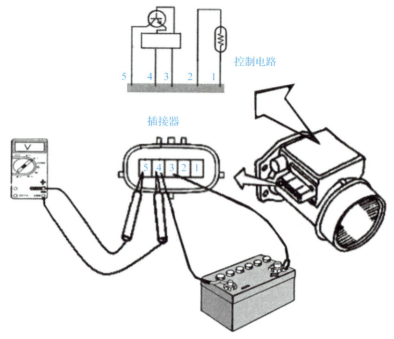

图3-3-1　丰田卡罗拉空气流量计端子

表3-3-1　热线式空气流量传感器检测参数

端子名称	测试条件
端子3、4、5之间及端子3、4、5与插接器之间阻值	万用表测量3、4、5端子之间阻值应小于1 Ω;各端子与插接器(车身搭铁)之间阻值应大于10 kΩ
端子4与3之间电压	如图3-3-1所示,将12 V蓄电池连接在3和4端子,测量4和3端子之间电压应为蓄电池电压
端子4与5之间电压	如图3-3-1所示,将12 V蓄电池连接在4和5端子,用吹风机向空气流量计入口端吹气,万用表测量4和5端子之间电压,应为0.2~4.9 V,且随风速增大而变大

该热线式空气流量传感器具有自洁功能,熄火后,在5 s内,可以明显观察到热线红热,持续时间1 s左右。

2)热膜式空气流量传感器

热膜式空气流量传感器检测参考值如表3-3-2所示。

以大众迈腾车用空气流量传感器为例,如图3-3-2所示,用万用表对空气流量传感器及线束端进行检测,步骤如下:

(1)拔下空气流量传感器与线束的连接插头。

表3-3-2 热膜式空气流量传感器检测参考值

测试项目	测试端子	测试条件及结果
线束端子	T5f/1-搭铁	点火开关 ON 时应为 5 V
	T5f/2-搭铁	点火开关 ON 时应为 0 V
	T5f/3-搭铁	点火开关 ON 时应为 12 V
信号输出端子	给 T5f/3 端子提供 12 V 电压，T5f/2 端子搭铁，发动机怠速运转	T5f/1 端子的电压为 0~5 V

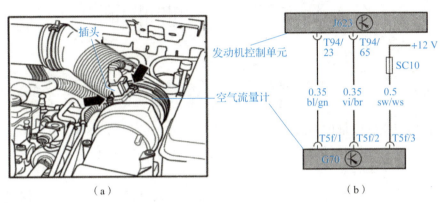

图3-3-2 迈腾轿车空气流量计的检测
（a）安装位置；（b）控制电路

（2）用万用表测量空气流量传感器的信号端子电压值。
（3）用万用表测量空气流量传感器线束端各个端子电压值。

2. 用诊断仪进行检测

用诊断仪 VAS6450D 检测大众迈腾发动机空气流量传感器，读取数据。MAF 数据块是以 g/s 为单位的，当发动机转速增加时，这个数据也逐渐增加。发动机转速不变时，读数应保持不变，否则，检查空气流量计及相关电路。其方法如下：

（1）接上诊断仪 VAS6150D，起动发动机并怠速运转。
（2）选择"发动机电子系统"，并进入"引导型功能"。
（3）读取不同转速下空气流量计测量值，如表3-3-3所示。

表3-3-3 不同转速下空气流量计测量值

发动机转速/(r·min^{-1})	空气流量/(g·s^{-1})
850~950	2.0~4.0
1 500	4.5
2 500	7.0

(4) 比较分析测量值。如果显示的数值不在正常范围内，应检查空气流量计及供电电压、相关线路等。

3. 示波器检测

空气流量传感器类型不同，其标准波形也不同。空气流量传感器的标准波形有模拟型和频率型两种，如图 3-3-3 所示。

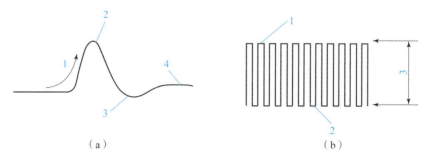

图 3-3-3 空气流量传感器标准波形
(a) 模拟型空气流量传感器波形；(b) 频率型空气流量传感器波形

利用示波器对空气流量传感器进行波形测试时，起动发动机并加速，在示波器的屏幕上应显示一个稳定的电压信号（或频率），若出现突变或不稳定的电压信号（或频率）时，则该空气流量传感器本身或连线有故障。

模拟型空气流量传感器波形如图 3-3-3 (a) 所示，1 表示进入进气管的空气流量逐渐增加；2 表示节气门全开并最大加速；3 表示由测量叶片运动而造成的阻尼现象；4 表示由怠速旁通气道补偿来的空气进入了进气管。怠速输出电压约为 1 V，节气门全开时应超过 4 V，全减速时输出的电压并不是从全加速电压回到怠速电压，而是比怠速时低些。

频率型空气流量传感器波形如图 3-3-3 (b) 所示，1 表示水平上线，指信号高电位；2 表示水平下线，指信号低电位；3 表示峰值电压，为信号电压。幅值应为 5 V，形状要一致，矩形拐角和垂直下降沿应一致。水平下线几乎为地电位，水平上线应为参考电压。

频率型空气流量传感器波形应是一连串的方波，当发动机转速和进气量增加时，空气流量传感器信号频率应平滑地增加，并且与发动机的转速变化成比例。如果空气流量传感器本身或连线有故障，则信号频率会出现不稳定的变化。

3.3.2 进气压力传感器的检修

1. 万用表测试

用万用表对图 3-3-4 中的进气压力传感器进行检测，检查内容有进气压力传感器（MAP）供电线路测试、元件测试。

1) 供电线路的测试

(1) 拔下传感器的插头，打开点火开关，如图 3-3-5 所示。测量供电端子电压应为 4.55 V，测量搭铁端子电压应为 0 V，否则，应对 ECU 及相关线路检测。

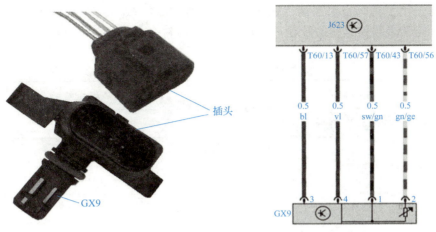

图 3 – 3 – 4　大众新宝来发动机进气压力传感器控制电路

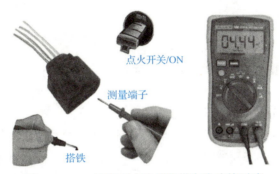

图 3 – 3 – 5　进气压力传感器供电线路的测试

（2）将 ECU 端子与传感器端子拆下。

（3）测量 1 端子与 T60/43 之间、3 端子与 T60/13 之间、4 端子与 T60/57 之间的连接线电阻应小于 12 Ω。

（4）检查线路绝缘状态，标准值应为无穷大。否则，应更换异常线路。

2）元件测试

（1）给传感器的供电端子提供 5 V 的电压，端子 1 搭铁，如图 3 – 3 – 6 所示。

图 3 – 3 – 6　真空作用下的输出电压检测

(2) 将一个手动真空泵连到传感器上,并施加 13.3~66.7 kPa 的负压(真空度)。
(3) 用万用表测传感器信号端子的电压变化,应符合表 3-3-4 的变化规律。

表 3-3-4 不同真空度时输出电压值

真空度/kPa	电压/V
13.3	0.3~0.5
26.7	0.7~0.9
40	1.1~1.3
53.5	1.5~1.7
66.7	1.9~2.1

2. 故障诊断仪测试

1) 读取故障码

如果压力传感器或相关电路有关故障,可通过故障诊断仪读取到相关故障码。

2) 读取数据流

(1) 将故障诊断仪连接好,起动发动机。
(2) 进入诊断仪数据流功能选项;读取发动机不同运行工况下进气压力传感器的压力值。新宝来轿车进气压力传感器数据流如表 3-3-5 所示,参照标准值进行分析。

表 3-3-5 新宝来轿车进气压力传感器数据流

不同工况	MAP 传感器瞬时数据
发动机怠速	27 kPa
急加速	最大 93 kPa
急减速	最小 19 kPa

3. 示波器测试

示波器测试包括怠速,缓慢加速到节气门全开、保持全开、回到怠速,急加速到节气门全开、回到怠速。测试步骤:

(1) 将示波器连接到进气压力传感器信号输出端。
(2) 起动发动机,使其稳定怠速,观察输出电压的信号波形。
(3) 将节气门逐渐打开至全开,然后,再逐渐关小节气门至全闭,并保持怠速约 2 s。
(4) 将节气门急加速至全开,然后,再迅速关闭节气门,并保持怠速约 2 s。
(5) 锁定波形,对照标准波形进行分析,不同工况下的波形如图 3-3-7 所示。不同类型的进气压力传感器波形略有不同。

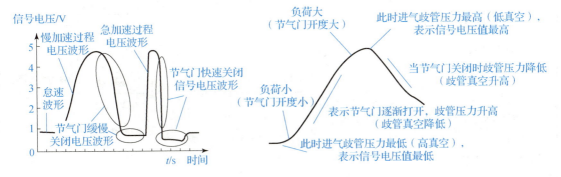

图 3-3-7　不同工况时的进气压力传感器标准波形图

3.3.3　节气门位置传感器的检修

1. 用万用表检测

用万用表检测节气门位置传感器前,应了解该车型的 TPS 类型及 TPS 各端子的含义,参照维修手册提供的标准数据,如不符合,应更换节气门位置传感器。然后拆开传感器线束连接器,就车检查各端子之间的通断情况。

对于触点式 TPS,检查活动触点端子与怠速触点端子之间通断情况:节气门接近全关时应导通,节气门在其他位置时应不导通;检查活动触点端子与全开触点端子之间:节气门中小开度时应不导通,节气门接近全开时应导通。如不符合,说明传感器内部断路或绝缘不良,应更换节气门位置传感器。

2. 用诊断仪检测

电子节气门系统的位置传感器检测以大众迈腾车为例,利用专用故障诊断仪 VAS6150B 对电子节气门系统进行检测,检测方法如下:

1) 读取故障码

利用故障诊断仪 VAS6150B,读取大众迈腾加速踏板位置传感器和节气门位置传感器的故障码,若出现故障码,则按照故障码的提示对传感器进行故障确认。

2) 读取数据块

利用故障诊断仪 VAS6150B,读取大众迈腾加速踏板位置传感器和节气门位置传感器的数据块方法:

(1) 连接故障诊断仪 VAS6150B,起动发动机并怠速运转。

(2) 进入"引导型功能"。

(3) 读取不同发动机工况下各传感器的数据流,当测量值与参考值不符时,应用万用表辅助测量异常传感器的电阻及线束电压,来确定其故障原因,测试参考值如表 3-3-6 所示。

表 3-3-6　不同发动机工况下各传感器的数据流

测量时发动机工况（加速踏板/节气门开度）		参考数据值
G79	加速踏板开度 7%	信号电压：0.38 V
	加速踏板开度 20%	信号电压：1.04 V
	加速踏板开度 40%	信号电压：2.0 V
G185	加速踏板开度 14%	信号电压：0.75 V
	加速踏板开度 40%	信号电压：2.01 V
	加速踏板开度 80%	信号电压：4.0 V
G187	节气门开度 8.6%	信号电压：0.84 V
	节气门开度 51%	信号电压：2.51 V
	节气门开度 99.6%	信号电压：4.42 V
G188	节气门开度 8.6%	信号电压：4.24 V
	节气门开度 51%	信号电压：2.56 V
	节气门开度 99.6%	信号电压：0.65 V
G186 电机电阻		2.3 Ω
G187~G188 标准电压		T6as2~T6as6 标准电压：5.0 V
备注：测试值可能因蓄电池电压、万用表精度、测试方法等外界因素略有差异		

3. 示波器检测

当怀疑节气门位置传感器出现故障时，可利用示波器测试节气门位置传感器波形，标准波形有模拟型和脉冲型两种，如图 3-3-8 所示。

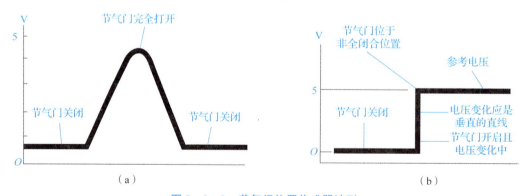

图 3-3-8　节气门位置传感器波形
(a) 模拟型 TPS 标准波形；(b) 脉冲型 TPS 标准波形

1）模拟型 TPS 波形

可变电阻式 TPS 为模拟型波形，如图 3-3-8（a）所示，要求波形上不应有任何断点、对地尖峰或大的波折，特别是在前 1/4 节气门运动中的波形要圆滑，节气门全开时，应接近

5 V，节气门关闭时，应低于且接近 1 V。若某处出现波形落下的尖峰时，则表示该位置是损坏点。

2）脉冲型 TPS 波形

触点式 TPS 为脉冲型波形，如图 3-3-8（b）所示，要求节气门关闭时，ECU 接收到一个怠速信号，水平下线为 0 V，当节气门位于非全闭位置时，水平上线为参考电压；当节气门开启的同时，电压应瞬间以直线上升到参考电压，若有微小的波动都表示触点接触不良或节气门复位弹簧松弛。

4. 节气门体的清洁与匹配

1）节气门匹配的注意事项

（1）电脑没有故障码；

（2）电池电压不低于 11 V（具体要看维修手册注明的电压值）；

（3）关闭所有的附件，如收音机、音响、空调、座椅加热等；

（4）节气门开关处于怠速位置；

（5）一般做怠速调整时不要起动发动机，但老款车型除外；

（6）必须在"系统基本调整"菜单下，不是在"通道调整匹配"。

2）下列情况之一需要进行节气门匹配

（1）更换电控单元后，电控单元内还没有存储节气门体的特征，需进行节气门匹配；

（2）电控单元断电后，电控单元存储的记忆丢失，需要进行节气门匹配；

（3）更换节气门体后，需要进行节气门匹配；

（4）更换或拆装进气道后，影响电控单元与节气门体协调工作及对怠速控制，需要进行节气门匹配；

（5）在清洗节气门体后，怠速节气门电位计的特性虽然没有改变，但在相同的节气门开度下，进气量已发生变化，怠速控制特性已发生变化，需要进行节气门匹配。

3）大众车型节气门匹配方法和步骤

（1）打开点火开关不起动发动机；

（2）连接好 X-431 诊断仪，选择大众诊断软件；

（3）进入发动机系统，选择系统基本调整功能并输入调整组号；

（4）按"确定"键进入设定过程，节气门控制器经过 MIN 和 MAX 点及中间五个位置，控制单元将相应的节气门角度存入存储器，此过程大约需要 10 s，随后节气门短时间在起动位置，然后关闭；

（5）当屏幕最后一行显示"自适应完成"字样时，基本设定完成，按"退出"键完成设定，关闭点火开关；再打开，起动发动机，验证匹配效果。

3.3.4 温度传感器的检修

虽然各种类型温度传感器的工作特性各不相同，但是其检测方法基本相同，下面以大众车的进气温度传感器和冷却液温度传感器为例介绍检测方法。当发动机出现冷起动困难、油耗增加、怠速稳定性降低、废气排放量增大等故障现象时，应检查温度传感器及相关电路。

1. 万用表法检测温度传感器阻值

1）温度传感器阻值检测

温度传感器阻值检测方法都相同，下面以冷却液温度传感器为例介绍检测过程：

（1）断开点火开关，拔下温度传感器插头，拆下温度传感器。

（2）将传感器和温度表放入烧杯或加热容器中，如图3-3-9所示。

（3）用万用表电阻挡检测传感器的两端子间不同温度下的电阻值，然后再与标准阻值进行比较判定。若阻值偏差过大、过小或为无穷大，说明传感器失效，应予更换。冷却液温度传感器不同温度下对应的阻值如表3-3-7所示（不同的传感器同一温度下对应阻值略有偏差）。（提示：检测时，不要用明火加热温度传感器，这样会损坏传感器。）

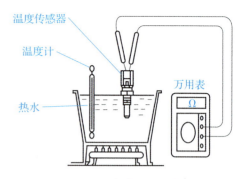

图3-3-9　温度传感器的检测方法

表3-3-7　冷却液温度传感器不同温度下对应的阻值

温度值/℃	阻值范围/Ω	温度值/℃	阻值范围/Ω
120	110~115	30	1 600~1 800
100	180~190	20	2 300~2 600
90	230~250	10	3 500~4 000
80	310~330	0	5 500~6 500
70	420~450	-10	8 500~10 000
60	570~620	-20	14 000~17 000
50	790~870	-30	23 000~30 000
40	1 120~1 230	-40	40 000~50 000

2）温度传感器线路检测

检测时，首先断开冷却液温度传感器线束连接器及ECU连接端子，再测量两个端子与ECU相应端子之间有无断路，对地有无短路等故障，否则应维修或更换相关线束。常见车型温度传感器线路检测如表3-3-8、表3-3-9所示。

表3-3-8　常见车型冷却液温度传感器线路检测

大众新宝来 G62		大众迈腾 G62	
测试端子	标准	测试端子	标准
端子T60/58与G62/2之间	导通	端子T60/57与G62/1之间	导通
端子T60/41与G62/1之间	导通	端子T60/14与G62/2之间	导通

续表

大众新宝来 G62		大众迈腾 G62	
测试端子	标准	测试端子	标准
端子 T60/58、G62/2、T60/41、G62/1 分别接地	不导通	端子 T60/57、G62/2、T60/14、G62/1 分别接地	不导通
G62 的两根导线之间	不导通	G62 的两根导线之间	不导通

表 3-3-9　常见车型进气温度传感器线路检测

大众新宝来 GX9		大众迈腾 G42	
测试端子	标准	测试端子	标准
端子 T60/56 与 GX9/2 之间	导通	端子 T60/42 与 G42/1 之间	导通
端子 T60/57 与 GX9/4 之间	导通	端子 T60/14 与 G42/2 之间	导通
端子 T60/56、GX9/2、T60/57、GX9/4 分别接地	不导通	端子 T60/42、G42/1、T60/14、G42/2 分别接地	不导通
GX9 的四根导线之间	不导通	G42 的两根导线之间	不导通

3）线路电压检测

（1）拔下传感器线束插头，打开点火开关，测量插头上的电压，应为 5 V 左右。

（2）测量控制单元端的输出电压，也应为 5 V。

（3）将线束插头接好，起动发动机，将发动机逐渐升温，测量传感器侧两端子之间的电压，应在 0.5～4 V 变化，温度越低时电压越高；温度越高时电压越低。

提示：多数电控发动机单元内部有一个与冷却液温度传感器串联的电阻，这个电阻将在 50 ℃ 左右（电压在 1.25 V 左右）时打开，所以传感器两端的电压降在冷态和热态时会有很大变化。

2. 用诊断仪检测

（1）读取温度传感器故障码。

（2）读取温度传感器数据块。

①发动机怠速工况，诊断仪进入"读测量数据块"功能。

②选择相应显示组。

③读取冷却液温度传感器和进气温度传感器数据。

④如果显示数据与实际温度不符，关闭点火开关，检查传感器插头上端子和发动机控制单元线束插头间的线路是否有断路或短路，如果线路正常，检查相应温度传感器。

3. 示波器波形测试

用示波器测量冷却液温度传感器及进气温度传感器输出信号电压波形，参照标准波形可判断传感器的技术状况。

（1）冷却液温度传感器标准波形如图 3-3-10 所示。

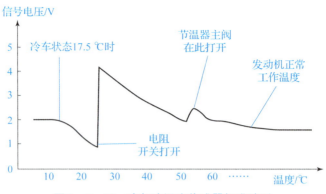

图 3-3-10 冷却液温度传感器标准波形

（2）进气温度传感器标准波形。

进气温度传感器标准波形如图 3-3-11 所示，如果进气温度传感器电路断路时，电压将升高直至 5 V，如果进气温度传感器电路对地短路时，将出现电压下降直至 0 V。

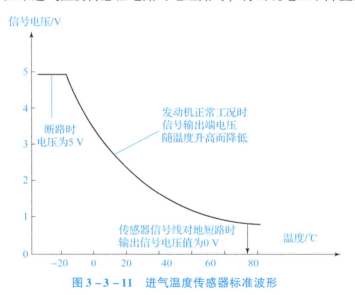

图 3-3-11 进气温度传感器标准波形

提示：当进气温度传感器电路断路时，将出现电压升高直至 5 V 的现象；当进气温度传感器电路对地短路时，将出现电压下降直至 0 V 的现象。

自我评价

一、填空题

1. 电控进气系统主要由＿＿＿＿、＿＿＿＿、＿＿＿＿及＿＿＿＿等组成。
2. 电控进气系统根据进气流量测量方式的不同可分为＿＿＿＿、＿＿＿＿、＿＿＿＿。
3. 空气流量传感器主要种类有＿＿＿＿、＿＿＿＿、＿＿＿＿、＿＿＿＿。
4. 进气压力传感器可分为＿＿＿＿、＿＿＿＿、＿＿＿＿。
5. 节气门位置传感器有输入和输出型两种，现代汽车都采用＿＿＿＿型。
6. 怠速控制系统主要由＿＿＿＿、＿＿＿＿、＿＿＿＿三部分组成。

7. 根据控制进气量方式的不同，怠速控制可分为_____和_____两种控制类型。

8. 旋转滑阀式怠速控制系统主要由_____、_____、_____等组成。

9. 节气门直动式怠速控制系统主要由_____、_____、_____以及_____组成。

10. 电子节气门控制系统由_____、_____、_____、_____等组成。

二、选择题

1. 本田发动机进气系统采用改变（　　）来提高发动机的功率。
   A. 配气相位　　　　B. 进气管长度　　　　C. 气门升程　　　　D. 进气增压
2. 丰田发动机进气系统采用改变（　　）来提高发动机的功率。
   A. 配气相位　　　　B. 进气管长度　　　　C. 气门升程　　　　D. 进气增压
3. 利用惠斯通电桥原理工作的传感器是（　　）。
   A. 车速传感器　　　　　　　　　　B. 曲轴位置传感器
   C. 进气温度传感器　　　　　　　　D. 热线式空气流量计
4. （　　）是测量发动机进气量的装置，它将吸入的空气量转换成电信号送至 ECU，作为决定喷油量的基本信号之一。
   A. 空气流量计　　　　　　　　　　B. 节气门位置传感器
   C. 凸轮轴位置传感器　　　　　　　D. 爆燃传感器
5. 电子节气门系统的加速踏板位置传感器是利用（　　）原理输出变化的电压信号的。
   A. 惠斯通电桥　　　B. 压敏电阻　　　C. 滑动变阻器　　　D. 位移传感

三、判断题

1. 进气温度信号和发动机转速信号是 ECU 确定基本点火提前角的主要依据。（　　）
2. 在 L 型电控燃油喷射系统中，由进气管绝对压力传感器测量进气管压力，并将信号输入 ECU，作为燃油喷射和点火控制的主控制信号。（　　）
3. L 型的电控系统将进气温度传感器安装在空气流量计内。（　　）
4. 发动机怠速工况下，空调工作时的基本点火提前角比空调不工作时小。（　　）
5. 发动机冷车起动后的暖机过程中，随冷却水温的提高，点火提前角也应适当地加大。（　　）

四、简答题

1. 如何检测空气流量传感器的好坏？
2. 如何检测节气门位置传感器的好坏？
3. 简述步进电动机的检测方法。
4. 简述节气门直动式的检测方法与匹配方法。
5. 简述电子节气门的检测方法与匹配方法。

项目四
电控点火系统检修

项目导读

点火系统是汽油机汽车发动机重要的组成部分,对发动机的性能起着决定性的作用。随着汽车行业的快速发展,汽车电子化程度的不断提高,汽车的点火系统已全面采用电控点火系统。本项目主要内容包括发动机电控点火系统的作用、分类、结构、组成、工作原理、爆燃控制系统及点火系统的故障检修。

思维导图

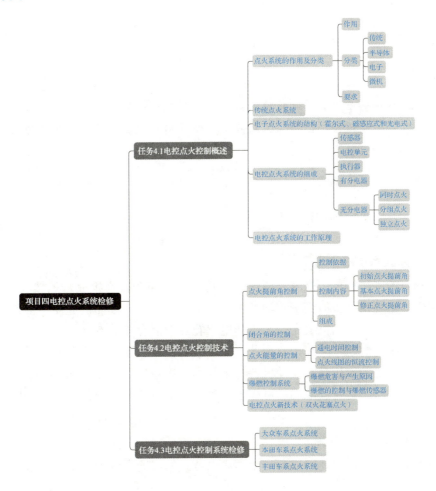

任务 4.1　电控点火控制概述

素质目标

1. 具备沟通交流能力、团结协作能力。
2. 遵守操作规范，强化安全意识。
3. 具备精益求精的工匠精神。
4. 自觉遵守"8S"工作要求。

知识目标

1. 了解电控点火系统的作用及组成。
2. 了解发动机对点火正时的控制要求。
3. 掌握电控点火系统的结构特点、工作原理。

技能目标

1. 能通过与客户交流、查阅相关维修技术资料等方式获取车辆信息。
2. 能识别电控点火系统的主要元件，知道其作用及安装位置。
3. 能按照正确操作规范进行各元件的更换。

任务分析

本任务主要分析由于点火系统故障造成车辆行驶无力、怠速严重抖动、车辆无法起动等问题，通过对本任务的学习，使学生掌握点火系统作用、组成、结构及工作原理。

任务讲解

4.1.1　点火系统的作用及分类

1. 汽油机点火系统的作用

汽车发动机的工作循环由进气、压缩、做功与排气四个行程组成。虽然在压缩终了时，气缸内的混合气温度很高，但由于汽油的燃点较高，还不能像柴油机那样产生自燃，所以必须采用明火进行点燃。汽油机就是采用高压电火花点燃混合气的点火方式。

为了在气缸中定时地产生高压电火花，汽油发动机设置了专门的点火装置，称为发动机点火系统。点火系统的作用是在发动机各种工况和使用条件下，在气缸内根据发动机的工作顺序和点火时间要求，适时、准确、可靠地产生足够能量的电火花，以点燃可燃混合气，使发动机做功。

2. 汽油机点火系统的分类

发动机点火系统，按照其组成和产生高压电方式的不同可分为传统点火系统、半导体点火系统、电子点火系统、微机控制点火系统。各种类型的控制策略如图4-1-1所示。

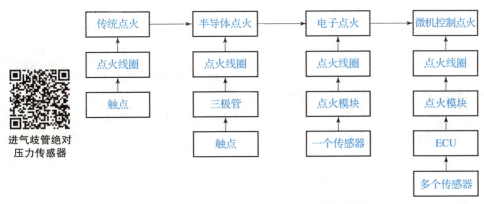

图4-1-1 各种类型的控制策略

传统点火系统以蓄电池和发电机为电源，借助点火线圈和断电器的作用，将电源提供的6 V、12 V或24 V的低压直流电转变为高压电，再通过分电器分配到各缸火花塞，使火花塞两电极之间产生电火花，点燃可燃混合气体。传统蓄电池点火系统由于存在产生的高压电比较低、高速时工作不可靠、使用过程中须经常检查和维护等缺点，目前已被电子点火系统和微机控制点火系统所取代。

电子点火系统以蓄电池和发电机为电源，借助点火线圈和由半导体器件（晶体三极管）组成的点火控制器将电源提供的低压电转变为高压电，再通过分电器分配到各缸火花塞，使火花塞两电极之间产生电火花，点燃可燃混合气。与传统点火系统相比具有点火可靠、使用方便等优点，但随着发动机电控技术的发展，除少部分在用车使用外，近几年已经被微机控制点火系统取代。

微机控制点火系统与上述两种点火系统相同，也是以蓄电池和发电机为电源，借点火线圈将电源的低压电转变为高压电，再由分电器将高压电分配到各缸火花塞，并由微机控制系统根据各种传感器提供的发动机工况的信息，发出点火控制信号控制点火时刻，点燃可燃混合气。它还可以取消分电器，由微机控制系统直接将高压电分配给各缸。微机控制系统是目前最新型的点火系统，已被广泛应用于各种汽车中。

为了便于理解发动机点火系统的工作原理，本书首先介绍传统点火系统和电子点火系统的工作原理，再详解微机控制点火系统的结构原理和检测维修。

3. 对点火系统的基本要求

点火系统应在发动机各种工况和使用条件下都能保证可靠而准确地点火。为此点火系统应满足以下基本要求：

1）能产生足以击穿火花塞两电极间隙的电压

使火花塞两电极之间的间隙击穿并产生电火花所需要的电压，称为火花塞击穿电压。火花塞击穿电压的大小与中心电极和侧电极之间的距离（火花塞间隙）、气缸内的压力和温度、电极的温度、发动机的工作状况等因素有关。

电极间隙越大，电极周围气体中的电子和离子距离越大，受电场力的作用越小，越不易发生碰撞电离，因此要求有更高的击穿电压方能点火。

气缸内的压力越大或者温度越低，则气缸内可燃混合气的密度越大，单位体积中气体分子的数量越多，离子自由运动的距离越小越不易发生碰撞电离。只有提高加在电极上的电压，增大作用于离子上的电场力，使离子的运动加速才能发生离子间的碰撞电离，使火花塞电极间隙击穿。因此气缸内的压力越大或者温度越低，所要求的火花塞击穿电压越高。

电极的温度对火花塞击穿电压也有影响。电极的温度越高，包围在电极周围的气体的密度越小，越容易发生碰撞电离，所需的火花塞击穿电压越小。实践证明，当火花塞的电极温度超过混合气的温度时，击穿电压可降低 30%~50%。

发动机工况不同时，火花塞的击穿电压将随发动机的转速、负荷、压缩比、点火提前角以及混合气浓度的变化而变化。

起动时的击穿电压最高，因为此时气缸壁、活塞及火花塞的电极都处于冷态，吸入的混合气温度低、雾化不良。压缩时混合气的温度升高不大，加上火花塞电极间可能积有汽油或机油，因此所需击穿电压最高。此外，汽车加速时，由于大量冷的混合气被突然吸入气缸内，也需要较高的电压。

实验表明，发动机正常运行时，火花塞的击穿电压为 7~8 kV，发动机冷起动时达 19 kV。为了使发动机在各种不同的工况下均能可靠地点火，要求火花塞击穿电压应为 15~20 kV。

2）电火花应具有足够的点火能量

为了使混合气可靠点燃，火花塞产生的火花应具备一定的能量。发动机正常工作时，由于混合压缩时的温度接近自燃温度，因此所需的火花能量较小，火花能量为 15~50 mJ 就足以点燃混合气，但在起动、怠速以及突然加速时需要较高的点火能量。为保证可靠点火，一般应保证 50~80 mJ 的点火能量，起动时应能产生大于 100 mJ 的点火能量。

3）点火时刻应与发动机的工作状况相适应

首先，发动机的点火时刻应满足发动机工作循环的要求；其次，可燃混合气在缸内从开始点火到完全燃烧需要一定的时间（千分之几秒），所以要使发动机产生最大的功率，就不应在压缩行程终了（上止点）点火，而应适当地提前一个角度，这样当活塞到达上止点时，混合气已经接近充分燃烧，发动机才能发出最大功率。

4.1.2 传统点火系统

1. 传统点火系统的组成

传统点火系统主要由电源（蓄电池和发电机）、点火开关、点火线圈、电容器、断电器、配电器、火花塞、阻尼电阻和高压导线等组成，如图 4-1-2 和图 4-1-3 所示。

蓄电池供给点火系统所需的电能。点火开关用来控制仪表电路、点火系统初级电路以及起动机继电器电路的开与闭。

1）点火线圈

点火线圈相当于自耦变压器，储存点火能量，点火线圈用来将电源供给的 6 V、12 V 或 24 V 的低压直流电转变为 15~20 kV 的高压直流电。它是用电磁互感原理制成的自耦变压器，其结构主要包括钢片叠成的铁芯及铁芯上的初级线圈、次级线圈以及壳体，如图 4-1-4 所示。

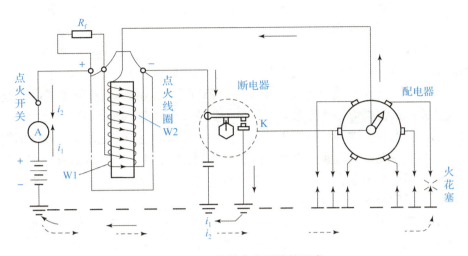

图 4-1-2 传统点火系统的组成

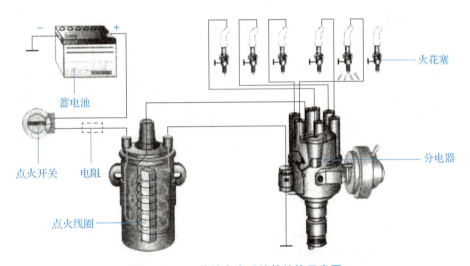

图 4-1-3 传统点火系统的结构示意图

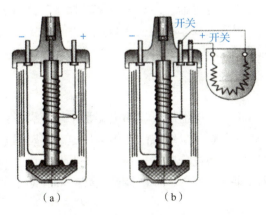

图 4-1-4 点火线圈
(a) 二接线柱；(b) 三接线柱

初级线圈的导线较粗,直径为 0.5~1.0 mm,匝数较少,为 230~370 匝漆包线;次级线圈的导线较细,直径为 0.06~0.1 mm,匝数较多,为 11 000~26 000 匝漆包线,次级线圈的一端与初级线圈相连,另一端输出接中央高压线。为了便于散热,一般将初级线圈绕制在次级线圈的外部。初级线圈与外壳之间夹有数层导磁硅钢片和铁芯组成磁路。

图 4-1-4 中三接线柱式点火线圈附装一个附加电阻,应用于有触点式的传统点火系统。二接线柱式点火线圈应用于无触点式的电子点火系统。附加电阻平时又称为热敏电阻,用电阻温度系数较大的低碳钢丝或镍铬丝制成,具有受热时电阻迅速增大,冷却时电阻迅速减小的特性,避免在发动机低速工作时触点累积接触时间长造成初级线路过热现象。

传统点火线圈磁路的上、下部分是从空气中通过的,因此漏磁较多、能量损失大、效率低,这种点火线圈称为开磁路点火线圈。

现代汽车大都采用闭磁路点火线圈,闭磁路点火线圈有"口"字形铁芯和"日"字形铁芯两种(图 4-1-5),这两种点火线圈磁场能量损失小、效率高、体积小。

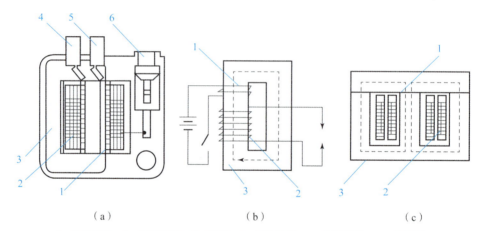

1—次级绕组;2—初级绕组;3—铁芯;4—正接线柱;5—负接线柱;6—压插孔。

图 4-1-5 闭磁路点火线圈

(a)闭磁路点火线圈;(b)"口"字形铁芯;(c)"日"字形铁芯

2)分电器

分电器由断电器、配电器、电容器、点火提前调节装置等组成,如图 4-1-6 所示。它用来在发动机工作时接通与切断点火系统的初级电路,使点火线圈的次级绕组产生高压电,并按发动机要求的点火时刻与点火顺序将点火线圈产生的高压电分配到相应气缸的火花塞上。

3)断电器

断电器主要由断电器凸轮、断电器触点、断电器活动触点臂等组成。其作用是接通和切断点火线圈的初级电路,通过自感使次级线圈产生高压电。活动触点臂与点火低压电路及点火线圈低压线圈相连,固定触点通过分电器搭铁。断电器凸轮由发动机凸轮轴驱动,并以同样的转速旋转,即发动机曲轴每转两周,断电器凸轮转一周,断电器凸轮使触点断开与接合从而切断和接通低压电路。

4)配电器

配电器由分电器盖和分火头组成,用来将点火线圈产生的高压电分配到各缸的火花塞。

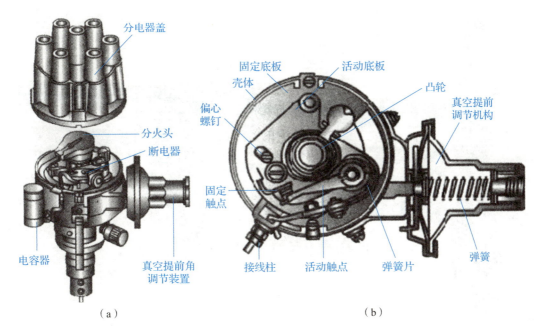

图 4-1-6 分电器的组成
(a) 外部图；(b) 内部图

分电器盖上有一个中心电极和若干旁电极，旁电极的数目与发动机的气缸数相等。分火头安装在分电器的凸轮轴上，与分电器轴一起旋转。发动机工作时，点火线圈次级绕组中产生的高压电，经分电器盖上的中心电极、分火头、旁电极、高压导线分送到各缸火花塞。电容器安装在分电器壳上，与断电器触点并联，用来减小断电器触点断开瞬间在触点处所产生的电火花，以免触点烧蚀，从而延长配电器的使用寿命。

5）点火提前调节装置

由离心和真空两套点火提前调整装置组成，分别安装在断电器底板的下方和分电器的外壳上，用来在发动机做功时随发动机的变化自动调整点火提前角。

6）火花塞

火花塞由中心电极和侧电极组成，安装在发动机的燃烧室中，用于将点火线圈产生的高压电引入燃烧室，点燃燃烧室内的可燃混合气，如图 4-1-7 所示。

点火线圈提供足够的高电压，通过火花塞的中心电极和侧电极之间的间隙进行放电，所产生的火花将燃烧室内的空气-燃料的混合物点燃，燃料转换成做功的能量。这就是火花塞的电性能。由于尖端放电的特性，要求中心电极直径越细越好。但是电极的直径越细，电腐蚀就越大，其寿命就越短。为提高火花塞的工作寿命，放电处的直径小于 1 mm 的铂金、铱金等以硬质贵金属材料作为电极的火花塞应运而生。而通电极材料（如镍合金等）的火花塞，为使其寿命得以保证电极直径也从原来的 2.6 mm 降至 2.1 mm，同时镍钇合金等一些新型材料也在火花塞的电极上广泛运用。为了使中心电极同时具备良好的导电性能和导热性能，中心电极内部一般还包裹铜芯。有些火花塞为延长侧电极的寿命，使侧电极同样具备良好的导电性能和导热性能，侧电极内部也包裹铜芯。

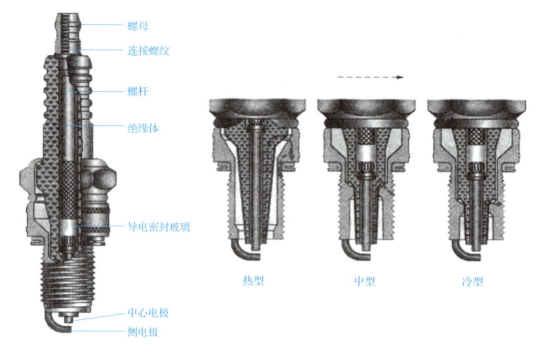

图 4-1-7 火花塞类型

火花塞在燃烧室内点火完毕后,其温度不能太高,不能因火花塞自身的温度过高而引起早燃。但其温度也不能过低,否则火花塞就不能自净,容易积炭积垢。火花塞的热性能可以通过选取火花塞的热值来确定。

火花塞自身不会产生热量,但它可以像散热器一样,将燃烧室内多余的热量带走,移至发动机的冷却系统中。火花塞的散热情况,主要是由下列因素决定:绝缘嘴的长度、围绕绝缘嘴的气体量中心电极的材料、结构和陶瓷绝缘体的结构等。

按照绝缘体在气缸内露出的长度,分为冷型和热型火花塞,如图 4-1-7 所示。热型火花塞的绝缘体比较长,较多的瓷件表面和燃烧气体接触,散热慢;冷型火花塞正好相反,绝缘嘴比较短,较少的瓷件表面和燃烧气体接触,散热快。

火花塞的顶端是火花塞的最热部位,该部分的温度是影响火花塞积炭和早期点火的主要因素,任何点燃式发动机,火花塞顶端的温度必须控制在 500~850 ℃。火花塞的工作温度如图 4-1-8 所示,如果顶端的温度低于 500 ℃,围绕中心电极的绝缘体部位将因温度过低而不能将在燃烧内所积的炭和其他沉积物烧掉,火花塞上的这些积垢将直接导致发动机失火。顶端的温度高于 850 ℃ 则会造成中心电极熔化及早燃,进而引起发动爆燃。由于这种爆燃的产生无法控制,更无法避免,因此发动机将会在很短的时间内损坏。

点火系统工作时所需的能量由蓄电池和发电机提供,其标称电压一般为 12 V。

2. 传统点火系统的工作原理

接通点火开关,发动机开始运转。发动机运转过程中,断电器凸轮不断旋转,使断电器触点不断地开、闭。当断电器触点闭合时,蓄电池的电流从蓄电池正极出发,经点火开关、点火线圈的初级绕组、断电器活动触点臂、触点、分电器壳体搭铁流回蓄电池的负极,当断电器的触点凸轮初级绕组中的电流迅速下降到"0"时，线圈周围和铁芯中的磁场也迅速衰减以至消失，因此在点火线圈的次级绕组中产生感应电压称为次级电压，其中通过的电流称为次级电流，次级电流流过的电路称为次级电路。

触点断开后，初级电流下降的速率越高，铁芯中的磁通变化率越大，次级绕组中产生的感应电压越高，越容易击穿火花塞间隙。当点火线圈铁芯中的磁通发生变化时，不仅在次级绕组中产生高压电（互感电压），同时也在初级绕组中产生自感电压和电流。在触点分开、初级电流下降的瞬间，自感电流的方向与原初级电流的方向相同，其电压高达300 V。它将击穿触点间隙，在触点间产生强烈的电火花，这不仅使触点迅速氧化、烧蚀，影响断电器正常工作，同时使初级电流的变化率下降，次级绕组中的感应电压降低，火花塞间隙中的火花变弱，以致难以点燃混合气。为了消除自感电压和电流的不利影响，在断电器触点之间并联有电容器 C_1。在触点分开瞬间，自感电流向电容器充电可以减小触点之间的火花，加速初级电流和磁通的衰减，并提高了次级电压。传统点火系统的工作原理如图 4-1-9 所示。

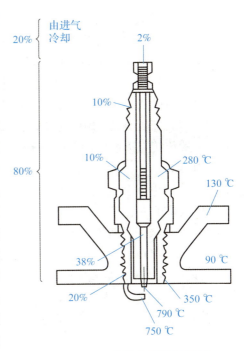

图 4-1-8 火花塞受热示意图

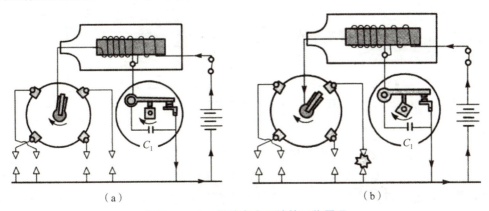

图 4-1-9 传统点火系统的工作原理
(a) 接通状态；(b) 断开状态

4.1.3 电子点火系统的结构

1. 电子点火系统的特点与类型

1) 电子点火系统的特点

目前，汽车发动机向着多缸、高转速、高压缩比的方向发展，人们还力图通过改善混合气的燃烧状况及燃用稀混合气，以达到减少排气污染和节约燃油的目的。这些都要求汽车的点火系统能够提供足够高的次级电压、火花能量和最佳点火时刻。传统点火系统已经不能满足这些要求了。因此,近几十年来各国都在积极探索改进途径,并研制了一系列的电子点火系统。这是因为电子点火系统具有以下优点:

(1) 可以减少触点火花,避免触点烧蚀,延长触点的使用寿命;有的还可以取消触点,因而克服了与触点相关的一切缺点,改善了点火性能。

(2) 可以不受触点的限制,增大初级电流,提高次级电压,改善发动机高速时的点火性能。一般传统点火系统的低压电流不超过 5 A,而电子点火系统可提高到 7~8 A,次级电压可达 30 kV。

(3) 次级电压和点火能量的提高使其对火花塞积炭不敏感,且可以加大火花塞电极间隙,点燃较稀的混合气,从而有利于改善发动机的动力性、经济性和排气净化性能。

(4) 大大减轻了对无线电的干扰。

(5) 结构简单、质量小、体积小,使用和维修方便。

2) 电子点火系统的基本组成

电子点火系统的结构如图 4-1-10 所示,它主要由蓄电池、点火开关、点火线圈、电子点火控制器、传感器、火花塞等组成。

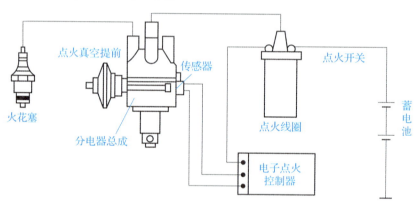

图 4-1-10 电子点火系统的结构

3) 电子点火系统的类型

电子点火均指无触点电子点火系统,按点火信号发生器类型的不同,电子点火系统可分为霍尔式、磁感应式和光电式电子点火系统 3 种类型。

(1) 霍尔式电子点火系统。霍尔式信号发生器用霍尔元件制成,又称为霍尔效应式传感器,其突出优点是输出信号准确可靠,不受发动机转速影响。桑塔纳、捷达、奥迪 100、红 CA7220、解放 CA1040 和 CA6440 等车都采用过霍尔式点火系统。

(2) 磁感应式电子点火系统。磁感应式信号发生器又称为磁感应式传感器,其突出优点是结构简单、工作可靠,但是其输出信号在发动机低速时不如霍尔式可靠。北京切诺基 BJ2021、解放 CA1092、东风 EQ092 等车都采用过磁感应式电子点火系统。

(3) 光电式电子点火系统。光电式信号发生器又称为光电式传感器,是利用发光元件(发光二极管)和光电转换元件(光电晶体管)制成的传感器。由于发光元件和光电转换元件的工作性能受环境条件影响较大,因此采用光电式电子点火系统的汽车较少。国产猎豹、日本三菱吉普车采用过光电式电子点火系统。

2. 磁感应式电子点火系统

1）磁感应式电子点火系统的组成与工作原理

解放 CA1092、东风 EQ1092、北京 BD2020 等汽车以及早期生产的部分轿车，都装配了磁感应式电子点火系统。它主要由磁感应式分电器、点火控制器、点火线圈和火花塞等组成，如图 4-1-11 所示。

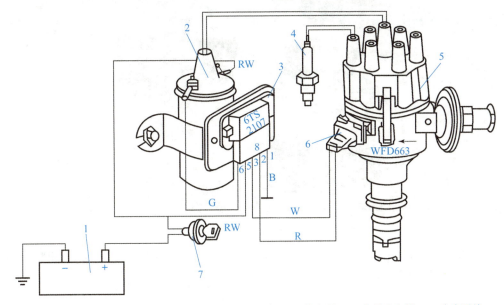

1—蓄电池；2—点火线圈；3—点火控制器；4—火花塞；5—分电器；6—信号发生器；7—点火开关。

图 4-1-11 解放 CA1092 型汽车电子点火系统

磁感应式分电器中磁感应传感器（信号发生器）产生点火正时信号给点火控制器，点火控制器控制点火线圈初级电路的接通和断开，从而在点火线圈次级线圈产生 15 000~20 000 V 的高压电，高压电通过中央高压线通往配电器，配电器中分火头在转动过程中准时地将高压电按点火顺序分配给各工作缸火花塞跳火，如图 4-1-12 所示。

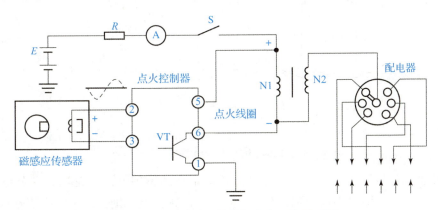

图 4-1-12 磁感应式电子点火系统原理图

2）分电器总成

磁感应式分电器主要由磁感应式信号传感器、点火提前调节装置、配电器等组成。

（1）磁感应式信号传感器。磁感应式信号传感器由转子、定子、永久磁铁、传感线圈等组成，如图 4-1-13 所示，当发动机工作时，分电器通过转子、定子使传感线圈内的磁通发生变化，产生电压信号供给点火控制器。其突出优点是结构简单，不需外加电源。

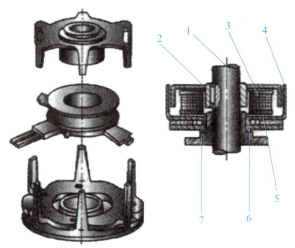

1—分电器轴；2—爪形转子；3—传感线圈；4—爪形定子；5—永久磁铁；6—导磁板；7—底板。
图 4-1-13 磁感应式点火信号发生器结构

（2）离心点火提前装置。解放 CA1092 磁感应式分电器采用的离心点火提前装置结构与工作原理如图 4-1-14 所示。

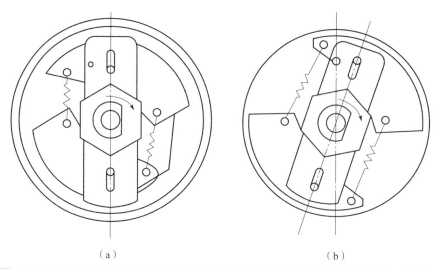

（a）　　　　　　　　　　（b）

图 4-1-14 解放 CA1092 磁感应式分电器采用的离心点火提前装置结构与工作原理
（a）离心提前机构未作用时；（b）离心提前机构工作时

分电器轴和托板压装在一起，转子和凸轮固定在凸轮轴上，凸轮轴套在分电器轴的小端，能灵活转动。一对离心块分别松套在挂销上，两根拉簧分别挂在两离心块两端。

当分电器轴被发动机驱动旋转时，通过挂销、离心块和凸轮形成传力路径，驱动凸轮轴旋转。离心块由于运动而产生离心力，当此离心力超过拉簧加拉力时，离心块便围绕挂销向外甩开，其圆弧面拨动凸轮，使本来随分电器轴同步旋转的凸轮轴相对分电器轴超前转过一个角度,从而使转子爪极提前与定子爪极对齐,点火触发信号在凸轮轴转角上提前出现,并通过点火控制模块实现提前点火。

(3) 真空点火提前装置。真空点火提前装置的结构如图 4-1-15 所示。当发动机在部分负荷下工作时,进气歧管内真空度大,通过真空管使膜片在真空吸力作用下向左移,拉杆通过拉销拉动定子组件向着与分电器轴旋向的相反方向转过一定角度,实现点火提前的功能。

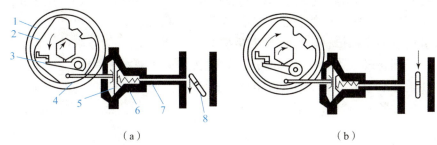

1—分电器外壳;2—信号发生器底板;3—信号发生器;4—拉杆;5—膜片;6—弹簧;7—真空连接管;8—节气门。

图 4-1-15 真空点火提前装置的结构

(a) 小负荷工况;(b) 大负荷工况

(4) 配电器。解放 CA1092 汽车用磁感应式分电器中的配电器由分电器盖和分火头组成,其结构与原理和传统式配电器相同。

3) 电子点火控制器

电子点火控制器又称电子点火模块或电子点火组件,主要由点火专用的集成电路和一些辅助电子元件组成,它的主要作用是根据磁感应传感器输出的电压信号控制点火线圈初级绕组电路的导通与截止,使点火线圈产生高压电,如图 4-1-16 所示。对于电子点火系统,为了使其点火能量恒定,一般采用限制通过点火线圈初级电流峰值和控制其流通时间比率的方法实现,此外,点火控制器还有停车断电控制、过压保护等功能。

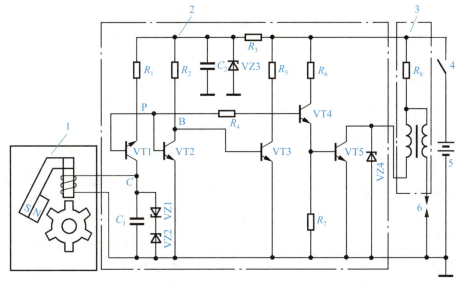

1—磁感应传感器;2—点火集成电路;3—点火线圈;4—点火开关;5—蓄电池;6—火花塞。

图 4-1-16 点火模块内部电路

4）点火线圈

解放 CA1092 汽车磁感应式无触点点火系统采用 JDQ2172 高能点火线圈。其初级绕组电阻为 0.7~0.80 Ω，次级绕组电阻为 3 000~40 000 Ω，次级电压可达到 15 000~25 000 V，上升率>600 V/ms，火花能量>70 mJ。

3. 霍尔式电子点火系统

解放 CA640、解放 CA1040 型汽车以及早期生产的部分轿车，大都采用了霍尔式电子点火系统，它主要由霍尔式分电器、点火控制器、高能点火线圈、火花塞等组成。

霍尔式分电器中霍尔传感器（信号发生器）产生点火正时信号给点火控制器，点火控制器控制点火线圈初级电路的接通和断开，从而在点火线圈次级线圈产生 20 000 V 左右的高压电，高压电通过中央高压线通往配电器，配电器中分火头在转动过程中准时地将高压电按点火顺序分配给各工作缸火花塞跳火，如图 4-1-17 所示。点火控制器工作原理与电磁感应式类似。

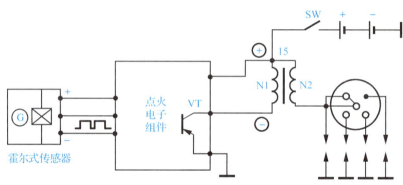

图 4-1-17 霍尔式电子点火系统电图

4.1.4 电控点火系统的组成与工作原理

现代轿车发动机上普遍采用的是电控点火系统。电控点火系统可以使发动机在任何工况下均处于最佳点火提前时刻，实现最佳通电时间控制、点火提前角控制和爆燃反馈控制，使发动机在动力性、经济性方面达到更高的水平，尾气排放污染也得到了极大的控制，达到了排放标准。

1. 电控点火系统的类型

电控点火系统可分为两大类：一类是有分电器式的电控点火系统，另一类是无分电器式的电控点火系统。两种类型的点火系统在控制原理上是相同的，只是在具体的执行过程中存在差别。

有分电器式电控点火系统的特点：由于仍然有机械装置，因此发动机在一些工况下仍存在缺陷，无法保证在各种工况下点火提前角均处于最佳时刻。此外，由于分电器在工作运转过程中有磨损的情况，所以无法保证点火提前角的稳定性与准确性。

无分电器式电控点火系统是一种全新的点火系统，其又可以细分为分组式电控点火系统和独立式电控点火系统。无分电器式电控点火系统的特点是不存在机械磨损，因此不存在各间隙间跳火的能量损失及由于机械的不确定性对点火产生的干扰;无分电器也使发动机上的构件在布置上更合理,方便检测与维修;外界的人为因素不能改变点火时刻,取消了在维修作业中的失误情况,如在安装的时候由于装配不到位而使点火时刻不正确的现象等。

2. 电控点火系统的组成

电控点火系统也称微机(ECU)控制点火系统,是现代轿车中广泛应用的一种新型点火系统。其组成主要有监测发动机运行的曲轴位置(转速)传感器、凸轮轴位置传感器、处理各种信号和发出点火指令的电控单元ECU、对ECU点火指令做出响应的点火控制器和点火线圈等执行器,如图4-1-18所示。因此,在宏观上可以说电控点火系统由传感器、ECU、执行器等组成。

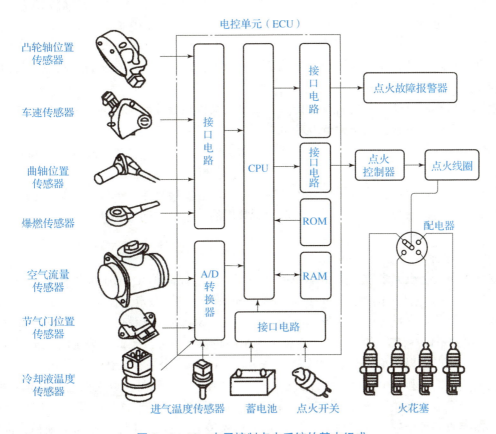

图4-1-18 电子控制点火系统的基本组成

1)传感器

对于电控点火系统来讲,传感器是比较重要的组成部分,它用来检测与点火有关的发动机工况信息,并将检测的结果输送给电子控制单元ECU,ECU根据传来的信号计算和控制点火时刻并向相关的执行器发出指令,完成发动机的点火过程。虽然不同车型汽车电控点火系统采用的传感器在类型、数量、结构和安装位置上会有些不同,但主要的曲轴位置传感器、凸轮轴位置传感器、空气流量传感器、节气门位置传感器、冷却液温度传感器、进气温度传感器、车速传感器及爆燃传感器等,大多与燃油喷射系统、怠速控制系统等电子控制系统共用,而且都由一个ECU集中控制共同参与发动机的整个控制工作过程。

当上述的各个传感器所采集到的信号输入 ECU 后,ECU 主要根据曲轴位置信号和凸轮轴位置信号来保证 ECU 控制电子点火系统最基本的工作。换句话来理解就是,曲轴位置传感器与凸轮轴位置传感器决定着发动机的基本点火是否正常。曲轴位置传感器向 ECU 提供发动机转速、曲轴转角信号,因此有些书上也将此传感器称作发动机转速传感器或曲轴转角传感器。其中转速信号是 ECU 用于计算并确定点火提前角的依据,转角信号是用来控制点火产生时刻(点火提前角)的依据;而凸轮轴位置传感器采集凸轮轴的位置信号输送给 ECU,目的是让 ECU 识别出各缸达到压缩上止点的时刻,从而相应地进行点火时刻控制及爆燃反馈控制。由于凸轮轴位置传感器能够识别是哪缸活塞即将到达上止点,所以有时又将其称为判缸传感器。

在电控点火系统当中,另一个比较重要的传感器是爆燃传感器。爆燃传感器是电控点火系统专用的传感器,其主要是判断发动机是否发生爆燃,并将爆燃信号输送给 ECU,ECU 做出对点火提前角进行修正的计算,当出现爆燃时,ECU 会推迟点火,也就是减小点火提前角,爆燃消除后又会让点火提前,也就是增大点火提前角,不断往复,实现点火提前角的闭环控制。

除爆燃传感器以外,其他所有的传感器都是发动机整个控制系统共用的。如燃油喷射系统中的空气流量传感器,用于检测发动机单位时间内吸入的空气流量。为确定每次循环都符合最佳空燃比的喷油量,应求得每次循环吸入的空气量。另外,在采用顺序喷射和分组喷射时,为有效提高发动机的性能,需要选取特定的喷油时刻,这是相对曲轴转角而言的,因此,与空气流量传感器、节气门位置传感器、冷却液温度传感器等一样,曲轴位置传感器是电子控制燃油喷射系统和电子控制点火系统所共用的,它们共同控制喷油的同时,也在调整点火的时刻。

2)电子控制单元

现代汽车发动机大多数都采用集中控制系统,电子控制单元 ECU 扮演着主要角色。电子控制 ECU 在发动机上的主要功能有控制燃油喷射的时刻和数量、控制点火的时刻与能量、测量进入气缸的空气量、诊断系统的故障并报警等。对于点火控制,在 ECU 的只读存储器(ROM)中,不仅存储有监控和自检等程序,还存储着发动机台架试验测定的该机型在各种工况下的最佳点火提前角。ECU 中的随机存储器(RAM)用来存储微机工作时暂时需要存储的数据,如输入和输出数据、单片机运算得出的结果、故障码、点火提前角修正数据等,ECU 就是处理这些数据,根据发动机工况的需要可随时调用或改写数据。控制单元中的 CPU 不断接收各种传感器发送来的信号,并按预先编制的程序进行计算和判断后,向点火控制器发出最佳点火提前角和点火线圈初级电路导通时间的控制信号,从而有效控制点火时刻及点火能量;同时,向喷油控制器发出喷油脉宽控制信号,精确调控喷油量及喷油时刻,控制气缸内混合气的空燃比,实现对排放的有效控制。

3)执行器

执行器主要包括点火控制器(有些车型已经集成到 ECU 中)、点火线圈、分电器(有些系统中已经没有)及火花塞。

点火控制器在有些资料上也被称为点火模块、点火电子组件、点火器或功率放大器,是微机控制点火系统的功率输出极,它接收 ECU 输出的点火控制信号并进行功率放大,以便驱动点火线圈工作。点火控制器的电路、功能与结构根据车型的不同而不同,有的与ECU制作在同一块电路板上,有的为独立总成安装在发动机机体处,并用线束与ECU相连。

点火线圈、分电器及火花塞的结构与工作原理与传统点火系统基本相同,此处就不做讲解了。

3. 工作原理

电控点火系统的工作原理如图4-1-19所示,曲轴位置传感器向ECU提供发动机转速信号、曲轴转角信号,凸轮轴位置传感器提供各缸上止点位置信号,ECU利用转速信号计算并确定点火提前角,利用转角和各缸上止点位置信号控制点火时刻(点火提前角),而其他传感器当中的空气流量传感器和节气门位置传感器向ECU提供发动机负荷信号,用于计算确定点火提前角;冷却液温度信号、进气温度信号/车速信号、空调开关信号以及爆燃传感器信号用于修正点火提前角,以保证发动机在最佳的状态下工作。

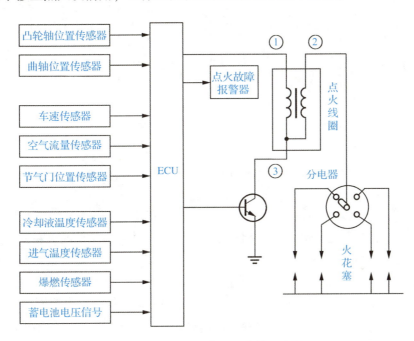

图4-1-19 电控点火系统的工作原理

当发动机正常工作时,ECU通过以上传感器采集到发动机的工况信息后,首先将其存储到存储器RAM中,并不断检测凸轮轴位置传感器信号(即判缸信号),判定是哪一缸即将到达压缩上止点,当接收到凸轮轴位置传感器信号后,ECU立即开始对曲轴转角信号进行计数,以便控制点火提前角。与此同时,ECU根据反映发动机工况的转速信号、负荷信号以及与点火提前角有关的传感器信号,从相应的只读存储器中查询出相应工况下的最佳点火提前角。在此期间,ECU一直在对曲轴转角信号进行计数,判断点火时刻是否到来。当曲轴转角等于最佳点火提前角时,ECU立即向点火控制器发出控制指令,使功率晶体管(开关)截止,点火线圈初级电流切断,次级绕组产生高压,对于带有分电器的发动机,点火系统按发动机点火顺序分配到各缸的火花塞;对于无分电器的发动机,则直接将高压电送到所需点火的气缸火花塞上,火花塞跳火点燃气缸内的可燃混合气。

4. 有分电器点火系统

有分电器的点火控制系统电路如图 4-1-20 所示，为皇冠 3.0L 2JZ-GE 发动机点火电路，其配电方式是传统的分电器式。ECU 根据传感器输送来的各个信号确定点火时间（点火提前角），同时将点火正时信号送至点火控制器，当点火正时信号变为低电平时，点火线圈初级电流被切断，次级线圈中感应出高压电，由分电器送至相应要做功的火花塞产生电火花。

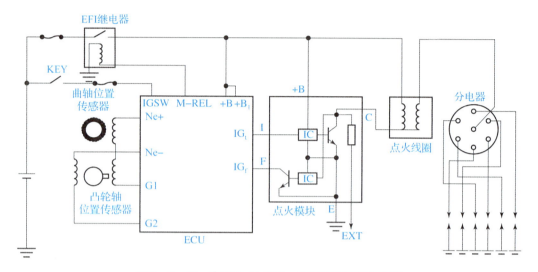

图 4-1-20　皇冠 3.0L 2JZ-GE 发动机点火电路

5. 无分电器点火系统

电控点火系统的分类已经在前面介绍过了，有分电器式点火系统的火花分配原则与传统点火系统的没有什么区别，其特点就是在传统的点火系统中增加了曲轴位置与凸轮轴位置传感器，增加了由 ECU 控制点火控制器，将高压火花的产生时刻变得更加合理。无分电器式点火系统完全取消了分电器，其组成如图 4-1-21 所示，它是将点火线圈产生的高压电直接通过高压线或相关零部件传递给火花塞，使其点火。本节主要介绍无分电器式点火系统的火花产生原理与分配。

1）同时点火

无分电器式的同时点火是在初级电路中的电流瞬间中断的时候，在次级线圈中互感出来的高压电直接经过高压线送到两个气缸中的火花塞上，使火花塞同时出现跳火的一种方式，如图 4-1-22 所示，图中所指跳火是 1、4 缸和 2、3 缸分别共用一个点火线圈同时跳火。其中接近压缩上止点的 1 缸点火后，混合气被引燃而做功，此处点火称为有效点火，处于接近排气上止点的 4 缸，缸内压力比压缩行程上止点的压力低很多，火花塞间隙阻抗很小，所以只消耗很小的放电能量（很低的电压）就能使电流通过，此处点火称为无效点火，点火线圈的能量主要消耗于有效点火。当曲轴再次到达该位置时，1、4 缸的点火状态与上述情况相反。

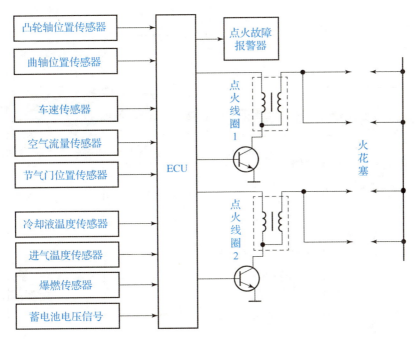

图 4-1-21 无分电器电控点火系统的组成

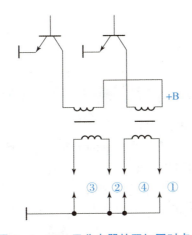

图 4-1-22 无分电器的双缸同时点火

需要注意的是：由于点火次级线圈的电压极性不会变化，为使电流回到次级线圈的另一端，如果 1 缸火花塞是负极搭铁，则 4 缸的火花塞应为正极搭铁，所以两个火花塞中有一个是负极放电。

2）分组点火（通用凯越点火系统）

图 4-1-23 所示为通用凯越点火系统电路，2 个点火控制器与 2 个点火线圈集成在一起，有 A、B、C 三个接线端子，其中 A 端子为 2、3 缸点火控制信号端子，B 端子为电源端子，电源通过燃油泵继电器供给，C 端子为 1、4 缸点火控制信号端子，接收到 ECU 信号时 1、4 缸同时点火，当 A 端子接收到 ECU 信号时 2、3 缸同时点火。

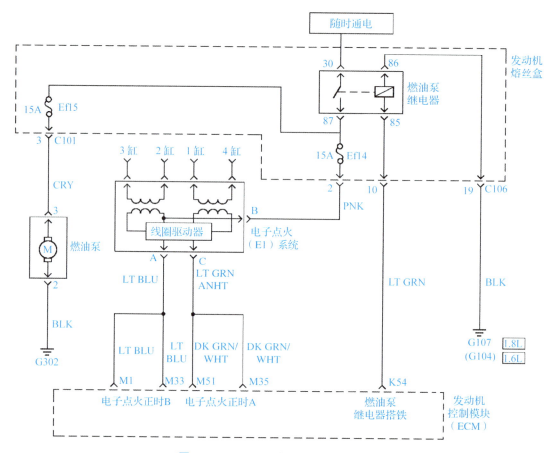

图 4-1-23 通用凯越点火系统电路

3）独立点火

在无分电器式点火系统中，如果每个气缸的火花塞都配用一个点火线圈，则被称为独立点火方式（单独点火方式），如图 4-21-24 所示。独立点火一般均采用直接点火的形式，也就是此时点火线圈不通过高压线，而是直接与火花塞相连接，如图 4-1-25 所示。对于独立点火方式，点火线圈可以做得更小或直接布置在火花塞上。

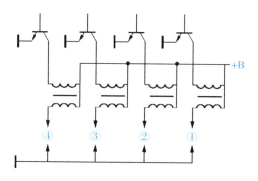

图 4-1-24 无分电器式的独立点火

独立点火方式时，在基本组成和工作原理上与同时点火方式相同，但是，它省去了高压线，点火能量损失也进一步减少。由于每缸都有独立的点火线圈，所以即使发动机的转速高达 10 000 r/min 以上，初级线圈也有较长的通电时间（大的闭合角），可以提供足够高的点火能量和电压。此外，所有高压部件都可安装在发动机气缸盖上的金属屏蔽罩内，点火系统对无线电的干扰可大幅度降低，与分电器点火系统相比，在相同的转速和相同的点火能量下，单位时间内点火线圈的电流要小得多，因此点火线圈不易发热而体积又可以非常小，一般是将点火线圈压装在火花塞上，这种点火方式控制系统特别适合于 4 气门和 5 气门的发动机。

4）丰田卡罗拉点火系统

丰田卡罗拉采用独立点火系统，每缸配一个点火模块，并集成点火控制器与点火线圈，点火控制器又包含恒流控制电路、闭合角控制电路、点火确认信号电路等，如图 4 - 1 - 26 所示。

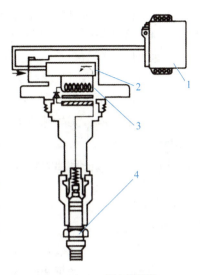

1—ECU；2—点火控制器；
3—点火线圈；4—火花塞。

图 4 - 1 - 25 无分电器式的独立点火机构

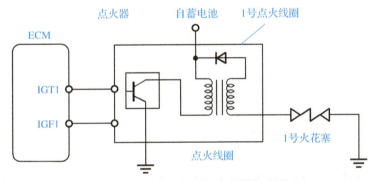

图 4 - 1 - 26 卡罗拉轿车点火器电路原理

根据上面的介绍，不难看出微机控制无分电器独立点火系统的优越性。首先，它消除了分电器高压配电的不足；其次，由于增加了点火线圈个数，对每一个点火线圈来说，初级线圈允许通电时间可大大增加；最后，对于多缸发动机来讲，独立式点火时，当有个别缸因点火系统出现问题时，不会影响整个发动机的工作。因此，无分电器独立点火系统的发动机即使在高速运转时，初级线圈也有足够长的通路时间，保证了点火系统具有足够大的点火能和足够高的次级电压来点燃气缸内的可燃混合气，也就是说，发动机在任何工况都能可靠点火，这也正是现代汽车发动机的转速越来越高的原因。

故障案例

故障现象：

一辆丰田卡罗拉行驶 11 万 km，驾驶员称车无大的毛病，就是 1 年多来节气门、喷油器、火花塞都没有动过，想着应该清洗和更换火花塞了。修理工检查时的确也没有发现问题。怠速平稳、加速也好，想想驾驶员说的也有道理，于是清洗了节气门喷油器，更换了火花塞，但是这样便引来了问题。

怠速比以前高 100 r/min，并且间歇性抖动一下。间歇时间长短不等，有时抖动厉害，有时轻微颤抖，厉害时甚至熄火，立即点火又能重新起动，加速跟以前一样。

故障诊断与排除：

用车博士检测，无故障存在，怀疑是油压不稳。接上油压表后，油压平稳，怠速时为 2.0 kPa。车本来好好的，只是清洗、换火花塞，于是便告诉驾驶员可能是 ECU 自学习的自适应过程，过一星期怠速就会降低，原来抖动也将消失。

一星期后驾驶员把车开来，怠速和原来一样了，但抖动仍存在。既然怠速好了，那问题肯定在火花塞上。此车装的是铂金火花塞，拆下新的火花塞，装上旧火花塞，故障消失。

维修总结：

火花塞是点火系统重要的组成部分，其好坏和匹配直接影响发动机性能和点火能量。选用火花塞时应注意：火花塞间隙应一致，一般为 0.6~0.8 mm；热值应相同。

火花塞热特性选取是否合适可以用绝缘体裙部的颜色来判断，发动机在怠速以外的正常工况下运行几个小时后观察裙部颜色，若裙部呈浅褐色并且干净，说明选型正确；若裙部黑色，说明选用火花塞太冷；若裙部呈灰白色，且电极有被烧蚀痕迹说明选用的火花塞太热。独立式点火在选用火花塞时，若选用不正确将引起故障灯常亮。用 ECU 检测是"点火线圈 1、2、3、4、5、6 短路"。

任务 4.2　电控点火控制技术

素质目标

1. 具备沟通交流能力、团结协作能力。
2. 遵守操作规范，强化安全意识。
3. 具备精益求精的工匠精神。
4. 自觉遵守"8S"工作要求。

知识目标

1. 了解电控点火系统的控制技术。
2. 了解点火提前角、闭合角控制原理。
3. 掌握点火能量控制及爆燃控制原理。
4. 掌握双火花塞点火技术的特点。

技能目标

1. 能够对点火正时进行修正。
2. 能识别爆燃传感器并进行更换及检修。

任务分析

为了使发动机保持在最理想的工作状态,要求点火正时能够随着工况的变化而变化,要求发动机 ECU 总是按照最佳点火正时的要求控制点火正时。影响发动机最佳点火正时的因素主要有转速、负荷及爆燃等,故要求电控发动机能够对点火提前角、闭合角、通电时间、爆燃等进行控制。

任务讲解

汽油机电控点火系统的控制主要包括点火提前角、通电时间及爆燃控制 3 个方面。

4.2.1 点火提前角控制

1. 点火提前角的控制依据

1) 汽油机燃烧过程

压缩行程接近终了时,由火花塞跳火形成火焰中心,点燃可燃混合气。在混合气的燃烧过程中火焰的传播速度及火焰前锋的形状均没有急剧变化,这种燃烧现象称为正常燃烧。图 4-2-1 所示为汽油机燃烧过程的展开示功图,它以发动机曲轴转角为横坐标,气缸内气体压力为纵坐标,图中虚线表示只压缩不点火的压缩线。实际燃烧过程是连续进行的,但为分析方便,通常按缸内压力的变化特征,将其分为着火延迟期、明显燃烧期和补燃期 3 个阶段,分别用 Ⅰ、Ⅱ、Ⅲ 表示。

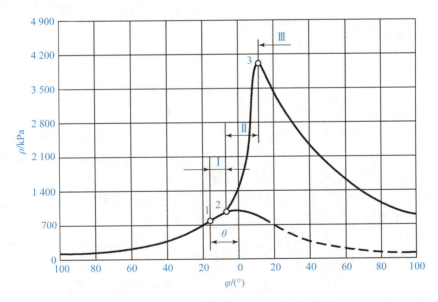

图 4-2-1 汽油机燃烧过程的展开示功图

(1) 着火延迟期。从火花塞跳火开始到形成火焰中心为止的这段时间称为着火延迟期,即图 4-2-1 中第 Ⅰ 阶段。

从火花塞跳火开始到活塞运行至上止点的曲轴转角称为点火提前角,用 θ 表示。

（2）明显燃烧期。从火焰中心形成到气缸内出现最高压力为止这段时间称为明显燃烧期，即图4-2-1中第Ⅱ阶段。

（3）补燃期。从出现最高压力开始到燃料基本燃烧完为止称为补燃期，即图4-2-1中第Ⅲ阶段。

2）点火提前角对发动机性能的影响

点火提前角大小对汽油机爆燃倾向、示功图上最高压力点的位置有很大影响，汽油机不同点火提前角时的示功图如图4-2-2所示。

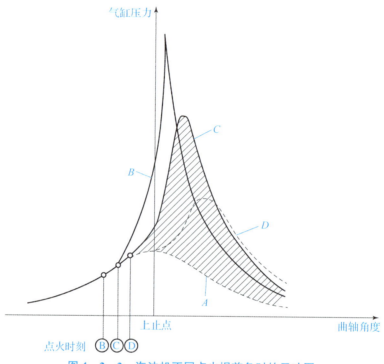

图4-2-2 汽油机不同点火提前角时的示功图

点火提前角越大（即点火越早）最高压力越高，且最高压力点越靠近压缩上止点，甚至最高压力点出现在压缩上止点以前。点火过早（曲线B）时，不仅因最高压力升高，使爆燃倾向增大，机件承受的机械负荷增加，而且因最高压力点的提前，使压缩行程消耗的功和传热损失均增加，导致发动机过热。而点火过晚（曲线D）时，由于最高压力的降低，使做功行程初期所做的功减少，同时因燃烧过程是在气缸容积不断增大的膨胀行程进行，高温气体与气缸壁接触面积大，使传热损失增加、燃烧放热用来充分做功的机会减少，因此也会导致发动机功率降低、热效率降低和过热。

由此可见，只有选择合适的点火提前角（曲线C），使缸内最高压力和压力升高率保持在适当的范围，使最高压力出现在上止点后12°～15°曲轴转角内，才能保证汽油机燃烧正常、性能最好。能够保证发动机在动力性、经济性和排放性都达到最佳的点火提前角称为最佳点火提前角。但一台发动机的最佳点火提前角随着发动机工况的不同，也是不断变化的。

3）影响点火提前角的主要因素

使用中最佳点火提前角随着发动机工况的不同而不断变化，影响它的因素有很多，如转速、负荷、混合气浓度等。

（1）发动机转速：发动机转速增加时，气缸中紊流增强，散热及漏气损失减少，压缩终了时缸中的温度和压力较高，燃烧时火焰传播速度加快，以秒计的燃烧过程缩短，但由于转速的提高，着火延迟期和明显燃烧期所占的曲轴转角均增加，为此必须适当增大点火提前角，以保持最高压力点的最佳位置；反之，发动机转速降低时，应适当减小点火提前角。如发动机在 850 r/min 的怠速时，点火提前角为 6°~12°，而转速增加到 4 000 r/min 时，点火提前角增大到 28°。但当转速继续增加时，混合气压力与温度的提高及进气扰流的增强会使燃烧速度加快，为避免发生爆燃，最佳点火提前角的增加速度就要适当减慢。

（2）发动机负荷：作用在发动机上的负荷是发动机必须完成的功。爬坡或者牵引更大的重量会使发动机的负荷增加，在负荷作用下，活塞运动速度减慢，发动机运行效率下降。表示发动机负荷的一个很好的指标是进气管内在进气行程中形成的真空度。

在轻载和节气门部分开启时，进气管内的真空度较高，吸进进气管和气缸内的可燃混合气的数量少。这些稀薄的混合气在压缩终了时的压力较低，燃烧速度较慢，为了在上止点后（ATDC）10°~15°完成燃烧，点火时刻必须提前。

在大负荷时，节气门全开，大量的空燃混合气被吸入气缸，并且进气管的真空度低，这就会导致燃烧压力增高，燃烧速度加快。在这样的情况下，必须推迟点火提前角，以防止气体在上止点后（ATDC）10°~15°以前全部燃烧完毕。

（3）燃料的性质：汽油的辛烷值越高，抗爆性越好，点火提前角可适当增大，以提高发动机的性能；辛烷值较低的汽油抗爆性差，则点火提前角应减小。

（4）其他因素：最佳点火提前角除应根据发动机的转速、负荷和燃料性质确定之外，还应考虑发动机燃烧室形状、燃烧室内温度、空燃比、大气压力、冷却水温度等因素。在传统点火系统中，当上述因素变化时，系统无法对点火提前角进行调整。当采用 ESA 系统时，发动机在各种工况和运行条件下 ECU 都可保证理想的点火提前角，因此发动机的动力性、经济性和排放性都可以达到最佳。

2. 点火提前角的控制内容

在发动机起动时，电控单元是不进行点火提前角控制的，此时的点火提前角是直接由发动机 ECU 中给出的固定值。当发动机起动以后，其转速超过一定值进入稳定运转阶段时，ECU 开始进行最佳点火提前角的控制。

发动机起动后，电控单元对最佳点火提前角的计算和控制一般按照如下步骤进行：首先根据凸轮轴位置传感器的 G 信号和曲轴位置传感器的 Ne 信号确定初始点火提前角，然后根据发动机转速和负荷确定基本点火提前角，最后根据有关传感器（冷却液温度传感器修正点火提前角等）的信号确定修正点火提前角，这三项点火提前角的代数和即为实际的最佳点火提前角，如图 4-2-3 所示。在发动机正常工作的工况中，最佳点火提前角也可用公式表达为

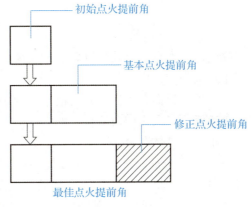

图 4-2-3 点火提前角的确定

最佳点火提前角 = 初始点火提前角 + 基本点火提前角 + 修正点火提前角

1）初始点火提前角

点火提前角的确定是很复杂的，需要通过大量的反复实验，不同的发动机初始点火提前角的大小是不同的。一般来讲，为了控制点火正时，电控单元（ECU）根据上止点位置来确定点火提前角。在一些电控点火系统中，有些发动机电控单元把 G1 或 G2 信号后第一个 Ne 过零点信号定为压缩行程上止点前 10°，并以这个角度作为点火正时计算的基准点，称之为初始点火提前角。

2）基本点火提前角

发动机正常运转时，电子控制单元按怠速工况和非怠速工况两种情况确定基本点火提前角。

发动机处于怠速工况时，电控单元根据节气门位置信号（怠速触点闭合信号）、发动机转速信号 Ne 及空调开关信号来共同确定基本点火提前角。

发动机处于非怠速工况时，电控单元根据发动机转速和节气门位置及空气流量传感器信号，从 ECU 存储器中的点火提前角数据表中查出相应的基本点火提前角去控制点火时刻。对于每种发动机都会通过实验的方式确定其基本点火提前角，并以数据表的形式储存在 ECU 中，如图 4-2-4（a）所示。如果以图的形式绘制出来便得到三维脉谱图，如图 4-2-4（b）所示。

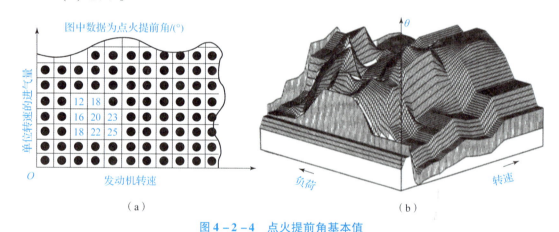

图 4-2-4 点火提前角基本值
（a）点火提前角数表模型；（b）点火提前角三维脉谱图

3）修正点火提前角

除确定基本点火提前角的转速和负荷信号以外，其他对点火提前角有影响的因素均要纳入修正点火提前角中。

电控单元根据有关传感器的信号，分别给出对应的修正值，它们的代数和就是修正点火提前角。修正点火提前角所包含的修正值有暖机修正、过热修正、空燃比反馈修正、怠速稳定性修正等，具体内容如下：

（1）暖机修正。发动机冷机起动后，冷却液温度较低且汽油雾化不良，此时应增大点火提前角；在暖机过程中，随冷却液温度的升高，点火提前角修正值逐渐减小，如图 4-2-5 所示。修正值的变化规律及大小与发动机暖机修正的主要控制信号（如冷却液温度信号、空气流量信号、节气门位置信号等）有关。

（2）过热修正。发动机处于正常运行工况时（怠速触点断开）若冷却液温度过高，则很可能发动机爆燃，此时应将点火提前角适当推迟。而在发动机处于怠速工况时（怠速触点闭合），若冷却液温度过高，则为了避免发动机长时间过热，应将点火提前角增大（提高发动机的转速）。过热时需修正的主要控制信号有冷却液温度信号、节气门位置信号等，如图4-2-6所示。

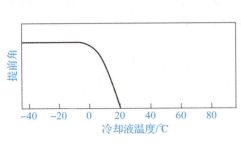

图4-2-5 暖机修正

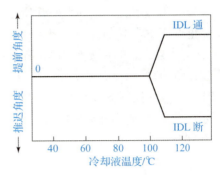

图4-2-6 过热修正

（3）空燃比反馈修正。现在的发动机都装有氧传感器，ECU根据氧传感器反馈出来的电压对空燃比进行修正。随着修正喷油量的增加或减少，发动机转速在一定范围内波动。

为了提高怠速的稳定性，在反馈修正油量减少时，点火提前角会适当地增加。空燃比反馈修正的控制信号主要有氧传感器信号、节气门位置信号、冷却液温度信号、车速信号等，如图4-2-7所示。

（4）怠速稳定性修正。发动机在怠速工况运行时，由于负荷变化使发动机转速发生变化，电控单元要调整点火提前角，使发动机在规定的怠速转速内稳定运转。发动机处于怠速工况时，电控单元不断地计算发动机的平均转速，当发动机的转速低于规定的怠速转速时，电控单元根据实际转速与目标转速差值的大小相应地增大点火提前角；当发动机转速高于目标转速时，则减小点火提前角调节范围，怠速转速调节一般在±20 r/min，怠速稳定性修正的控制信号主要有发动机转速信号、节气门位置信号、车速信号和空调信号等，如图4-2-8所示。

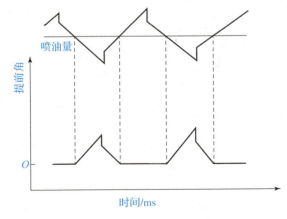

图4-2-7 空燃比反馈修正

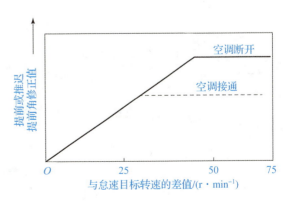

图4-2-8 怠速稳定性修正

应当注意的是，发动机的修正点火提前角不是没有限制的，最大和最小点火提前角的一般范围是：最大点火提前角35°~45°，最小点火提前角-10°~0°。

4）点火提前角的控制原理

以四缸发动机点火时刻控制来说明ECU对点火提前角的控制，其控制过程如图4-2-9所示。设四缸发动机的气缸判别信号在上止点前105°时产生，发动机转速为2 000 r/min时，最佳点火提前角为上止点前30°。当ECU接收到凸轮轴位置传感器信号时，表明某缸活塞处于压缩上止点前105°位置，如图4-2-9（a）所示。ECU从接收到凸轮轴位置传感器信号后5°开始[计数开始的信号称为基准信号，由ECU内部电路控制，对曲轴位置传感器输入的转速和转角信号（1°信号）]进行计数，如图4-2-9（b）所示。当ECU计数到第71个1°信号时，向点火控制器发出指令，即IG_t信号，使功率晶体管截止，如图4-2-9（c）、（d）所示，切断点火线圈初级电流，使次级线圈产生高压电并送至火花塞跳火，所以点火提前角为105°-5°-70°=30°。

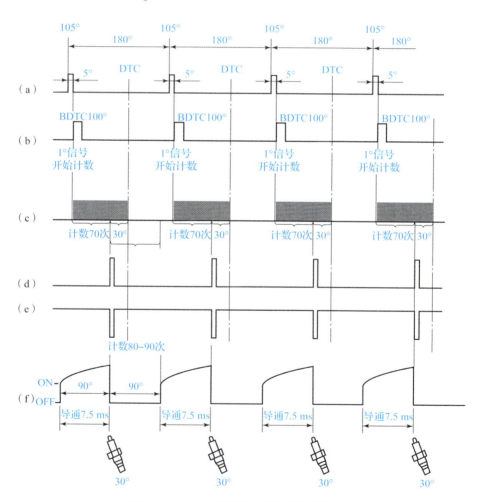

图4-2-9 点火提前角与闭合角控制过程

（a）凸轮轴位置传感器G信号；（b）基准信号；（c）曲轴位置传感器Ne信号；（d）IG_t信号；（e）IG_f信号；（f）点火线圈初级电流

在点火系统完成正常点火的同时,电子点火器向发动机电控单元发出点火确认信号,即将点火线圈初级电路的通、断信号反馈给发动机电控单元。在发动机做功过程中,当 IG_f 信号连续 3~5 次无反馈信号时,电控单元则判断为点火系统有故障,发出指令强制停止喷油器工作,以免造成缸内油过多以致再次起动难或加大三元催化剂系统负荷。

4.2.2 闭合角的控制

对闭合角进行控制时,在 ECU 的内存中存储了根据发动机转速和电源电压确定的闭合角三维数据图谱,如图 4-2-10 所示。在发动机的实际工况中,ECU 通过查找图谱中的数据,就可以计算出最佳点火提前角。例如,如果电源电压为 14 V,则大功率晶体管导通时间为 8 ms,若此时发动机转速为 2 000 r/min,则导通 8 ms 相当于曲轴转角:

$$\frac{360° \times 2\,000}{60} \times \frac{8}{1\,000} = 96°$$

即在这种状况下,大功率晶体管从导通到截止必须保持 96°的曲轴转角,也即闭合角为 96°。又因四缸发动机的做功间隔为 180°,即大功率晶体管截止到下一次截止为 180°,在此期间大功率晶体管截止时,曲轴转角为 180°-96°=84°,那么微型计算机从大功率晶体管截止时开始计数 84 个 1°信号,计完 84 个 1°信号时大功率晶体管开始导通,即初级电流开始导通。

4.2.3 点火能量的控制

1. 通电时间控制

为了使混合气可靠点燃,火花端产生的火花应具备一定的能量。按点火能量的储存方式,汽油机点火系统可分为电感储能式(电感放电式)和电容储能式(电容放电式)两大类。对于电感储能式电控点火系统,在点火线圈一定的条件下,点火能量的大小主要取决于初级电流的大小。

对于电感储能式电控点火系统,当点火线圈的初级线圈被接通后,通过线圈的电流是按指数规律增大的。初级线圈被断开瞬间所能达到的断开电流值与初级线圈接通时间长短有关。只有通电时间达到一定值时,初级电流才可能达到饱和。换句话来描述,只有通电时间达到一定值时,点火线圈的储能才能保证在次级感应出来的高压电能够充分地点火,所以次级线圈高压的最大值与初级断开电流成正比,为了获得足够的点火能量,必须使初级电流达到饱和,如某八缸发动机,急速时点火模块使初级电路通电闭合 15°曲轴转角,而高速时增加到 32°曲轴转角。

当然如果通电时间过长,点火线圈又会发热并增大电能消耗。要兼顾上述两方面的要求,就必须对点火线圈初级电路的通电时间进行控制。

点火线圈初级通电时间控制也就是通常所说的闭合角控制,也可简称为通电时间。

所谓闭合角是指在点火线圈的初级线圈通电时,对应曲轴所转过的角度。一般在传统点火系统中将此处的控制称为闭合角控制,而在微机控制点火系统中多称为初级线圈通电时间的控制。

影响初级线圈通过电流时间长短的主要因素有发动机转速和蓄电池电压。为了保证在不同的蓄电池供电电压和不同的转速下都具有相同的初级断开电流，保证感应次级电压的稳定，ECU 根据蓄电池与发动机传来的电压与转速信号，从 ECU 中存储的闭合角数据表中查出相应的数值，对闭合角进行控制，也就控制了点火线圈的初级通电时间。

发动机转速较高时，适当增加初级线圈通电时间（增大闭合角），以防止初级线圈通过的电流值下降造成次级高压下降、点火困难。当蓄电池电压下降时，也应适当增大闭合角，保证足够的通电时间，保证次级感应电压。闭合角控制的三维脉谱图如图 4 - 2 - 10 所示。

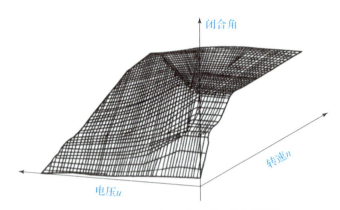

图 4 - 2 - 10　闭合角控制的三维脉谱图

2. 点火线圈的恒流控制

在电控点火系统中，为了减小转速对次级电压的影响，提高点火能量，采用了初级线圈电阻很小的高能点火线圈，其初级电流最高可达 30 A 以上。为了防止初级电流过大烧坏点火线圈，在电控点火系统的点火控制电路中增加了恒流控制电路，保证在任何转速下初级电流均为规定值（7 A），这样既能改善点火性能，又能防止初级电流过大而烧坏点火线圈。恒流控制电路如图 4 - 2 - 11 所示。恒流控制的基本方法是：在点火器功率晶体管的输出回路中增设一个电流检测电阻，用电流在该电阻上形成的电压降反馈控制晶体管的基极电流，只要这种反馈为负反馈就可使晶体管的集电极电流稳定，从而实现恒流控制。

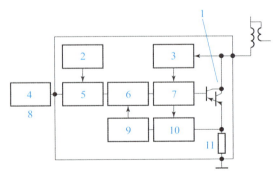

1—功率晶体管；2—偏流回路；3—过压保护回路；4—传感器；5—波形整形回路；6—通电率发生回路；7—放大回路；8—点火器；9—通电率控制回路；10—恒流控制回路；11—电流检测电阻。

图 4 - 2 - 11　恒流控制电路

4.2.4 爆燃控制系统

1. 爆燃危害与产生原因

爆燃是汽油机工作时的一种不正常燃烧现象，在正常火焰传播的过程中，处在最后燃烧位置上那部分未燃混合气（常称为末端混合气）进一步受到压缩和热辐射的作用，加速了先期反应。如果在火焰前锋尚未到达之前，末端混合气已经自燃，则这部分混合气燃烧速度极快，火焰速度可达每秒百米甚至数百米以上，使燃烧室内的局部压力、温度很高，并伴随有冲击波。

压力冲击波反复撞壁发出尖锐的敲缸声，严重时会破坏附着在气缸壁表面的气膜和油膜，使传热增加。气缸盖和活塞顶温度升高冷却液过热，汽油机功率下降，耗油率增加，甚至出现活塞、气门烧坏，轴瓦破裂，火花塞绝缘体破坏，润滑油氧化成胶质，活塞环卡死在环槽内等故障。因此，爆燃是汽油机运行过程中产生的一种危害最大的故障现象，汽油机工作时，应对爆燃加以控制。

汽油机运行时产生爆燃的具体原因通常有以下几方面：

（1）积炭聚集过多。发动机燃烧室内积炭过多，其容积相对变小，致使压缩比相应变大，积炭的蓄热和不导热性使可燃混合气由于炽热提前燃烧，同时会降低混合气在压缩终了时产生的涡流强度延长了燃烧时间，增大了自燃倾向，故而极易诱发爆燃的产生。

（2）发动机过热。当发动机长期处于大功率、超负荷工况或低挡高速连续行驶时，尤其是在炎热的夏季，外界气温高，机件散热不良，容易造成发动机过热。当过热故障较严重且得不到及时改善时，可燃混合气在进入燃烧室的同时会被预热，造成局部混合气混合度过高，提前达到着火点，等不到燃油的正常点燃就自行燃烧，从而引发爆燃。

（3）燃油使用不当。汽油的牌号越低，其抗爆性能越差，存放过久或密封不良的汽油辛烷值会自然降低，其抗爆性能变差。若被误用，容易使混合气燃烧不完全，先燃的混合气部分膨胀，压缩其余未燃的混合气，使其达到自燃温度，瞬间突然全部起火而导致高压爆炸性燃烧。

2. 爆燃的控制与爆燃传感器

点火提前角是影响爆燃的主要因素之一，推迟点火（即减小点火提前角）是消除爆燃的最有效措施。在无爆燃控制的传统点火系统中，为防止爆燃的产生，其点火时刻的设定必须远离爆燃边缘，必然会导致发动机的动力性、经济性不能达到最佳状态，从最佳点火提前角控制原理中可知，为了最大限度地发挥汽油机的功率，应把点火提前角控制在接近临界爆燃点，同时又不能使发动机发生爆燃的现象。想控制点火系统达到这样的性能要求，除了必须采用电子控制（ECU 控制）的点火系统外，还必须对点火提前角采用爆燃反馈（闭环）控制。

爆燃控制系统实际上就是在发动机的机体上加装了爆燃传感器的点火控制系统，或者说，是带有爆燃传感器的点火提前角闭环控制系统。爆燃控制系统组成与爆燃控制过程如图 4-2-12 所示，ECU 在接收到爆燃产生信号后，根据其中存储的数据，相应减小点火提前角（ESA 点火提前角控制），同时，ECU 也会监控其他传感器的信号，对点火提前角进行修正。

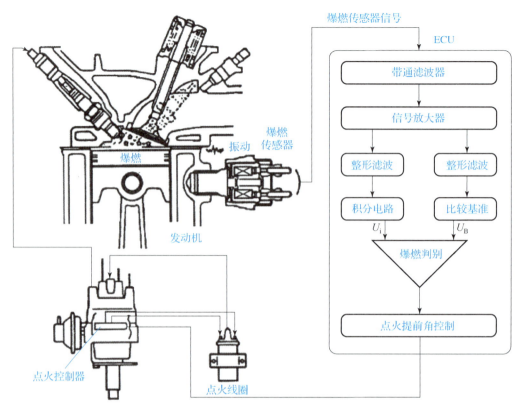

图 4-2-12 爆燃控制系统组成与爆燃控制过程

爆燃传感器把缸体的振动转换成电信号输入 ECU，ECU 把爆燃传感器输出的信号进行过滤处理，同时判定有无爆燃以及爆燃的强弱，进而去推迟点火时间，当有爆燃信号输入 ECU 时，点火控制系统采用闭环控制方式，爆燃强，推迟点火角度大；爆燃弱，推迟点火角度小，并在原点火提前角的基础上推迟点火提前角，直到爆燃消失为止。但当爆燃消失后，控制系统会在一段时间内维持当前的点火提前角。如果没有爆燃发生，则系统会控制点火提前角逐步增加，直到爆燃发生。当发动机再次出现爆燃时，ECU 又使点火提前角再次推迟，调整过程如此不断循环进行。

其爆燃反馈控制过程可以用下列循环表示：发动机出现爆燃（信号）→ECU→推迟点火→爆燃停止→ECU→点火逐步提前→出现爆燃，不断往复循环进行。图 4-2-13 所示为爆燃的判别与控制过程，在控制中，信号处理与发出是通过 ECU 进行的。

发动机爆燃的检测可以分为气缸压力检测、燃烧噪声检测和发动机缸体振动检测 3 种。其中，燃烧噪声检测是一种非接触式检测方法，其耐久性好，但精度和灵敏度偏低；气缸压力检测方法精度最高但传感器的耐久性差，安装困难；发动机缸体振动检测，也称缸壁振动型检测方法，这种检测方法具有较高的检测精度，传感器安装方便灵活，耐久性也较好，是目前比较常用的爆燃检测方法。

利用缸体振动检测方法监测爆燃时，所使用的爆燃传感器安装在发动机缸体上，常见的爆燃传感器有两种：一种是压电式爆燃传感器，另一种是磁致伸缩式爆燃传感器。

1）压电式爆燃传感器

压电式爆燃传感器是利用晶体或陶瓷多晶体的压电效应而工作的，也有一些传感器使用

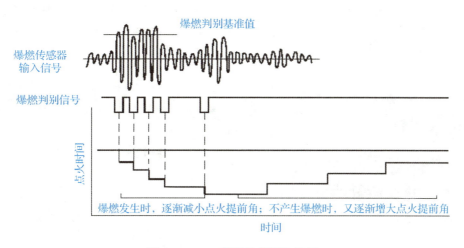

图 4-2-13 爆燃的判别与控制

硅材料作为压电材料。这里所说的压电效应是指某些晶体的薄片受到压力或机械振动之后产生电荷的现象。

目前,国内外大多数汽车微机控制点火系统都采用了非共振型压电式爆燃传感器。压电式爆燃传感器的结构如图 4-2-14 所示,主要由套筒底座、压电元件、惯性配重、塑料壳体和接线插座等组成。

压电元件是爆燃传感器的主要部件,由压电材料制成垫圈形状,在其两个侧面安放有金属热圈作为电极并用导线将其引到接线插座上。惯性配重与压电元件以及压电元件与传感器套筒之间安放有绝缘垫圈,套筒中心制作有螺孔,传感器用螺栓安装并固定在发动机缸体上,调整螺栓的拧紧力矩便可调整传感器输出的信号电压 [注意:传感器的输出特性出厂时已经调好,使用中拧紧力矩不得随意调整,如捷达 AT、GTx 型、桑塔纳 2000GSI、3000 型轿车的标准拧紧力矩为 (25±5)N·m]。惯性配重与塑料

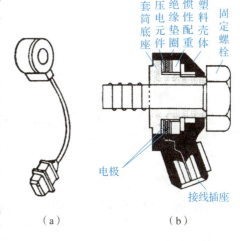

图 4-2-14 压电式爆燃传感器的结构
(a) 传感器外形;(b) 内部结构

壳体之间安装有盘形弹簧,借弹簧张力将惯性配重、压电元件和垫圈等部件压紧在一起。

压电式爆燃传感器也可制作成共振型爆燃传感器,其结构与非共振型基本相间,不同的是在壳体内设有一个共振体。

惯性配重用来传递发动机振动产生的惯性力,当发动机缸体产生振动时,传感器套筒底座及惯性配重随之产生振动,套筒底座和配重的振动作用在压电元件上,由压电效应可知,压电元件的信号输出端就会输出与振动频率和振动强度有关的交变电压信号,如图 4-2-15 所示。

实验证明:发动机爆燃产生的压力冲击波频率为 6~9 kHz 时振动度较大,所以信号电压较高,发动机转速越高,信号电压幅值越大。

发动机爆燃是在活塞运行到压缩上止点前后产生的,此时缸体振动强度最大,所以爆燃

传感器在活塞运行到压缩上止点前后产生的输出电压较高。爆燃传感器输出信号与曲轴转角的对应关系如图 4-2-16 所示，传感器的灵敏度约为 20 mV/g（$g = 9.8 \text{ m/s}^2$）。

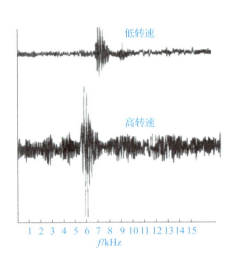

图 4-2-15 转速不同时压电式非共振型爆燃传感器的输出波形

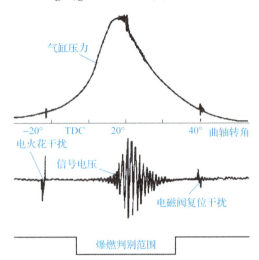

图 4-2-16 爆燃传感器输出信号与曲轴转角的对应关系

2）磁致伸缩式爆燃传感器

磁致伸缩式爆燃传感器属于共振型传感器，其结构如图 4-2-17 所示，其内部有永磁铁、靠永磁铁励磁的强磁性铁芯以及铁芯周围的线圈。其工作原理是：当发动机的气缸体发生振动时，该传感器在 7 kHz 左右处与发动机产生共振，强磁性材料铁芯随之振动，致使永磁铁穿过铁芯的磁通密度也发生变化，从而在铁芯周围的绕组中产生感应电动势，并将这一电信号输入 ECU。

3）压力检测式爆燃传感器

直接检测燃烧压力来检测发动机爆燃是测量精度最高的测量方法，但传感器安装困难且耐久性较差，汽车使用的是一种间接检测燃烧压力的方法，检测燃烧压力的传感器安装在火花塞垫圈下面，如图 4-2-18 所示。这种传感器又称为垫圈式爆燃传感器，奥迪轿车采用过这种传感器。

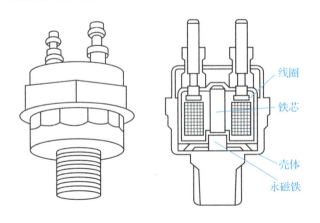

图 4-2-17 磁致伸缩式爆燃传感器的结构

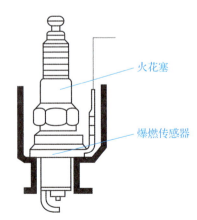

图 4-2-18 垫圈式爆燃传感器的结构

垫圈式爆燃传感器是一种非共振型压电效应式传感器，其结构原理与前述压电式爆燃传感器类似。传感器安装在火花塞垫圈与发动机气缸盖之间，燃烧压力作用到火花塞上，经过火花塞垫圈再传递给传感器。作用力变化时，传感器信号电压也随之变化，从而间接地测量到了燃烧压力。

4.2.5 电控点火新技术

1. 汽车发动机双点火技术介绍

双点火是一种用于火花点火发动机的系统，其中关键的点火部件如火花塞都是重复的。双点火有两个优点：一个是点火系统发生故障时的冗余；另一个是在燃烧室内更有效地燃烧燃料 - 空气混合物。双火花塞点火系统是在半球形燃烧室两侧对称布置两个同型号火花塞，这两个火花塞与燃烧室中心的距离相等，发动机怠速或低速运行时仍采用单火花塞点火；正常工作后，两个火花塞同时点火，不仅火焰传播距离缩短了一半，而且两个火花塞同时着火爆炸燃烧，急速形成较强烈的涡流，大幅度加快了火焰的传播速度。

双点火系统通常每个气缸有双火花塞，并且发动机具有至少两个点火电路，双点火通过起动双火焰提高发动机效率，提供更快、更完全的燃烧，从而增加功率。

2. 双火花塞点火的突出优点

使用双火花塞点火系统后，有以下突出优点：

（1）根据能量转化的原理，混合气在压缩到上止点时点火，并瞬间燃烧干净，热量利用率最高。采用双火花塞点火后，两个火花塞同时点火使混合气爆炸燃烧，急速形成较强烈的涡流，大幅度加快了火焰的传播速度，同时火焰传播距离缩短1/2，燃烧所用的时间也相应缩短，大幅度提高了热量利用率。

（2）由于燃烧时间缩短，最大扭矩的点火提前角可以显著推迟，因此，点火时，燃烧室混合气的温度和压力都较高，有利于着火和速燃。

（3）混合气在燃烧室内无论在空间和时间上都是不均匀的，因此存在电火花点火的着火概率问题，而两个火花塞同时点火可使着火概率提高一倍。在稀燃发动机中，利用双火花塞的高能点火也是有利的。

（4）可实现稳定燃烧。

上述的四个优点带来的结果，会使发动机的油耗和排放大幅度降低。

3. 双火花塞点火技术的应用

以本田飞度为例，介绍双点火技术的应用。

本田飞度发动机所采用的技术被称为 i - DSI（Intelligent Dual Sequential Ignition），译为智能双顺序点火系统，也可以称为双火花塞点火技术，就是每个气缸的两个火花塞按对称形式布置，分别设在排气侧和进气侧，再通过发动机 ECU 智能控制两个火花塞的点火时间，提高混合气的燃烧效率，以满足不同工况下的扭矩和功率的输出。本田在 1.3 L 飞度上使用的 i - DSI 双火花塞技术，不仅能有效控制发动机制造成本，还能优化发动机舱的设计布局，提高空间利用率。

除本田外，宝马、奔驰、克莱斯勒等车企均使用过此项技术。双火花塞技术最早出现于飞机发动机上，直到20世纪70年代才在汽油发动机上开始使用。比如阿尔法罗密欧1987—2002年所生产的GTV、155、146等车型；克莱斯勒2011—2015年所生产的克莱斯勒300；道奇挑战者和1993年生产的福特野马；Jeep指挥官和大切诺基；迈巴赫57和62车型；奔驰E55 AMG；保时捷1998年所生产的911车型以及本田思域等车型。

任务4.3 电控点火控制系统检修

素质目标

1. 具备沟通交流能力、团结协作能力。
2. 遵守操作规范，强化安全意识。
3. 具备精益求精的工匠精神。
4. 自觉遵守"8S"工作要求。

知识目标

1. 了解常见车型典型点火系统的特点。
2. 掌握常见车型典型点火系统的基本构成、工作原理及控制电路的分析方法。
3. 掌握常见车型典型点火系统控制电路及元件的检测方法。
4. 掌握常见车型典型点火系统的故障诊断与排除方法。

技能目标

1. 能通过与客户交流、查阅相关维修技术资料等方式获取车辆信息。
2. 能使用万用表、故障诊断仪、示波器及发动机综合分析仪等常用检测和诊断设备对ECU控制点火系统进行检测。
3. 能按照正确操作规范进行传感器、执行器和控制器的更换。
4. 能进行系统匹配设定，能对发动机进行测试、检查和评估ECU控制点火系统的修复质量。
5. 能识读常见车型ECU控制点火系统电路。

任务分析

目前电控点火控制技术已经可以满足现代高速发动机对点火系统较高的点火能量和较高的击穿电压的要求，可以实现点火时刻与发动机运行工况更好地匹配，能够实现对点火系统更加优化的集中控制功能，更好地满足对发动机动力性和经济性的要求。因此现在各大汽车企业都采用了电控点火系统。由于各个汽车企业技术特点不尽相同，所以本次任务主要介绍常见车型典型电控点火系统检修的相关知识。

任务讲解

曲轴及凸轮轴位置
传感器的检测

4.3.1 大众车系点火系统

1. 桑塔纳 2000GSi 点火系统

桑塔纳 2000GSi 点火系统的控制电路如图 4-3-1 所示，采用双缸同时点火方式，涉及的主要传感器有凸轮轴位置传感器（CMP）、曲轴位置传感器（CKP）和爆燃传感器，CMP 霍尔式凸轮轴位置传感器位于凸轮轴正时轮后侧，在磁铁与霍尔元件之间有一个 1/2 断续环，（挡磁叶片有 1/2 断续环）转一圈可产生两个信号，即上升沿信号和下降沿信号，如图 4-3-2 所示。上升信号是由 0 V 变为 12 V，下降沿信号是由 12 V 变为 0 V，上升信号是检测 1 缸压缩上止点、4 缸排气上止点，下降信号是检测 1 缸排气上止点、4 缸压缩上止点。

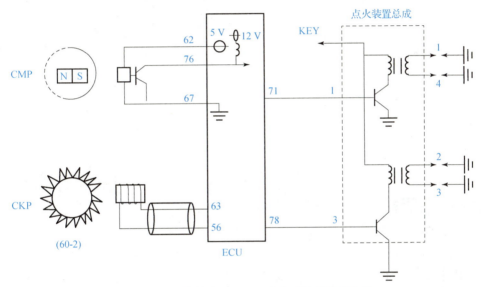

图 4-3-1 桑塔纳 2000GSi 点火系统的控制电路

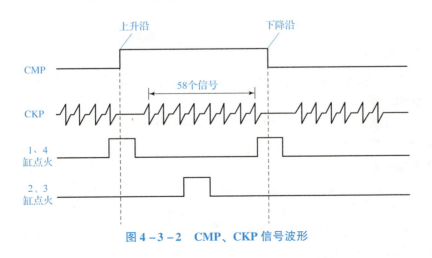

图 4-3-2 CMP、CKP 信号波形

CKP 磁感应式传感器位于缸体左下侧,信号齿有 (60-2) 个齿,60 齿信号计算曲轴转角和发动机的转速,缺齿处信号为 1、4 缸上止点信号,ECU 根据此信号发出第一个点火信号,使 1、4 缸先点火。

2. 帕萨特 B5 1.8T 的点火系统（ANQ 型发动机）

帕萨特 B5 1.8T 的点火系统（ANQ 型发动机）电路如图 4-3-3 所示,发动机点火系统主要由点火线圈、火花塞、爆燃传感器、霍尔传感器等组成。发动机控制单元位于前风窗玻璃左下角,采用独立点火方式。

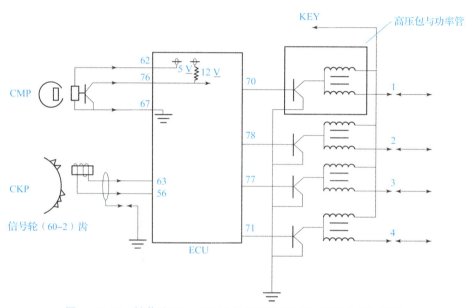

图 4-3-3　帕萨特 B5 1.8T 的点火系统（ANQ 型发动机）电路

点火系统的检测如下:

1) 霍尔传感器的检修

(1) 拔下霍尔传感器的三针插头,如图 4-3-4 所示。

(2) 用万用表测端子 1 和 3,打开点火开关,至少为 4.5 V。如果不在允许范围内,检查 ECU 到插座之间的导线。如在导线中未发现故障,且在三针插座端子 1 和 3 之间有电压,则更换霍尔传感器 G40;若在端子 1 和 3 之间无电压,则更换发动机 ECU。

2) 带功率终极端的点火线圈的检修

在检测时应保证蓄电池电压至少为 11.5 V,霍尔传感器正常,发动机转速传感器正常。

(1) 将点火线圈的功率终端极和三针插头拔下,用万用表测量中间的端子和接地点,打开点火开关,测量供电电压至少为 11.5 V。如果无电压,检查控制单元和三针插座之间的导线、端子 2 和继电器之间是否导通。

(2) 拔下喷油器插头及点火线圈终端的三针插座,用二极管灯连接于端子 1 和接地点之间,起动发动机,检查发动机控制单元的点火信号,二极管灯应闪烁,如果不闪烁,检查导线,如果未找到导线的故障,而在端子 2 和接地点间有电压,则更换发动机控制单元。

(3) 发动机转速传感器的检查。在检测时应保证蓄电池电压至少为 11.5 V;将发动机转速传感器的三针插头拔下,如图 4-3-5 所示。

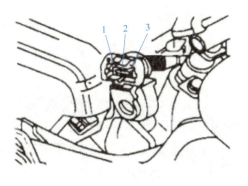

图 4-3-4 霍尔传感器的检修

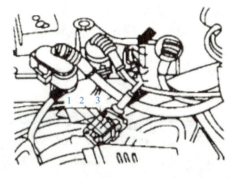

图 4-3-5 发动机转速传感器的检修

测量插座端子 1 和 2 之间，即传感器的电阻值，其允许值应为 480~1 000 Ω，否则检查传感器的导线是否有断路或短路。如果在导线中找不到故障，拆下传感器并将传感器轮固定，检查是否有损伤和端面跳动。若传感器损坏，则更换发动机转速传感器（G28）。若传感器无故障，则更换发动机控制单元。如果点火信号正常，则更换带功率终端极。

4.3.2 本田车系点火系统

1. 新款广州本田雅阁点火电路

新款广州本田雅阁点火电路如图 4-3-6 所示，它采用正触发点火，喷油器为高阻值，为无分电器式独立点火。此车采用三个传感器，分别为 CMP、TDC、CKP。传感器工作电压为 12 V，由继电器提供；信号电压为 5 V，由控制单元向传感器提供，传感器工作时信号电压为 0~5 V。

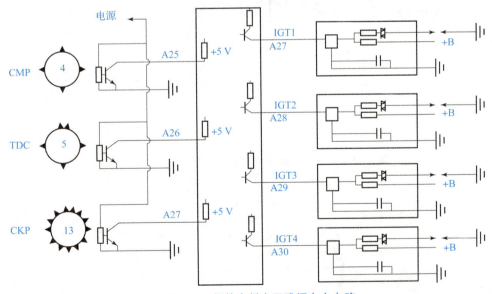

图 4-3-6 新款广州本田雅阁点火电路

TDC：在气缸盖上，由排气凸轮轴带动，此传感器有 5 个信号发生齿，相连的两个用来检测一缸上止点，此传感器用来控制喷油器和燃油的顺序喷射。

CMP：位于气缸盖上进气凸轮轴侧，由进气凸轮带动来检测各缸上止点。

CKP：位于曲轴带轮后方，为13齿，其中有两个齿相邻较近，用于检测1缸和4缸上止点，控制点火，精确计算曲轴转角。

4.3.3 日产四缸分电器点火电路

日产四缸分电器点火控制系统的控制电路如图4-3-7所示，由光电分电器、高压线圈、功率管、电阻电容等组成。分电器轴中间有一个遮光盘（图4-3-8），发光管和光敏管上下相对安装，如图4-3-9所示。盘外围有360个细缝，转一周产生360个信号，日产公司称之为1°信号，遮光盘内围有与气缸相对的缺口（缸口与缸数相同），日产公司称之为CMP 90°、60°或45°信号，其中一个缺口开度较大，产生一个较宽的脉冲，为1缸上止点信号，用来控制顺序喷射。功率管为铁壳和橡胶壳两种，位于高压包旁边，点火信号为0.7 V左右。电阻的作用是给仪表提供一个转速信号和给ECU提供点火成功信号，电容的作用是防干扰、滤波、消除自感，以防干扰电子元件。

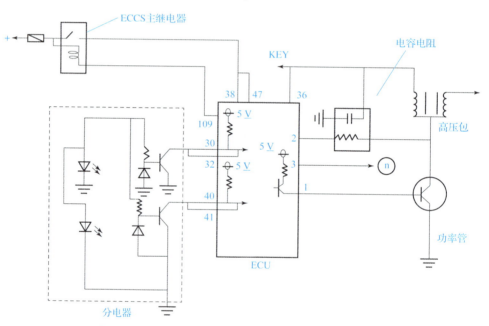

图4-3-7 日产四缸分电器点火控制系统的控制电路

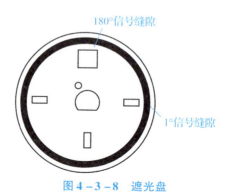

图4-3-8 遮光盘

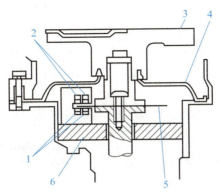

1—光敏二极管；2—发光二极管；3—分火头；4—密封盖；5—转盘；6—电路板。

图 4 – 3 – 9　遮光盘安装图

当起动时，ECU 任意收到一个 90°信号后就发出第一个点火信号，然后根据 1°信号计算出最精确的点火时间。同时，ECU 根据长脉冲（大缺口）判别 1 缸上止点，从 4 缸开始顺序喷射。

4.3.4　丰田车系点火系统

1. 丰田四缸机分电器点火电路

丰田四缸机分电器点火电路如图 4 – 3 – 10 所示，凸轮轴位置传感器和曲轴位置传感器都位于分电器内。

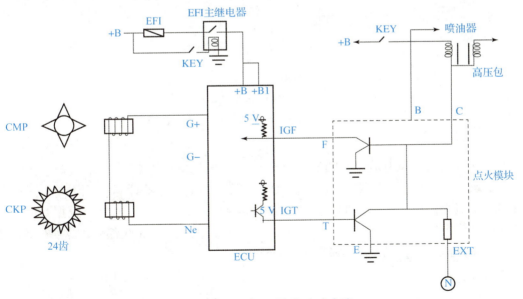

图 4 – 3 – 10　丰田四缸机点火电路

凸轮轴位置传感器（CMPS）为磁脉冲式，信号齿为 4 个，转一周产生 4 个脉冲信号，信号之间相差 90°，主要作用是用来判断各缸的上止点，位于分电器内。

曲轴位置传感器（CKPS）位于分电器内，为磁脉冲式，转动一周产生 24 个信号，

720°/24 = 30°，信号与信号之间为30°，然后再把30°平均分成30等份，即可求出1°信号，用于计算曲轴的转角。

当起动时，ECU检测到第一个G信号后会立刻发出第一个IGT信号，并且每隔180°发一个IGT信号，使发动机顺利起动。当发动机转速达400 r/min时，ECU开始根据各种传感器的修正，计算出最佳的点火提前角。

2. 丰田六缸机分电器点火电路

丰田六缸机分电器点火电路如图4-3-11所示。凸轮轴位置传感器（CMP）位于分电器内，为磁感应式，信号轮上有一个信号齿，但有两个信号线圈G1、G2分别检测出1缸和6缸上止点。

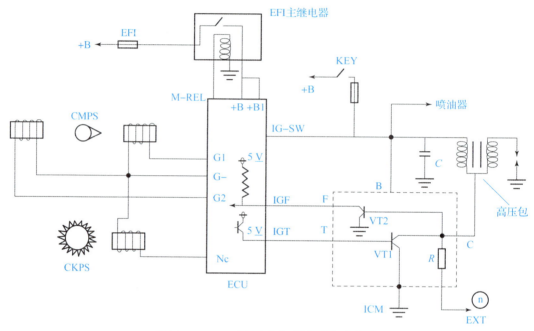

图4-3-11　丰田六缸机分电器点火电路

曲轴位置传感器（CKP）位于分电器内，为磁感应式，转动一周生产24个信号，可以计算曲轴的转角。

当起动时，无论ECU收到G1还是G2信号都会发出第一个IGT信号，此时分火头正好对准1缸或6缸，当第一次点火成功后，ECU会根据CKP传感器计算，每隔120°（曲轴角度）发一个点火信号，使发动机发动。当转速达400 r/min以上时，ECU再根据其他传感器的修正，计算出最佳的点火提前角。皇冠3.0、ES300、凯美瑞3.0都使用这种控制电路。G1、G2、Ne与G之间的阻值一般为205~325 Ω。

故障案例

案例1：2017年一汽大众迈腾B7轿车无法起动

故障现象：

一辆2017年一汽大众迈腾B7轿车车主反映汽车无法起动。

检修过程：

首先验证车主描述的故障现象。打开点火开关，仪表显示正常，能听到油泵运转的声音；起动及运转正常，但无任何着车征兆。根据故障现象，进行尾气检测，可初步判定气缸内没有混合气燃烧的迹象，初步判定故障在点火系统。

接下来用 X431 汽车智能诊断仪进行检测，读取发动机电控系统的故障码：

P0641 传感器参考电压"A"，断路；

根据故障码初步判定点火系统电路可能出现断路，用示波器检测点火波形，无点火信号，如图 4-3-12 所示。

图 4-3-12　点火波形检测

用万用表检测点火线圈 N70T4/1 供电端电压为 0.12 V，如图 4-3-13 所示无电压。

图 4-3-13　点火波形检测

根据检测结果，可知所有火花塞均无供电电压，未点火，大概率故障可能在公共电源。翻阅本款车型全车电路图，如图 4-3-14 及图 4-3-15 所示，找出控制点火线圈电路的熔丝为 SB10。

经检测 SB10 一端电压正常，另外一端电压始终为 0，可判断熔丝断路故障。

故障排除：

更换熔丝后故障排除，发动机可正常起动。

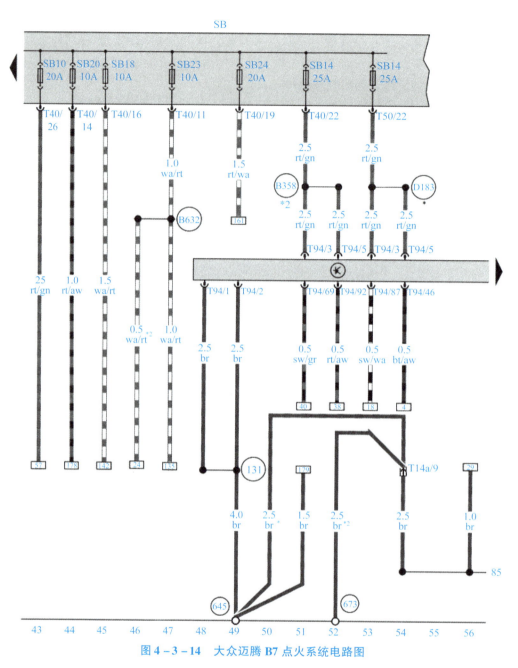

图 4-3-14 大众迈腾 B7 点火系统电路图

案例 2：2017 年一汽大众迈腾 B7 轿车怠速运转时抖动

故障现象：

一辆 2017 年上海大众迈腾 B7 轿车车主反映：该车起动以后，发动机怠速运转时感受到车辆抖动，车辆在行驶过程中加速不良，但汽车仪表盘并没有指示灯亮起。

检修过程：

首先验证车主描述的故障现象。起动发动机，感受到发动机怠速抖动，运转不良。路试车辆时，发现发动机加速不良。

接下来用 X431 汽车智能诊断仪进行检测，读取发动机电控系统的故障码：

P0300 检测到失火；

P0301 气缸 1 检测到失火。

根据故障码提示，初步判断发动机气缸失火。

从故障码提供的信息，针对 1 缸点火系统电路进行检测。首先查阅迈腾轿车点火系统的电路图，如图 4-3-15 所示。

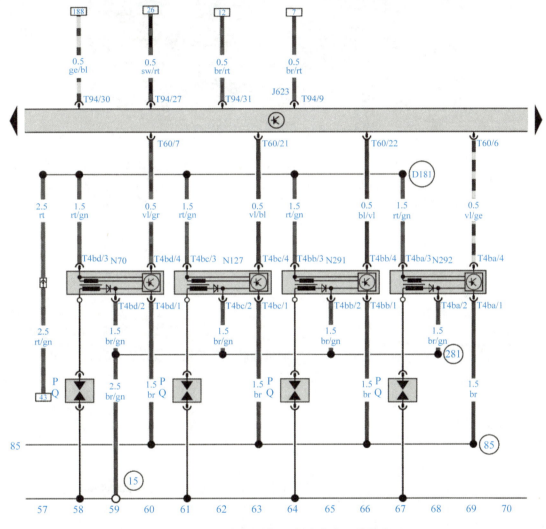

图 4-3-15　大众迈腾 B7 轿车点火系统电路图

通过电路图（图 4-3-15）发现 1 缸点火线圈 N70 的 4 个针脚分别为 T4/1—通过红/绿导线作为点火线圈的供电端子；T4/2—通过棕色导线作为点火线圈接地端子；T4/3—通过蓝/灰导线作为连接发动机控制单元 J623；T4/4—通过棕/绿导线作为点火线圈接地端子。

闭合点火开关，用万用表测量供电端电压为 11.92 V，如图 4-3-16 所示，点火线圈供电正常。

图 4-3-16 点火系统供电电压检测

断开点火开关,拔下 1 缸点火线圈插头,测量 T4/2 和 T4/4 端子均接地正常。断开蓄电池负极,拔下发动机控制单元 J623 的 T60 端子,检查信号线不存在断路故障。仔细检查测量点火线圈的 T4/3 端子和发动机控制单元 J623 的 T60 端子,未发现异常现象。接下来判断点火线圈和发动机控制单元。首先把 1 缸和 2 缸点火线圈调换,重新起动发动机,读取故障码,发现故障码随着点火线圈的调换而发生了转移,由此断定故障点应该在 1 缸点火线圈 N70。故障码为:

P0300 检测到失火;

P0301 气缸 2 检测到失火。

故障排除:

更换新的点火线圈。重新起动车,待发动机运转平稳后读取故障码和数据流,发现发动机怠速稳定,解码器读取的电控系统数据正常,无故障码,路试车辆一切正常,至此故障排除。

自我评价

一、填空题

1. 发动机转速升高时,燃烧所占的曲轴转角_____,点火正时应该随之_____。
2. 爆燃是由于燃烧过程末端混合气的_____造成的。
3. 点火提前角一般不超过_____度。
4. 发动机起动后正常运转时点火提前角由_____、_____、和_____三部分组成。
5. 发动机出现爆燃时,ECU 会根据爆燃传感器信号大小或者频率来判断爆燃的强度,并对点火提前角进行适当_____。
6. 点火系统分为_____、_____和_____。
7. 对点火系统的基本要求_____;
8. 从火花塞跳火到气缸内活塞运行到上止点转过的角度叫作_____。

9. 信号发生器_____作用是触发，按结构原理可分_____信号发生器、_____信号发生器和_____信号发生器三种。

10. 单独点火方式是为每一缸的火花塞配一个_____，点火控制器中的大功率晶体管控制每一个初级绕组的_____。

11. 电控点火系统一般由电源_____等组成。

12. 点火提前角控制可分为_____点火提前角控制和_____点火提前角控制。

13. 电控点火系统主要用来控制发动机的_____及_____。

14. 无分电器电控点火系统分为_____。

15. 爆燃传感器一般安装在_____，其功用是_____。

16. 爆燃控制利用爆燃传感器检测是否发生爆燃，有爆燃则点火时刻_____，无爆燃则_____，使点火时刻在任何工况都保持最佳值，从而实现点火时刻闭环控制。

17. 爆燃和点火时刻有关，与汽油的_____有关。

18. 不同的发动机控制系统中，对点火提前角的修正项目和修正方法也不同。主要修正项目有_____、_____、_____三种。

19. IGT 为信号_____，IGF 为信号_____。

二、选择题

1. 电子控制点火系统由_____直接驱动点火线圈进行点火。
   A. ECU　　　　　　B. 点火控制器　　　　C. 分电器　　　　　　D. 转速信号

2. 点火闭合角主要是通过_____加以控制的。
   A. 通电电流　　　　B. 通电时间　　　　　C. 通电电压　　　　　D. 通电速度

3. 一般来说，缺少了_____信号，电子点火系统将不能点火。
   A. 进气量　　　　　B. 水温　　　　　　　C. 转速　　　　　　　D. 上止点

4. Ne 信号指发动机_____信号。
   A. 凸轮轴转角　　　B. 车速传感器　　　　C. 曲轴转角　　　　　D. 空调开关

5. 起动时点火提前角是固定的，一般为_____左右。
   A. 15°　　　　　　B. 10°　　　　　　　C. 30°　　　　　　　D. 20°

三、判断题

1. 发动机的最佳点火时间是活塞到达压缩行程上止点时。（　　）
2. 发动机起动时，按 ECU 内存储的初始点火提前角对点火提前角进行控制。（　　）
3. 火花塞热值数字越大，火花塞越冷。（　　）
4. 发动机的转速越高，点火提前角应越大；发动机的负荷越小，点火提前角应越小。（　　）
5. 爆燃传感器能推迟点火时间直到爆燃消失。（　　）
6. 初级电流刚好接通时，火花塞产生火花。（　　）
7. 过大的初级电路电阻会降低次级电压。（　　）
8. 要使发动机输出最大功率，就应在活塞到达上止点的那一时刻点燃混合气。（　　）
9. 点火过早会使发动机过热。（　　）

四、简答题

1. 影响发动机点火提前角的因素有哪些？
2. 发动机爆燃产生的原因是什么？爆燃应该怎样控制？
3. 电控点火系统的主要优点有哪些？
4. 发动机起动后在正常工况下运转时，控制点火提前角的信号主要有哪些？

项目五

排放控制系统

项目导读

随着我国经济的飞速发展、人们生活水平的日益提高,汽车几乎走进了每个家庭。汽车给我们提供了很多方便,加快了我们工作、生活、学习的节奏,但同时也给我们带来了许多负面的影响。其中最大的负面影响,便是燃油汽车排放污染物对环境的污染。为保护环境,各个国家出台了一系列的法律法规以严格出厂车辆的排放要求。企业为响应国家政策、使出厂车辆符合政策要求的排放标准,在汽车排放控制技术上投入了大量的人力物力,开发出了一套较为完善的排放控制系统,成了汽车上不可缺少的一大系统,也成了广大从事汽修专业人员必须了解与掌握的知识。

为了让学习者更好地了解汽车排放控制系统并掌握相关检修技术,本项目将从燃油蒸发控制系统、二次空气喷射系统、废气再循环系统等当前常采用汽车排放控制系统的作用、组成、工作原理及检修进行详细阐述。

思维导图

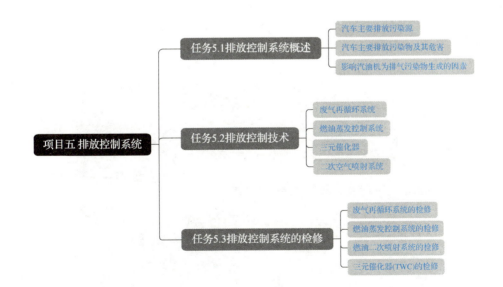

任务 5.1　排放控制系统概述

素质目标

1. 培养环保意识。
2. 培养团结协作能力。
3. 培养辩证思维。

知识目标

1. 掌握汽车的主要排放污染物。
2. 了解汽车主要排放污染物的危害。
3. 掌握汽车主要排放污染源。
4. 掌握汽油机排放污染物生成的影响因素。

技能目标

1. 能通过查阅相关资料,获得汽油机结构参数对汽车排放污染物的影响。
2. 能根据汽车各种排放污染物的特点进行精确判断并知晓其对应的危害。

任务分析

随着我国人民生活水平的提高,我国汽车的保有量也随之增大。据公安部统计,截至 2022 年 9 月底,全国机动车保有量达 4.12 亿辆,其中汽车 3.15 亿辆。面对如此巨大数量的汽车,其排放污染物带来的环境问题已然成为我国必须面对的首要社会问题。通过本任务的学习,让学生深刻认识到汽车排放污染物对环境的危害,加强学生环保意识,同时使学生掌握汽车的主要排放污染物、产生途径以及影响排放污染物生成的因素,为后续汽车排放控制系统的学习打下良好铺垫。汽车污染如图 5-1-1 所示。

图 5-1-1　汽车污染

任务讲解

5.1.1 汽车主要排放污染源

燃油供给系统

汽车污染物主要通过汽车尾气排放、曲轴箱窜气、燃油供给系统中燃油蒸汽泄漏三种途径实现排放，如图 5-1-2 所示。

1. 汽车尾气排放

汽车尾气是将燃烧室燃烧做功后产生的气体经汽车排放系统向外排放的污染物，是汽车最主要的污染源，其产生的污染物占汽车总污染物的 65% 以上。当燃油与空气完全燃烧时，尾气主要由二氧化碳 CO_2、水蒸气 H_2O、过剩的氧 O_2 及氮 N_2 所组成。当燃油与空气不完全燃烧时，尾气中除了含有上述的成分外，还包括一氧化碳、碳氢化合物 HC、氮氧化物 NO_x、微粒等。

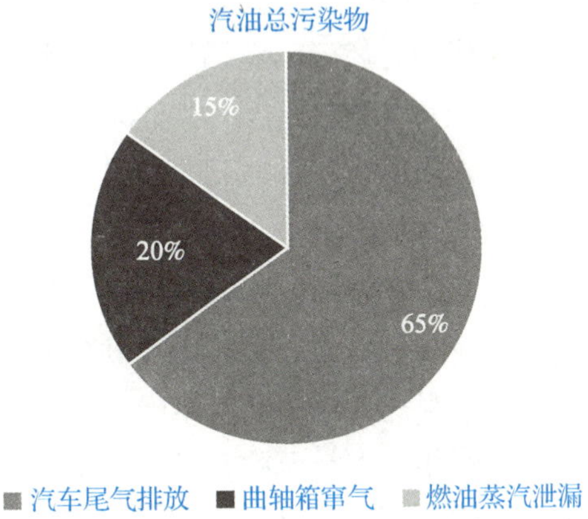

图 5-1-2 各主要污染源占比

2. 曲轴箱窜气

曲轴箱窜气是指在发动机工作时，燃烧室的高压可燃混合气和已燃气体，或多或少会通过活塞组与气缸之间的间隙漏入曲轴箱内，进而逸入大气造成污染。曲轴箱窜气产生的污染物约占汽车总污染物的 20%，其基本成分为未燃的燃油气、水蒸气和废气等。曲轴箱窜气会稀释机油，降低机油的使用性能，加速机油的氧化、变质。同时，水气凝结在机油中，会形成油泥阻塞油路。除此之外，曲轴箱窜气还会降低发动机的燃油经济性。

3. 燃油蒸汽

燃油蒸汽是指车辆油箱及整个燃油系统在大气温度、发动机温度等因素的影响下，使其内部的液体燃油蒸发，形成燃油蒸汽。当车辆油箱及燃油系统中的燃油蒸汽过多时，便会从系统各部件连接处、部件本身等地方溢出，既降低了汽车的燃油经济性、又污染了环境，其产生的污染物约占汽车总污染物的 15%。

5.1.2 汽车主要排放污染物及其危害

根据汽车主要排放污染源介绍与相关资料可知，汽车排放污染物主要包括一氧化碳、碳氢化合物、氮氧化物、二氧化硫、光化学烟雾、微粒（某些重金属化合物、铅化合物、碳烟）、臭气等。下面分别介绍各污染物的危害。

1. 一氧化碳

一氧化碳是燃油不完全燃烧的产物，是汽车排放污染物中有害浓度最大的产物，它可经呼吸道进入肺泡，被血液吸收，与血红蛋白相结合，形成碳氧血红蛋白，降低血液的载氧能力,削弱血液对人体组织的供氧量,导致组织缺氧,从而引起头痛等症状,重者窒息死亡。

2. 碳氢化合物

碳氢化合物是未燃烧和不完全燃烧的燃油、润滑油及其裂解的产物。汽车排放的碳氢化合物主要有烷烃、饱和烃、多环芳香烃等,对人体具有很大的危害,如乙烯 C_2H_4 在大气中的浓度达 0.5 ppm(十万分之一)时,能使一些植物发育异常。多环芳烃中的苯并芘是强致癌物质,当苯并芘在空气中的浓度达到 0.012 μg/m³ 时,居民中得肺癌的人数会明显增加。

3. 氮氧化物

氮氧化物是燃油高温燃烧过程中剩余的氧和氮化合形成的产物,主要成分有 NO、NO_2、N_2O_3 等,统称为 NO_x。NO 浓度高时,会造成中枢神经轻度障碍。NO_2 是一种棕红色有毒气体,吸入人体后与血红蛋白结合,形成高铁血红蛋白,引起组织缺氧。

4. 光化学烟雾

光化学烟雾是由汽车尾气中的碳氢化合物 HC 和氮氧化合物 NO_x 在阳光作用下发生化学反应,生成臭氧,它和大气中的其他成分结合形成烟雾。其对健康的危害主要表现为刺激眼睛,引起红眼病;刺激鼻、咽喉、气管和肺部,引起慢性呼吸系统疾病。光化学烟雾能使树木枯死,农作物大量减产;光化学烟雾可能成为雾霾的来源之一,能降低大气的能见度,妨碍交通。图 5-1-3 所示为雾霾中的城市交通。

图 5-1-3 雾霾中的城市交通

5. 铅化物

铅化物是发动机燃用含铅汽油时,抗爆剂四乙基铅的燃烧产物。汽车尾气中的铅化合物可随呼吸进入血液,并迅速地蓄积到人体的骨骼和牙齿中,它们干扰血红素的合成、侵袭红细胞,引起贫血;损害神经系统,严重时损害脑细胞,引起脑损伤。当儿童血液中铅浓度达 0.6~0.8 ppm 时,会影响儿童的生长和智力发育,甚至出现痴呆症状。铅还能透过母体进入胎盘,危及胎儿。

6. 碳烟

碳烟是柴油在高温、局部缺氧的条件上形成的,其表面往往黏附有 SO_2 和致癌物质苯并芘等有机化合物和臭气，对人体有巨大危险，且碳烟微粒半径越小，其吸入人体后滞留在肺部和支气管中可能性越大。

7. 二氧化硫

二氧化硫是含硫燃油燃烧后的产物，它能刺激呼吸系统，使呼吸道疾病发病率增大。同时二氧化硫在大气中含量过高时，会随降水形成"酸雨"。酸雨危害巨大，它能加速土壤矿物质营养元素的流失，使土壤变得贫瘠，诱发植物病虫害，使农作物大幅度减产。同时，酸雨能使非金属建筑材料（混凝土、砂浆和灰砂砖）表面硬化水泥溶解，出现空洞和裂缝，导致强度降低，从而损坏建筑物。如图 5-1-4 所示，图（a）为未经酸雨腐蚀过的雕像，图（b）为经酸雨腐蚀过的雕像。

（a） （b）

图 5-1-4 受酸雨腐蚀的建筑
(a) 未腐蚀；(b) 腐蚀后

5.1.3 影响汽油机为排气污染物生成的因素

汽油机的结构和运行参数等因素都与排气中污染物的排出量有很大的关系。为了更好地学习后续汽车排放控制技术原理，必须了解这些因素对有害排放污染物生成的影响。

1. 空燃比对排气污染物生成的影响

空燃比即空气和燃油的比例，是影响汽油机排气中污染物产生的重要因素之一。图 5-1-5 所示为排气中 CO、NO_x、HC 排放浓度与空燃比的关系曲线图。从图 5-1-5 中可以看出，随着空燃比的增加，CO、HC 排放浓度逐渐下降，这是因为随空燃比的增加，空气量增加，燃料能充分地燃烧。当空燃比大于理论空燃比后，CO 仍保持一定浓度，这主要是由于混合气空燃比分布不均、高温分解及反应冻结所造成的。空燃比进一步增加，混合气变稀，使燃烧温度降低，减少了高温分解。而 NO_x 排放浓度却先随空燃比的增大而增大，当空燃比为16左右时,由于燃烧温度高,燃气中氧含量充分,此时NO_x排放浓度达到峰值。当空燃比大于16时,随着空燃比的增加,NO_x排放浓度急剧降低。

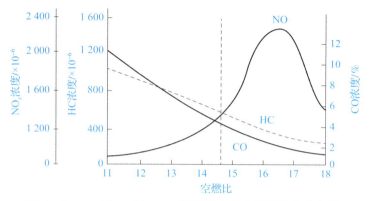

图5-1-5 CO、NO_x、HC排放浓度与空燃比的关系曲线

2. 汽油机结构参数对排气污染物生成的影响

对汽油机排放影响较大的结构参数有气缸工作容积、行程缸径比（S/D）、燃烧室形状、压缩比、活塞顶环隙容积、配气定时以及排气系统等。这些参数的影响遵循下列两点：第一点是在上止点时燃烧室的面容比越大进入活塞间隙的混合气越多,排气氧化不多时HC的排出量增大；第二点是若使由燃烧室壁面散失的热量减少、残留气体减少,则NO_x的排放量增大。

(1) 气缸工作容积与行程缸径比对排气污染物生成的影响。

汽油机的气缸工作容积与行程缸径比对排气污染物的生成有很大的影响。汽油机的气缸工作容积越大,则气缸面容比变小,气缸相对散热面积较小,因此HC的排放和油耗越低,汽油机行程缸径比的影响更大,汽油机的行程越长,HC的排放和油耗越低。根据放热规律的对比分析,长行程汽油机的燃烧速度快,点火定时可以相对后移。长行程汽油机的最高放热率大、燃烧温度高,这些因素都有利于降低汽油机的HC排放和燃油消耗。长行程汽油机的这些优点在低负荷时更加明显。但是,长行程和大气缸的汽油机的NO_x排放量也会增加。

(2) 压缩比的影响对排气污染物生成的影响。

压缩比增大后,气缸面容比增大,进入活塞顶环隙的混合气增多,HC的排放量增加。NO_x排放受两方面的影响,一是压缩比升高后,燃烧温度上升导致NO_x增多；另一方面是热效率提高和燃烧室的面容比越大使NO_x减少。

(3) 燃烧室形状的影响对排气污染物生成的影响。

当工作容积和压缩比保持一定,变化燃烧室形状时,HC的排出量与燃烧室的面容比成正比,即燃烧室的面容比增大,HC的排出量也增加。NO_x的排放与HC正好相反,有与燃烧室的面容比成反比的倾向,这是因为随燃烧室的面容比的增大,热损失变大,燃烧气体的最高温度降低。

(4) 气门定时对排气污染物生成的影响。

NO_x受残留气体变化的影响,即受气门重叠的影响,随进气门早开、排气门迟闭,缸内残余废气增加,使燃烧温度下降,NO_x排放减少。排气门早开导致正在燃烧的HC排出,从而使HC排放增加。

(5) 活塞顶环隙容积对排气污染物生成的影响。

活塞和缸壁之间的小间隙称为活塞顶环隙，如图 5-1-6 中的阴影区域，其中 l 为活塞顶环的深度，d 为活塞顶环隙的宽度。进入活塞顶环隙的混合气，由于壁面淬熄效应和狭缝效应的影响，很难燃烧掉，从而影响了 HC 的排放量。由图 5-1-6 可知，随活塞顶环隙容积增大，进入环隙的混合气增多，HC 排放增加。

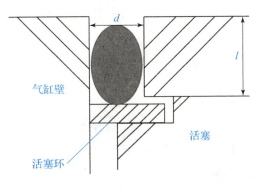

图 5-1-6 活塞顶环隙结构示意图

(6) 排气系统对排气污染物生成的影响。

排气系统对 HC 排放有影响。HC 在排气系统中可以进一步被氧化，温度越高，HC 被氧化的越多；排气在排气系统高温段停留的时间越长，HC 被氧化的也就越多。

(7) 火花塞位置对排气污染物生成的影响。

火花塞在燃烧室的位置不同时，发动机的燃烧放热速率不同，故火花塞的位置对排放有重要影响。火花塞的布置应使火焰传播距离短，若火花塞距燃烧室的缝隙较远，则汽油机 HC 排放增加，反之亦然。火花塞对 HC 排放的影响还与燃烧室的结构形状有关：一般说，对非紧凑型燃烧室的影响比对紧凑型燃烧室的影响大。如在圆盘形燃烧室上，由于火花塞位置的不同可使发动机 HC 排放产生 35% 差别。火花塞位置与燃烧室形状共同决定了质量燃烧率，在燃烧前期燃烧质量增加，会使 NO_x 排放增加，但对改善油耗有利。

(8) 气门数对排气污染物生成的影响。

图 5-1-7 所示为四气门和二气门发动机对油耗和 HC 排放物影响。由图 5-1-7 可看出，在同一个过量空气系数下，四气门发动机的油耗和 HC 排放均比二气门发动机要小。

(9) 增压对排气污染物生成的影响。

汽油机增压可使可燃混合物的压力升高，NO_x 增多，若使压缩比降低，燃烧的最高温度下降，NO_x 反而有所下降。增压后，排气中的 HC、CO 有所减少。

3. 点火提前角对排气污染物生成的影响

点火提前角对 CO 排放浓度影响很小，除非点火提前角过分推迟，使 CO 没

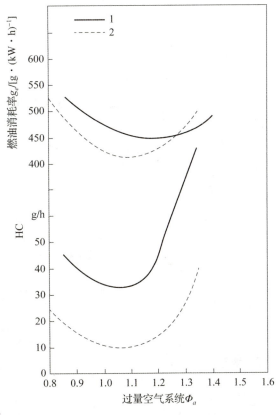

图 5-1-7 四气门和二气门发动机对油耗和 HC 排放物影响

有充分的时间完全氧化而引起 CO 排放量增加。空燃比一定时，随点火时刻相对于最佳点火提前角的推迟，后燃加重，热效率变差，NO_x 和 HC 排放浓度同时降低。但点火提前角推迟会导致排气温度上升，使得在排气行程以及排气管中 HC 氧化反应加速，最终排出的 HC 减少。

4. 汽油机运转状态对排气污染物生成的影响

汽油机运转状态主要指的是汽油机转速与负荷，也是影响排气污染物生成的因素。

1）汽油机转速对排气污染物生成的影响

汽油机转速的变化，将引起充气系数、点火提前角、混合气形成、空燃比、缸内气体流动、汽油机温度以及排气在排气管中停留的时间等的变化。转速对排放的影响是这些变化的综合影响。一般当汽油机转速增加时，缸内气体流动增强，燃油的雾化质量及均匀性得到改善，紊流强度增大，燃烧室温度提高。这些都有利于改善燃烧，降低 CO 及 HC 的排放。在汽油机怠速时，由于转速低、汽油雾化差、混合气很浓、残余废气系数较大，CO 及 HC 的排放浓度较高。从净化的观点看，希望发动机的怠速转速规定得高一些。

汽油机转速对 NO_x 排放的影响较复杂。虽然随着转速增加，火焰传播速度也有提高，但提高的幅度不如燃用浓混合气的大。因此有部分燃料在膨胀行程压力及温度均较低的情况下燃烧，NO_x 生成量减少。在燃用较浓的混合气时，火焰传播速度随转速的提高而提高，散热损失减少，缸内气体温度升高，NO_x 生成量增加。

2）负荷对排气污染物生成的影响

如果维持混合气空燃比及转速不变，点火提前角调整到最佳点，则负荷增加对 HC 排放基本没有影响。因为负荷增加虽使缸内压力及温度升高，激冷层变薄，HC 在膨胀及排气冲程的氧化加速，但压力升高使缝隙容积中的未燃烃的储存量增加，从而抵消了前者对 HC 排放的有利影响。

在上述条件下，负荷变化对 CO 的排放量基本上也没有影响，但对 NO_x 的排放量有影响，随着负荷增加，进气量就增加，降低了残余废气的稀释作用，火焰传播速度得到了提高，缸内温度提高，NO_x 排放增加。这一点在混合气较稀时更为明显。混合气过浓时，由于氧气不足，负荷对 NO_x 排放影响不大。

任务 5.2　排放控制技术

素质目标

1. 培养环保意识。
2. 培养团结协作能力。
3. 培养防微杜渐的自觉意识。

知识目标

1. 掌握废气再循环系统的作用、组成及工作原理。
2. 掌握燃油蒸发控制系统的作用、组成及工作原理。

3. 掌握三元催化器的作用、组成及工作原理。
4. 掌握二次空气喷射系统的作用、组成及工作原理。

技能目标

1. 能识别废气再循环系统以及其主要元件的作用与安装位置。
2. 能识别燃油蒸发控制系统以及其主要元件的作用与安装位置。
3. 能识别三元催化器的作用与安装位置。
4. 能识别二次空气喷射系统的作用与安装位置。

任务分析

汽车排放控制系统是减少汽车污染物对大气环境影响的主要途径，其工作状态已成为汽车是否能上路的重要标准，因此掌握各种汽车排放控制系统的作用、结构组成及工作原理是从事汽车维修与检测方面的工作人员需要重点掌握的理论知识。下面将对废气再循环系统、燃油蒸发控制系统、三元催化器以及二次空气喷射系统等排放控制系统的相关理论知识进行讲解。

任务讲解

5.2.1 废气再循环系统

尾气是汽车最主要的大气污染物，其由多种有害物质所组成，包括一氧化碳 CO、碳氢化合物 HC、氮氧化合物 NO_x、直径小于 2.5 μm 的碳烟颗粒、二氧化硫、二氧化碳、醛类等有害污染物。废气再循环系统（Exhaust Gas Recirculation，EGR）是汽车上广泛采用的一种抑制氮氧化合物 NO_x 的汽车排放控制技术，对于降低汽车尾气中氮氧化合物有着十分重要地位，是从事汽车排放方面的工作人员需要重点掌握的部分。

1. 废气再循环系统的功能

废气再循环系统是一种通过将适量的废气引入气缸内参加燃烧，从而降低新鲜混合气中的氧浓度使可燃混合气燃烧速度降低，同时可燃混合气的比热容增加致使最高燃烧温度降低，以降低汽车尾气中氮氧化合物 NO_x 产生的汽车排放控制技术。再次参与缸内燃烧的废气在可燃混合气（已混合废气）所占比例称为 EGR 率，其定义表达式如下：

$$EGR\ 率 = \frac{废气还流量}{(废气还流量 + 进气量)} \times 100\% \tag{5-1}$$

2. 废气再循环系统的控制策略

在满足减少排放的同时，EGR 系统在满足不同工况、发动机动力性和经济性的前提下，其废气再循环的量也是不同的，其基本的控制策略如下：

（1）冷机、怠速或低负荷时，NO_x 排放浓度低，为保证燃烧室稳定燃烧，EGR 关闭或 EGR 率极小。

（2）在轻微加速或低速驶控制期间，EGR 系统开始工作，使 EGR 阀小角度开启。

(3) 中等负荷时 EGR 应用量较高。

(4) 当发动机要求大功率、高转速时为保证发动机有良好的动力性应关闭或少量使用 EGR。

3. 废气再循环系统的组成及工作原理

1) 废气再循环系统的组成

废气再循环系统主要由 EGR 阀、EGR 管、EGR 冷却器、节流阀和混合腔等组成，如图 5-2-1 所示，其中 EGR 阀是最关键的部件。

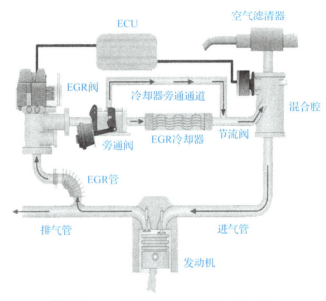

图 5-2-1 废气再循环控制系统结构简图

2) 废气再循环系统的组成及工作原理

在发动机工作时，发动机控制单元 ECU 会根据各传感器的信号确定发动机处于哪一种工况下。当发动机控制单元 ECU 确定发动机所处工况后，会根据 EGR 控制策略控制 EGR 电磁阀打开或关闭。当发动机处于中等负荷时，发动机控制单元 ECU 会发出执行指令使 EGR 电磁阀通电，接通真空，EGR 阀打开。这时，排气管路中尾气会在压差的作用下，一部分进入 EGR 管中，再经 EGR 冷却器冷却后经节流阀流进混合腔内与新鲜的可燃混合气混合，从而降低可燃混合气的燃烧温度与含氧浓度。

4. EGR 阀结构

EGR 阀按其控制方式的不同可以分为进气歧管真空度控制的真空膜片式 ERG 阀和发动机控制模块控制的电磁式 EGR 阀。其中进气歧管真空度控制式主要有气道式 EGR 阀、正背压式 EGR 阀和负背压式 EGR 阀三种。发动机控制模块控制式主要有数字式 EGR 阀和线性 EGR 阀两种。下面分别介绍这几种 EGR 阀。

1) 气道式 EGR 阀

气道式 EGR 阀的结构如图 5-2-2 所示，在膜片上方密闭的膜片室，膜片室的真空出口与起控制作用的真空相通。膜片推杆下部有锥形阀，膜片上方的弹簧向下压迫膜片，并使锥形阀处在下阀体的阀座上。当真空传入膜片室后，膜片克服弹簧力向上提起，从而带动推杆及锥形阀向上提起，使部分废气从排气管进入进气歧管，如图5-2-3所示，用于将废气引入燃烧室，使燃烧室内混合气的燃烧速度下降，燃烧温度降低，从而降低了氮氧化合物的排放。

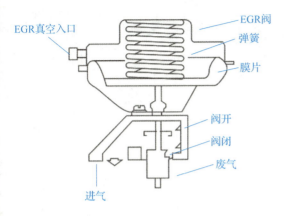
图5-2-2 气道式EGR阀的结构

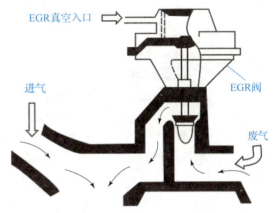
图5-2-3 气道式EGR阀的工作原理

2）正背压式EGR阀

正背压式EGR阀由进气歧管真空度控制，有一个放气通道及位于膜片中心的放气阀，放气阀的下面有一个软弹簧顶着，使放气阀常开。膜片下腔通大气，发动机工作时，废气压力由于锥形阀下端经推杆内的通道到达放气阀。当发动机转速较低时，废气压力不高，不足以克服弹簧的压力使放气阀关闭。如果这时控制真空传到膜片室，就会经放气通道消除，锥形阀保持关闭，如图5-2-4所示。

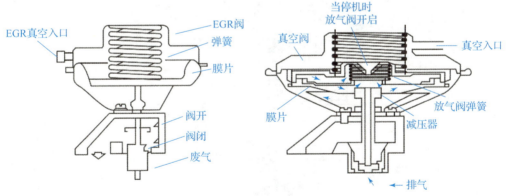
图5-2-4 正背压式EGR阀

3）负背压式EGR阀

负背压式EGR阀由进气歧管真空度控制。在负背压废气再循环阀中放气阀常闭，废气压力由锥形阀的下端经推杆传到放气阀，如图5-2-5所示。

当发动机在低速工作时，每次气缸点火及每次排气门打开，在排气系统内部都会产生高压脉冲，而在两个高压脉冲之间是低压脉冲。当发动机转速增加时，在一定的时间内将有更多的气缸点火，排气系统内的高压脉冲变得更为密集。发动机转速低时，在一定的时间内只有较少的气缸点火，这时，排气系统内的负排气脉冲使放气阀开启；当发动机及汽车的速度增加到预定值时,负排气脉冲减少,这时放气阀关闭,此时如果控制真空传入膜片室,膜片及锥形阀就会向上移动,废气再循环阀开启。在发动机不工作的情况下,由外部真空源提供的真空传入负背压式 EGR 阀,放气通道被封闭。

4）线性式 EGR 阀

ECU 根据传感器信号控制 EGR 阀的电磁线圈脉冲信号的占空比控制阀的开度,实现不同的 EGR 率。如图 5-2-6 所示,发动机 ECU 控制电磁线圈通电使枢轴及锥形阀抬起后,废气就可以进入进气歧管进行再循环。因为线性 EGR 阀锥形阀的开启程度完全是线性渐变的,所以它能够提供发动机全工况下

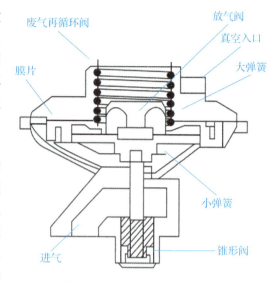

图 5-2-5 负背压式 EGR 阀

最佳控制效果。发动机工作时,发动机 ECU 模块根据冷却液温度传感器、节气门位置传感器、空气流量传感器的输入信号计算出最优的 EGR 开启程度,并通过控制 EGR 阀电磁线圈使 EGR 阀达到最佳开启位置。线性 EGR 阀中嵌有 EGR 枢轴位置传感器,枢轴移动后它马上将实际枢轴的移动位置反馈给发动机 ECU,实现对废气再循环系统的闭环控制。

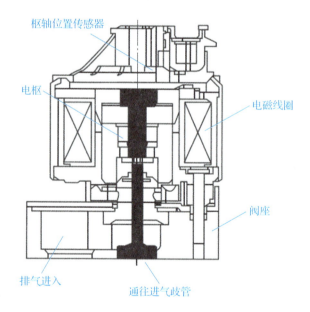

图 5-2-6 线性式 EGR 阀

5）数字式 EGR 阀

ECU 控制三个电磁线圈,分别控制三个可动铁芯,控制三个不同截面的阀孔。ECU 根据传感器信号,控制三个电磁阀按七种不同方式组合,产生七种不同 EGR 率的控制,如图 5-2-7 所示。

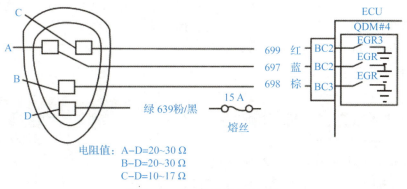

图 5-2-7 数字式 EGR 阀

这种废气再循环系统不采用真空吸力,而是由 ECU 根据发动机工况的氧传感器所显示的混合比来改变线圈内电流的大小,从而使三个柱塞的开度发生变化,排气循环量也随之变化。该阀的三个柱塞可以单独工作,这样可有 7 级不同的流量,1 号口的流量为 14%,2 号口的流量为 29%,3 号口的流量为 57%。当 EGR 阀出现故障时,也会记录故障码。

5. 知识拓展

图 5-2-8 所示为不同 EGR 率与油耗、排放的关系曲线。由图 5-2-8 可知,随着 EGR 率的增加,将导致燃烧速度降低,使油耗恶化、输出转矩下降,动力性降低。EGR 率过大时,会使燃烧速度变慢,混合气燃烧不稳定,失火率增加,使尾气中的碳氢化合物 HC 增加。EGR 率过小时,尾气中的氮氧化合物 NO_x 增加,达不到法规要求,容易产生爆燃和发动机过热等现象。因此 EGR 率必须根据发动机工况要求进行控制。

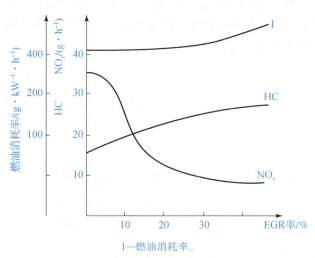

I—燃油消耗率。

图 5-2-8 不同 EGR 率与油耗、排放的关系曲线

5.2.2 燃油蒸发控制系统

车辆油箱及整个燃油系统在大气温度、发动机温度等因素的影响下,会使其内部的液体燃油蒸发,形成燃油蒸汽。当车辆油箱及燃油系统中的燃油蒸汽过多时,便会从系统各部件

连接处、部件本身等地方溢出,既降低了汽车的燃油经济性又污染了环境。为解决此问题,当代汽车上都安装了燃油蒸发控制系统。因此,燃油蒸发控制系统(EVAP系统)的相关知识是从事汽车排放方面的工作人员必须掌握的部分。

1. 汽车燃油蒸发排放的来源

(1) 汽车行驶时,发动机产生的热量会加速燃油蒸气的形成,未安装燃油蒸发控制装置的车辆当燃油蒸气的生成量超过燃油系统的存储能力时,燃油蒸气就会从燃油系统溢出;安装燃油蒸发控制系统的车辆,如果产生的燃油蒸气超过了燃油系统本身的存储能力和燃油蒸发控制系统的存储及脱附能力时燃油蒸气也会溢出。

(2) 汽车停车后,发动机及冷却风扇、迎风冷却等随之停止工作,此时燃油系统仍然具有较高的温度,虽然这种较高的温度只会持续较短的时间,并且温度会逐渐降低,但是这期间燃油系统的温度仍显著高于车辆全天的温度,使得这段时间产生较多的燃油蒸气。

(3) 车辆在大气中停放时,车辆油箱及整个燃油系统的温度都会受到大气的加热,也就会引起燃油蒸气的形成,当燃油蒸发量超过燃油系统和燃油蒸发控制系统的存储能力时就会产生燃油蒸发排放,这种燃油蒸发排放在炎热的夏季会比较突出。

2. 燃油蒸发控制系统的功能

燃油蒸汽排放控制系统的功能是将燃油箱内蒸发的汽油蒸汽收集起来,并将汽油蒸汽导入气缸参加燃烧,从而防止汽油蒸汽直接排入大气而造成污染。同时,根据发动机工况,控制导入气缸参加燃烧的汽油蒸汽量。采用燃油蒸汽的控制可减少大气中的HC和节约燃料。

3. 燃油蒸发控制系统的组成及工作原理

早期的燃油蒸发系统多利用真空进行控制,而现在基本都采用发动机控制模块进行控制。目前常见的燃油蒸发控制系统如图5-2-9所示,它主要由燃油箱、活性炭罐、炭罐控制电磁阀和发动机控制模块等组成。

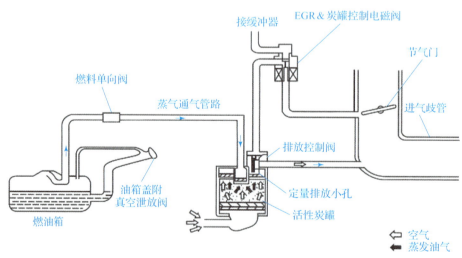

图 5-2-9 常见的燃油蒸发控制系统

当发动机运转时,如果发动机控制模块控制活性炭罐电磁阀开启,则在进气歧管真空吸力的作用下,空气从活性炭罐底部进入,经过活性炭罐至上方出口,再经软管进入发动机进气管，吸附在活性炭表面的燃油分子又重新脱附，随新鲜空气一起被吸入发动机气缸内燃烧。

4. 燃油蒸汽排放控制系统的控制策略

为了防止破坏发动机正常工作时的混合气成分，影响发动机正常工作，必须对燃油蒸汽进入发动机进气歧管的时机和进入量进行控制。

目前，尽管各汽车生产厂都采用发动机控制模块控制炭罐电磁阀的通断来控制其开启和关闭，线圈通电时，电磁阀开启；线圈断电时，电磁阀关闭，但它们在控制电磁阀开闭的时机和方法并不完全一样。

一般来说，发动机控制模块（ECU）使炭罐控制电磁阀通电通常考虑以下条件：

（1）发动机起动已超过规定的时间；
（2）冷却液温度已高于规定值；
（3）怠速触点开关处于断开状态；
（4）发动机转速高于规定值。

当满足以上条件时，发动机控制模块使电磁阀线圈接地通电，电磁阀的阀门开启，储存在活性炭罐内的燃油蒸汽经软管被吸入发动机燃烧。此时由于发动机的进气量较大，少量的燃油蒸汽进入发动机不会影响混合气的浓度。如果不完全满足上述条件，ECU 不会激活炭罐电磁阀，燃油蒸汽被储存在炭罐中。较先进的燃油蒸发控制系统，一般都能根据发动机负荷等情况，适时控制电磁阀的通电占空比，以达到控制电磁阀开启程度的目的。

5. 活性炭罐的工作原理

活性炭罐是燃油蒸发系统中储存蒸汽的部件，如图 5-2-10 所示。活性炭罐的下部与大气相通，上部有接头与油箱和进气歧管相连，用于收集和清除燃油蒸汽。中间是活性炭颗粒，它具有极强的吸附燃油分子的作用。燃油箱内的燃油蒸汽，经油箱管道进入活性炭罐后，蒸汽中的燃油分子被吸附在活性炭颗粒表面。活性炭罐有个出口，经软管与发动机进气歧管相通。软管的中间设有一个活性炭罐电磁阀（常闭），以控制管路的通断。

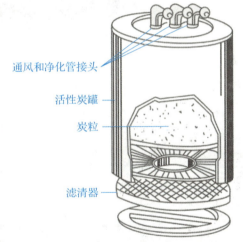

图 5-2-10 活性炭罐结构简图

5.2.3 三元催化器

三元催化器是一种通过将汽车尾气排出的一氧化碳 CO、碳氢化合物 HC 和氮氧化物 NO_x 等有害气体转变为无害的二氧化碳、水和氮气的净化装置，是汽车所有机外净化技术中最重要的净化技术。因此，三元催化器是从事汽车排放控制工作人员必须掌握的知识点，同时也是重点。

1. 三元催化器的功能

三元催化器（TWC）一旦出现破裂、失效或是堵塞时，就会造成发动机动力性下降、燃油消耗量增大以及排放性能下降等故障现象。通过对三元催化转化器实训，掌握三元催化转化器检测及维护方法。三元催化器的功能是在催化剂的作用下将汽车尾气排出的 CO、HC 和 NO_x 等有害气体氧化和还原作用转变为无害的二氧化碳、水和氮气，从而达到净化汽车尾气的目的。

2. 三元催化器的结构

三元催化器一般由壳体、减振层、载体和催化剂涂层四部分组成，如图 5 – 2 – 11 所示，其中载体和涂层的组合体成为催化剂。催化剂是整个三元催化器的核心部分，它决定着三元催化器转换性能。

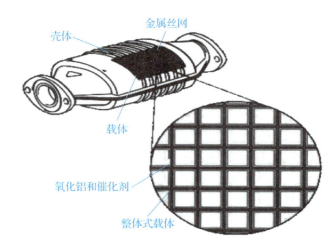

图 5 – 2 – 11　三元催化器结构图

1）壳体

三元催化器壳体通常用不锈钢制成，以防氧化皮脱落造成催化剂堵塞。为保证催化器的反应温度及减小对外热辐射，因此催化器壳体常做成双层结构。

2）减振层

减振层一般有膨胀垫片和钢丝网垫两种，起减振、缓解热应力、固定载体、保温和密封的作用。

3）载体

载体的作用是用来承载催化剂，用氧化铝、陶瓷等材料制成。目前，常采用蜂窝状陶瓷作为承载催化剂的载体，在陶瓷载体上浸渍铂（或钯）与铑贵重金属的混合物作为催化剂。

4）涂层

如图 5 – 2 – 12 所示，在载体孔道的壁面上涂有一层活性层，即催化剂涂层。

当前，三元催化转化器多采用铂或者钯和铑的混合物作为催化剂以使有害气体 HC、CO 和 NO_x 发生反应，生成无害的 CO_2、N_2 和 H_2O。但是只有当混合气的空燃比保持稳定时，三元催化转化器的转化效率才能得到精确控制。

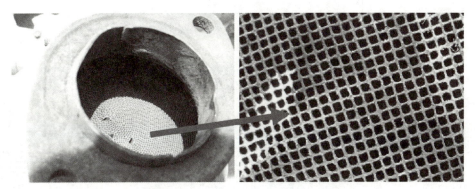

图 5-2-12 载体及涂层的细微结构

3. 三元催化转化器转换效率的影响因素

三元催化转换效率受很多因素的影响,最主要的因素是排气中的氧气浓度(也即进入缸内的混合气的空燃比)和催化转换器温度,如图 5-2-13 所示。另外,铅和硫等元素对催化转换器会造成严重的负面影响,因为铅和硫等会与催化活性物质作用形成新的结晶体结构或沉积在催化物质上面,从而破坏催化物质的表面活性,这就是所谓的催化器中毒,是影响催化器寿命的最为严重的物理现象。因此,使用催化转换器的前提是汽油的无铅化。硫主要对稀土类催化器的寿命有较大影响。

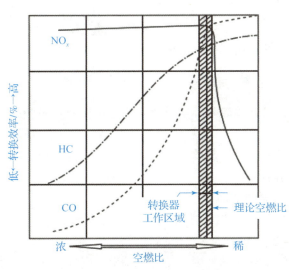

图 5-2-13 空燃比特性

4. 闭环电子控制燃油供给系统

由图 5-2-14 可知,要使三元催化器对 CO、HC 和 NO_x 的转化率同时达到最大值,则需要将空燃比控制到 14.7∶1 附近。因此,需要闭环电子控制燃油供给系统和氧传感器的共同协作(图 5-2-15),使空燃比控制到 14.7∶1 左右。

5. 氧传感器

在使用三元催化转化器降低排放污染的发动机上,氧传感器是必不可少的。为了发挥三元催化剂的最佳净化特性,需要将空燃比控制在 14.7∶1 左右。为了检测实际空燃比,在排

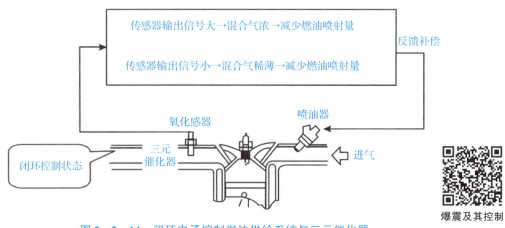

图 5-2-14 闭环电子控制燃油供给系统与三元催化器

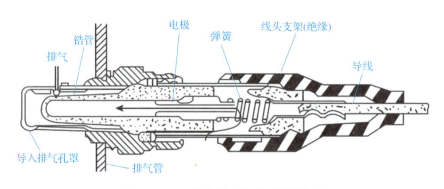

图 5-2-15 氧化锆式氧传感器结构图

气管中设置了氧传感器,由此检测实际空燃比是浓还是稀,并向 ECU 提供空燃比反馈信号,以此控制空燃比接近于理论值。目前氧传感器按其结构和工作原理可分为氧化锆(ZrO_2)式和氧化钛(TiO_2)式两种;按照其检测信号的范围可分为普通型和宽频型两种。

1) 氧化锆式氧传感器

(1) 氧化锆式氧传感器的结构。

氧化锆式氧传感器是使用二氧化锆(ZrO_2)作为内部敏感元件,是由锆管、电极、保护管等组成的,如图 5-2-15 所示。在传感器端部有一个由二氧化锆做成的试管状的套管,传感器内侧通大气,外侧暴露在排气中。发动机排出的废气,穿过装在排气管中的氧传感器的端部,与二氧化锆的外侧接触。空气从传感器的另一端进入,与套管的内侧接触。套管的内外表面覆盖了薄层多孔棉作为电极,内表面是正极,外表面是负极。铂起催化作用,使排气中的氧与一氧化碳反应,减少排气中的含氧量,提高传感器的灵敏度。一般在外侧电极表面还有一个多孔氧化铝陶瓷保护层,它可以防止废气烧蚀电极,但废气能够渗进保护层与电极接触。

(2) 氧化锆式氧传感器的工作原理。

在一定条件下(高温和铂催化),利用二氧化锆内外两侧的氧浓度差产生电位差,且浓度差越大,电位差越大。大气中的氧的含量为 21% 左右,浓混合气燃烧后的废气含氧非常少,稀混合气燃烧生成的废气或因缺火产生的废气中含有较多的氧,但仍比大气中的氧少得多。当两极间产生氧浓度差时，氧离子就从氧浓度高的一侧向低的一侧流动，从而产生电动势。在高温及铂的催化下，带负电的氧离子吸附在二氧化锆套管的内外表面上。由于大气中的氧气比废气中的氧气多，套管上与大气相通一侧比废气一侧吸附更多的负离子，两侧离子的浓度差产生电动势如图5-2-16所示。

当混合气很稀时，废气中含有大量的氧，所以，传感器内外两侧的氧浓度差较小。因此，产生的电动势很小（接近0 V）。相反，如果混合气浓时，废气中几乎没有氧，这就使传感器内外两侧的氧浓度有很大差异，产生的电动势相对较大（约1 V），如图5-2-17所示，根据氧传感器的电压信号，ECU按照尽可能接近14.7:1的理论最佳空燃比来减稀或加浓混合气，因此氧传感器是电子燃油喷射系统中很重要的一个传感器。

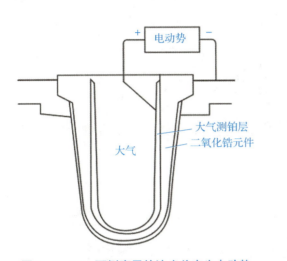

图5-2-16 两侧离子的浓度差产生电动势　　图5-2-17 空燃比-输出电压关系曲线

二氧化锆式氧传感器输出信号的强弱与工作温度有关，输出信号在300℃左右时最明显，所以有些氧传感器采用加热的方法来保证其工作温度，称之为加热式氧化锆氧传感器。该传感器的结构原理与不加热式的相同，只是在传感器内部增加了一个陶瓷加热元件。不论排气温度是多少，只要不超过工作极限温度，陶瓷体温度总保持不变。其优点是使氧传感器安装灵活性增大，不受极端升温的影响，同时，也保证了发动机在进气量小、排气管温度低时，氧传感器也能输出信号。

（3）氧化锆式氧传感器的特点

氧化锆式氧传感器满足以下三个条件才能正常调节混合气浓度：发动机温度高于60℃；氧化锆式氧传感器自身温度高于300℃；发动机工作在怠速工况和部分负荷工况。

因此，氧化锆氧传感器安装在温度较高的排气管上，采用了加热器对锆管进行加热。

2）氧化钛式氧传感器

（1）氧化钛式氧传感器的结构。

氧化钛式氧传感器是使用二氧化钛（TiO_2）作为内部敏感元件，是由二氧化钛元件、导线、金属外壳和接线端子等组成的，如图5-2-18所示。

（2）氧化钛式氧传感器的原理。

二氧化钛式氧传感器是利用二氧化钛材料的电阻值随排气中的含氧量的变化而变化的特

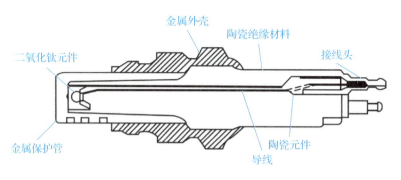

图 5-2-18 氧化钛式氧传感器结构

性制成的,故又称为电阻型氧传感器。二氧化钛的电阻值在正常情况下是稳定不变的,但是当它表面氧气变少时,其电阻值会降低。浓混合气燃烧时的废气可使其电阻低,而稀混合气燃烧的废气又可使其呈现高的电阻值。因而,通过判断电阻值的高低对空燃比做反馈控制,如图 5-2-19 所示。二氧化钛是在室温下具有很高电阻的半导体。但当排气中的氧含量少时,氧分子将脱离,使其晶体出现缺陷,便有更多的电子可用来传送电流,材料的电阻亦随之降低。此种现象不仅与氧含量有关,还与温度有关,它在常温下有很高的电阻,但是当温度变化时电阻值也会改变,这就不利于使用,因为发动机的负荷不同,排气的多少也不同,废气

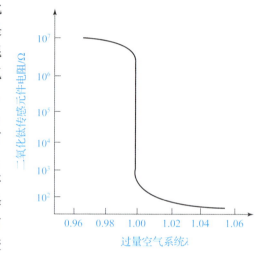

图 5-2-19 二氧化钛式氧传感器电阻值

的温度和排气管的温度也不同。为了弥补这方面的不足,在制造二氧化钛型氧传感器时在传感器的内部有两个二氧化钛元件,其中一个用来检测排气中氧的浓度,另外一个用来做加热元件来补偿温度变化的信号误差。氧传感器外端以具有多孔槽的金属管作为防护套,一方面让废气可以进入,另一方面防止里面的二氧化钛元件受到外物的撞击。传感器接线端以橡胶作为密封材料,防止外界氧气的渗入。它一般安装在排气歧管或尾管上,同时可借助排气高温将传感器加热至适当的温度。

(3) 氧化钛式氧传感器的特点。

与氧化锆型氧传感器相比,有结构简单、体积小、价格低等优点,但有电阻随温度变化大的缺点。因此,需要温度补偿回路,或者通过内装加热器来确保温度稳定性。

3) 宽带型氧传感器

(1) 宽带型氧传感器的结构。

二氧化钛型氧传感器的工作范围是在 $\lambda = 1$ 的附近产生一个跳跃性的输出电压变化,一旦超出此范围,其反应性能便降低。当发动机需要做稀混合或浓混合控制时,这一类型的氧传感器便无法胜任了,使发动机的燃油控制不能十分精确,所以才有宽带型氧传感器的产生。新型的宽带型氧传感器被用在汽车三元催化器前,该传感器的信号是一个几乎呈线性增

长的电流作为 λ 的输入值，结果 λ 值能在发动机全部转速范围内被测量到，常见的二氧化锆式氧传感器被用在汽车三元催化器后面，如图 5-2-20 所示。

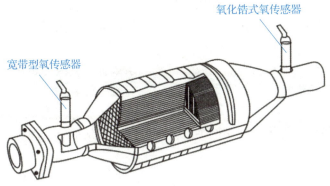

图 5-2-20　氧传感器安装位置

（2）宽带型氧传感器的工作原理。

宽带型氧传感器的基本控制原理就是以氧化锆式氧传感器为基础而加以扩充的，二氧化锆式氧传感器有一个特性，就是当氧离子移动时会造成电动势的产生。若采用反向程序，将电压施加于氧化锆组件上，即会造成氧离子的移动，根据此步骤即可由发动机的控制单元控制所想要的比例值。

宽带型氧传感器将传感器的感应组件分为两个部分：一部分是感应室，它一面与大气接触，另一面是测试腔，通过扩散孔与排气接触，就像普通的氧化锆氧传感器一样，由于感应室两侧氧含量的不同而产生一个电动势，而不同的是发动机控制单元要把感应室两侧的氧含量保持一致，让电压值维持在 0.45 V。这就需要传感器的另一部分来完成，另一部分是传感器的关键部件泵氧元，泵氧元一边是排气，另一边与测试腔相连。泵氧元就是利用氧化锆传感器的反作用原理，将电压施加于氧化锆组件（泵氧元）上，即会造成氧离子的移动，把排气中的氧泵入测试腔当中，使感应室两侧电压值维持在 0.45 V。

（3）宽带型氧传感器的特点。

宽带型氧传感器和氧化锆式氧传感器在检测时有明显的不同：氧化锆式传感器直接利用电压信号作为测量值，而宽带型氧传感器将经过特殊处理和控制的泵氧元供给电流作为测量过量空气系数的参数，这样的传感器产生的就不是阶跃函数性质的响应，而是连续递增的信号。

6. 知识拓展

评价三元催化器性能的指标主要有三个，分别是转化效率、起燃温度特性、空燃比特性、空速特性、催化剂的流动特性、催化剂的耐久性。

1）转化效率

催化器的转化效率定义为

$$\eta_i = \frac{C(i)_1 - C(i)_2}{C(i)_1} \times 100\% \tag{5-2}$$

式中，η_i——排气污染物 i 在催化器中的转化效率；

$C(i)_1$——排气污染物 i 在催化器入口处的浓度；

$C(i)_2$——排气污染物 i 在催化器出口处的浓度。

2) 起燃温度特性

催化剂转化效率的高低与温度有着密切的关系，催化剂只有达到一定的温度以上才开始工作即催化剂起燃，因此转化效率随温度的变化曲线称为起燃温度特性。

3) 空燃比特性

催化剂转化效率的高低还与空燃比或过量空气系数有关，因此转化效率随空燃比的变化称为催化器的空燃比特性。

4) 空速特性

空速特性指的是反应气体在催化剂中的停留时间。通常情况，反应气体在催化剂中的停留时间越长，转化效率越高。

5) 催化器的流动特性

催化器的流动特性指的是催化器对排气的流动阻力大小。催化器对排气的流动阻力越大，则会使排气推出所做的功越大，降低发动机有用功率，并且导致发动机充气效率降低。

6) 催化剂的耐久性

催化剂的耐久性指的是催化剂使用多长时间后会失活。

5.2.4 二次空气喷射系统

当前，二次空气喷射系统已经被广泛地应用在汽车上，是一种用以减少排气中的 HC 和 CO 的排放量的尾气排放控制实用技术，在汽车排放控制系统中具有重要的位置，是从事汽车排放检测维修人员需掌握的知识。

1. 二次空气喷射系统的功能

二次空气喷射系统的功能是将一定量的新鲜空气引入排气管或三元催化转化器中，使废气中的有害气体与空气进一步燃烧，通过二次空气喷射系统将新鲜空气送入排气管，促使废气中的一氧化碳 CO 和碳氢化合物 HC 进一步氧化，从而降低一氧化碳和碳氢化合物的排放量。发动机处于正常工作温度时，二次空气喷射系统可降低 HC 和 CO 的排放量。发动机刚起动时二次空气喷射系统不但能降低 HC 的排放量，而且会缩短氧传感器的加热时间，使发动机控制模块尽快进入空燃比闭环控制过程。

2. 二次空气喷射系统的工作条件及分类

二次空气喷射系统只在以下两种工况下进行短暂工作。

1) 冷起动阶段

在冷起动阶段，如果冷却液温度在 5~33 ℃，则二次空气喷射系统工作 10 s。

2) 热起动时怠速自检阶段

在热起动时怠速自检阶段，如果冷却液温度不超过 96 ℃，则二次空气喷射系统工作 10 s。

当前汽车上都采用的是电控二次空气喷射系统，根据进入排气管中的新鲜空气送入方式，可分为电控空气泵型二次空气喷射系统、电控脉冲型二次空气喷射系统。当前，汽车上多采用电控空气泵型二次空气喷射系统。

3. 电控空气泵型二次空气喷射系统的组成及工作原理

电控空气泵型二次空气喷射系统主要由空气滤清器、二次空气泵、发动机控制单元、二次空气泵继电器、二次空气控制阀及二次空气组合阀等组成，如图 5-2-21 所示。

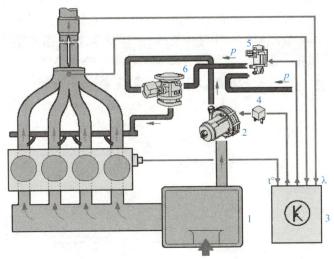

1—空气滤清器；2—二次空气泵电动机；3—发动机控制单元；
4—二次空气泵继电器；5—二次空气控制阀；6—二次空气组合阀。

图 5-2-21 二次空气喷射系统结构图

如图 5-2-21 所示，当满足二次空气喷射系统的工作条件时，发动机控制单元 3 将会控制二次空气控制阀 5 工作，使其阀门打开。此时压力 p 经过二次空气控制阀阀体到达二次空气组合阀。在压力 p 的作用下，二次空气组合阀阀门打开。与此同时，发动机控制单元 3 将控制二次空气泵继电器 4 工作。二次空气泵继电器 4 工作后会使二次空气泵电动机 2 的电源接通。此时，二次空气泵电动机 2 就会把经过空气滤清器的干净新鲜空气输送到二次空气组合阀 6。由于在压力 p 的作用下二次空气组合阀阀门已打开，干净新鲜空气便会经过分气管进入排气气管内，与废气混合。

4. 知识拓展

电控脉冲型二次空气喷射系统依靠大气压力与废气真空脉冲之间的压力差使空气进入排气歧管，因此减少了成本及功率消耗。其工作原理如图 5-2-22 所示。

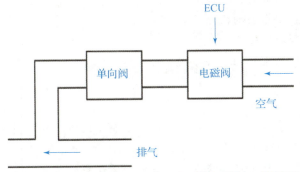

图 5-2-22 电控脉冲型二次空气喷射系统的工作原理

空气来自空气滤清器,发动机 ECU 控制模块控制电磁阀的打开及关闭,电磁阀与单向阀相连。由于排气中压力是正负交替的脉冲压力波,当发动机以较低转速运转时,排气压力为负,空气由滤清器通过电磁阀和单向阀进入排气口,与排出的 HC 进一步燃烧,故可降低 HC 的排放量;当排气压力为正时,因有单向阀,所以空气不能反向流动,但此时也没有新鲜空气进入排气口,即不能降低 HC 的排放量。脉冲空气系统的上、下游空气道各有一个电磁阀和一个单向阀。因为排气口的低压脉冲持续时间随发动机转速的提高而缩短,所以脉冲式二次空气喷射系统在发动机转速降低时,降低 HC 排放的效果更好。图 5-2-23 所示为日本丰田公司采用的脉冲空气喷射系统。

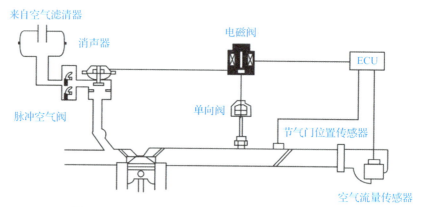

图 5-2-23 日本丰田公司采用的脉冲空气喷射系统

任务 5.3 排放控制系统的检修

素质目标

1. 培养讲原则、守规矩的意识。
2. 培养环保意识。
3. 培养劳动意识。

知识目标

1. 掌握废气再循环系统的检修步骤。
2. 掌握燃油蒸发控制系统的检修步骤。
3. 掌握三元催化器的检修步骤。
4. 掌握二次空气喷射系统的检修步骤。

技能目标

1. 能够正确选用检测仪器与设备对汽车排放控制系统进行检测。
2. 能规范检测汽车排放控制系统故障。
3. 能按照正确操作规范更换维修汽车排放控制系统中的故障装置。
4. 能根据环保要求,正确处理对环境和人体有害的辅料、废气、废液和已损坏零部件。

任务分析

由于汽车排放控制系统工作环境恶劣，随着使用时间地增加，汽车排放控制系统故障发生频率也会增高，使汽车排放控制系统寿命缩短，影响汽车的正常形式，加剧对环境的污染。因此掌握汽车排放控制系统的检修方法是从事汽车维修与检测方面的工作人员需要重点掌握的技能。下面将对废气再循环系统、燃油蒸发控制系统、三元催化器以及二次空气喷射系统等排放控制系统的检修方法进行讲解。

任务讲解

5.3.1 废气再循环系统的检修

1. 常规检测

在冷机起动后，立即拆下 EGR 阀上的真空软管，发动机转速应无变化，用手触试真空软管口应无真空吸力；发动机温度达到正常工作温度后，发动机怠速运转时按上述方法检查，其结果应与冷机时相同；发动机在正常工作温度下，若将转速提高到 2 500 r/min 左右，折弯真空软管后并从 EGR 阀上拆下，发动机转速应有明显提高（因中断废气再循环）。若不符合上述要求，则说明 EGR 控制系统工作不正常，应查明故障原因，予以排除。

2. EGR 阀的检修

起动发动机并以怠速运转，将手指伸入 EGR 阀按在膜片上；在冷车状态下踩下加速踏板，使发动机转速上升至 2 000 r/min 左右，此时 EGR 阀应不开启；发动机热车后冷却液温度高于 50 ℃，踩下加速踏板，使发动机转速上升至 2 000 r/min 左右，此时 EGR 阀应开启，手指可感觉到膜片的动作。

使发动机怠速运转，拔下 EGR 阀上的真空软管，用手动抽真空器对 EGR 阀膜片室施加约 19.95 kPa 的真空度（图 5-3-1），若此时发动机怠速运转性能变坏甚至熄火，说明 EGR 阀工作正常；若发动机性能无变化，说明 EGR 阀损坏，应更换。

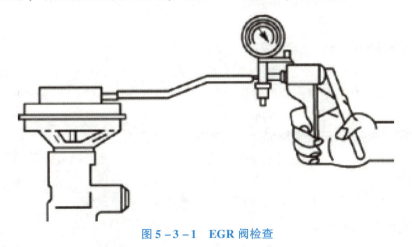

图 5-3-1　EGR 阀检查

3. 废气再循环控制电磁阀的检测

控制电磁阀位于空气滤清器总成后部。拆下控制电磁阀线束接头，测量两引脚间电阻，应为 20~35 Ω，若不符合标准，则更换。

5.3.2 燃油蒸发控制系统的检修

1. 常规检测

检查各连接管路是否破损、漏气、堵塞或连接松动，必要时更换连接软管；检查系统电路连接是否松动、接线端是否腐蚀、绝缘部分是否磨损，若炭罐电磁阀和相关电路有故障，系统会提示故障码；检查活性炭罐壳体有无裂纹、底部进气滤芯是否脏污，必要时更换活性炭罐或滤芯，一般汽车每行驶 20 000 km 应更换活性炭罐底部的进气滤芯。

2. 就车检测

首先将发动机预热至正常工作温度，并使之急速运转。其次拔下蒸气回收罐上的真空软管，检查真空软管内有无真空吸力。如果此时真空软管内有真空吸力，则用万用表电压挡检查电磁阀线束连接器端子上是否有电压。若电磁阀线束连接器端子上有电压，则说明 ECU 有故障；若无电压，则说明电磁阀有故障。踩下加速踏板，当发动机转速大于 2 000 r/min 时，检查上述真空软管内有无真空吸力。若电压正常，则说明电磁阀有故障；若电压异常，则说明 ECU 或控制线路有故障。

3. 活性炭罐电磁阀的检测

检查电磁阀电阻，应为 20~28 Ω，若电阻值不符，应更换；若电阻正常，则检查电压。活性炭罐电磁阀是通过燃油泵继电器供电的。检查活性炭罐电磁阀的熔丝，如果熔丝正常，则拔下活性炭罐电磁阀的插头，将二极管电笔连到活性炭罐电磁阀插头 1 号端子和发动机搭铁之间，起动发动机，二极管电笔应该闪亮。

如果二极管电笔不闪亮，则检查从活性炭罐电磁阀插头 1 号端子经过熔丝到燃油泵继电器的导线是否导通。如果导线正常则应检查燃油泵继电器。如果二极管电笔闪亮，则应检查活性炭罐电磁阀的触发功能。

4. 真空控制阀的检测

如图 5-3-2 所示，从活性炭罐上拆下真空控制阀，用手动真空泵由真空管接头给真空控制阀施加约 5 kPa 真空度时，从活性炭罐侧孔吹入空气，应畅通；不施加真空度时，吹入空气则不通。若不符合上述要求，则应更换该真空控制阀。

发动机不工作时，拆开控制电磁阀线束连接器，测量控制电磁阀两端子间的电阻值，应符合维修手册规定值。或拆开控制电磁阀进气管一侧的软管，用手动真空泵由软管接头给控制电磁阀施加一定真空度；控制电磁阀不通电时应能保持真空度；若给控制电磁阀接通蓄电池电压真空度应释放。若不符合上述要求，则应更换该控制电磁阀。

5. 活性炭罐的检测

如图 5-3-3 所示，使用手动真空泵，将低压空气吹入油箱接管，空气应无阻碍地从其他管子中流出；用低压空气吹入排污接管，空气应不能从其他接管中流出，若有问题需更换活性炭罐。

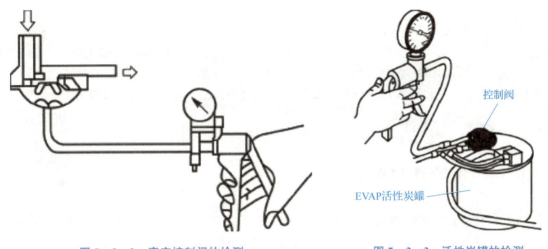

图 5-3-2　真空控制阀的检测　　　　　　图 5-3-3　活性炭罐的检测

5.3.3　燃油二次喷射系统的检测

1. 二次空气进气阀检查

连接 VAS5051 或 VAG1551，打开点火开关，进行执行元件诊断并触发二次空气进气阀，二次空气进气阀应发出"咔嗒"声。如果二次空气进气阀没有发出"咔嗒"声，则拔下二次空气进气阀的插头，用接线（VAG1594）将二极管电笔（VAG1527）连接到拔下的插头上，再次进行执行元件诊断。如果在进行执行元件诊断时，二极管电笔闪亮，则应更换二次空气进气阀。如果二极管电笔仍不闪亮，则关闭点火开关，检查端子 1 与搭铁之间的电压，应为蓄电池电压。若无电压，将检测盒 VAG1598/31 连接到发动机电控单元的线束上（不连接发动机电控单元），检查二次空气进气阀线束插头的 2 号端子与检测盒 VAG1598/31 的 44 号端子之间的连接导线是否断路，该导线电阻最大为 1.5 Ω。如果导线断路则修理该导线；如果导线无故障，则应按照电路图检查二次空气进气阀的供电是否正常。检查端子 2 与 ECU 之间是否断路，检查导线是否对正极和搭铁短路。

2. 二次空气泵检查

二次空气泵继电器装在压力舱内的继电器盒内，其检查步骤具体如下：

连接 VAS5051 或 VAG1551，打开点火开关，选择"01 发动机电控单元"。进行执行元件诊断并触发二次空气泵继电器，二次空气泵电动机在二次空气泵继电器的控制下，应间歇运转，直到按下 VAS5051 或 VAG1551 上的"→"键终止执行元件诊断为止。如果二次空气泵电动机没有间歇运转，则拔下二次空气泵电动机的 2 芯插头，用接线将二极管电笔接到拔下的插头上，再次进行执行元件诊断。如果二极管电笔闪亮，则更换二次空气泵电动机；如果二极管电笔不闪亮，二次空气泵继电器也没有"咔嗒"声，则应进行线束的检查；如果二极管电笔不闪亮，但二次空气泵继电器有"咔嗒"声，则应进行熔丝的检查。

检查二次空气泵熔丝。如果熔丝正常，则从继电器盘上拔下二次空气泵继电器，检查二次空气泵继电器的供电（30号正极）。如果二次空气泵继电器供电正常，则更换二次空气泵继电器。

关闭点火开关，将检测盒 VAG1598/31 连接到发动机电控单元的线束上（不连接发动机电控单元）。从继电器盘上拔下二次空气泵继电器，检查二次空气泵继电器线束插头的 6/85 端子与检测盒 VAG1598/31 的 46 号端子之间的连接导线是否断路，该导线电阻最大为 1.5 Ω。如果导线断路则修理该导线；如果导线无故障，则更换发动机电控单元。

5.3.4 三元催化转化器（TWC）的检修

汽油机排放控制

1. 三元催化转化器（TWC）的检测

1）三元催化转化器的外观检查

三元催化转化器若出现破裂、碰伤、失效或堵塞，将造成发动机动力性下降、燃油消耗量增大、排放性能恶化等现象。在对三元催化转化器进行检查时，首先要将汽车升起，观察三元催化转化器是否有隆起、变形、泄漏、裂纹，以及各连接件是否牢固。拍打并晃动三元催化转化器，听其内部是否有物体移动的声音，看排气管是否有颗粒状物质排出，若有则说明三元催化转化器内部载体破碎，需要更换三元催化转化器。若三元催化转化器表面有凹陷，则说明三元催化转化器的载体可能受到损伤。三元催化转化器外壳上有严重的褪色斑点或略有青色或紫色的痕迹，隔热罩上有明显的暗灰斑点，则说明三元催化转化器曾处于过热状态，应做进一步检查。

2）三元催化转化器的测试

若检查三元催化转化器的外观没有问题，则可用以下 3 种方法对三元催化转化器进行测试。

（1）测试三元催化转化器进气口和出气口的温度。催化转化器工作过程中的氧化反应会产生大量的热量，因此可通过检测三元催化转化器进气口和出气口的温度差来判断其性能的好坏。正常情况下，三元催化转化器出气口应该至少比进气口温度高 30℃，否则表明该三元催化转化器工作不良，应进行更换或修理。三元催化转化器工作不良时，应检查空气泵系统，以确保在发动机处于正常工作温度时能保持向三元催化转化器泵入空气。如果没有出现空气流，也会使三元催化转化器工作无效。

（2）测试氧传感器的信号。有些车辆在三元催化转化器前后各安装了一个加热型氧传感器，分别称为"前氧"和"后氧"。在确认氧传感器没有故障的前提下，可以用双通道示波器获取两个氧传感器的信号波形。在发动机正常的工作温度条件下，如果两个氧传感器的信号波形变化保持同步，则说明三元催化转化器已经失效，必须进行更换。

（3）测试尾气排放。某些汽车在三元催化转化器前的排气系统中，有一个可插入废气分析仪探测头的连接装置。当发动机怠速运转、变速器在空挡时，把分析仪的探测头插入排气尾管，通过检测三元催化转化器前、后废气中的有害气体量来判断三元催化转化器的有效性。

2. 氧传感器的检测

氧传感器的失效原因主要有两种：一是已过使用期限，二是铅中毒、二氧化硅中毒或积炭等。对氧传感器通常做以下两项检查：

（1）热型氧传感器加热器电阻的检查。对于热型氧传感器拔下线束插头，用万用表电阻挡测量加热器接线柱与搭铁接线柱之间的电阻值，应符合维修手册规定，若不符合，则应更换该氧传感器；如雷克萨斯 LS400 轿车氧传感器加热器线圈，在 20 ℃时电阻值应为 5.1 ~ 6.32 Ω。

（2）氧传感器输出信号的检查。连接好氧传感器线束连接器使发动机以较高转速运转，将氧传感器工作温度加热到 400 ℃以上时再维持怠速运转。然后反复踩动加速踏板，并测量氧传感器输出信号电压，在加速工况时，应输出高电压信号（0.75 ~ 0.90 V）；而在减速工况时，则应输出低电压信号（0.10 ~ 0.40 V）。若不符合上述要求，则需更换该氧传感器。

自我评价

一、填空题

1. 汽车污染物主要通过_____、_____、_____三种途径实现排放。
2. 汽车排放污染物主要包括_____、_____、_____、_____、_____、_____、_____等。
3. 废气再循环控制电磁阀两引脚间电阻应为_____Ω。
4. 真空控制阀正常情况下，用手动真空泵由真空管接头给真空控制阀施加约_____kPa 真空度时，从活性炭罐侧孔吹入空气，应_____；不施加真空度时，吹入空气则_____。
5. 氧传感器的失效原因主要有两种：一种是_____；另一种是_____。

二、判断题

1. 含铅汽油不会对三元催化器造成损坏。（ ）
2. 活性炭罐电磁阀的电阻正常值为 10 ~ 15 Ω。（ ）

三、解答题

1. 简述 EGR 的功能。
2. 简述 EGR 的结构组成。
3. 写出 EGR 阀的类型。
4. 简述燃油蒸发控制系统的功用及结构组成。
5. 简述汽车燃油蒸发排放的来源。
6. 简述燃油蒸发控制系统的工作条件。
7. 简述三元催化转化器的作用。
8. 简述三元催化转化器的结构组成及各组成的作用。
9. 简述三元催化转化器在氧传感器、电控燃油供给系统的作用。
10. 简述二次空气喷射系统的作用。
11. 简述二次空气喷射系统有哪些类型。
12. 简述二次空气喷射系统的工作条件。
13. 简述二次空气喷射系统的工作原理。

项目六
发动机故障诊断系统

项目导读

随着电子技术的发展,发动机电控系统越来越复杂。复杂的电控系统在提升了车辆的经济性、动力性和环保性的同时也增加了维修人员的维修难度,为了减少维修人员的工作量,现在汽车发动机电控系统都装配了自诊断系统。本章节讲解了车载自诊断OBD系统、电控单元的信号技术以及发动机电控系统常见故障的维修方法,旨在让同学更加清楚的了解发动机电控系统的工作原理和检修方法。

思维导图

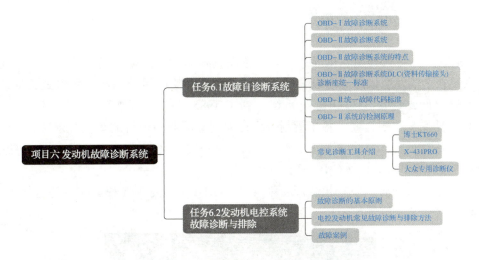

任务 6.1 故障自诊断系统

素质目标

1. 培养独立思考的意识。
2. 培养团队合作意识。
3. 培养劳动意识。
4. 培养创新意识。

知识目标

1. 了解车载故障诊断系统发展史。
2. 了解OBD-Ⅱ车载故障诊断设备的工作原理。
3. 掌握OBD-Ⅱ故障诊断设备的使用方法。

技能目标

1. 能正确使用OBD-Ⅱ故障诊断工具。
2. 能使用OBD-Ⅱ故障诊断设备读取故障码、数据流。
3. 能根据自诊断信息分析故障原因。

任务分析

现目前所有车型都已经配备了OBD-Ⅱ车载故障诊断系统,该系统可以大大地缩短维修时间,是维修人员必须掌握的知识内容。本章节主要学习OBD-Ⅱ车载故障诊断系统的发展史、工作原理和检测设备的使用方法。

任务讲解

6.1.1 OBD-Ⅰ故障诊断系统

自20世纪80年代开始,世界各汽车制造厂就在车辆上配备全功能的控制和诊断系统。这些新系统在车辆发生故障时可以警示驾驶,并且在维修时可经由特定的方式读取故障码,以加快维修时间,这便是车载诊断系统。到了1985年,美国加利福尼亚州大气资源局(CARB)开始制定法规,要求各车辆制造厂在加利福尼亚州销售的车辆必须装置OBD系统(即On-Board Diagnostics的缩写),这些车辆上配备的OBD系统称为OBD-Ⅰ(第一代随车诊断系统)。OBD-Ⅰ必须符合下列规定:

(1)仪表板必须有"发动机故障警报灯"(MIL),以提醒驾驶员注意特定的车辆系统已发生故障(通常是废气控制相关系统),如图6-1-1所示。

图6-1-1 发动机故障警报灯 MIL

（2）系统必须有记录/传输相关废气控制系统故障码的功能。

（3）电器组件监控必须包含：氧传感器、废气再循环装置（EGR）、燃油箱蒸气控制装置（EVAP）。

起初加利福尼亚州大气资源局制定 OBD－Ⅰ 的用意是要减少车辆废气排放以及简化维修流程，但由于 OBD－Ⅰ 不够严谨，遗漏了三元催化转化器的效率监测、油气蒸发系统的泄漏侦测以及发动机是否缺火的检测，导致碳氢化合物排放增加。再加上 OBD－Ⅰ 的监测线路敏感度不高，等到发觉车辆故障再进厂维修时，事实上已排放了大量的废气。

OBD－Ⅰ 除了无法有效地控制废气排放，它还引起另一个严重的问题：各车辆制造厂发展了自己的诊断系统、检修流程、专用工具等，给非特约维修站技师的维修工作带来许多问题。加利福尼亚州大气资源局（CARB）眼见 OBD－Ⅰ 系统离当初制定的目标越来越远，即开始发展第二代随车诊断系统（OBD－Ⅱ）。

6.1.2 OBD－Ⅱ 故障诊断系统

1993 年以后，美国汽车工程学会（SAE）制定了一套标准规范，经由"环境保护机构"（EPA）及"加州资源协会"（CARB）认证通过，并要求各汽车制造厂家依照 OBD－Ⅱ 标准提供统一的诊断模式、插座，由一台仪器即可对各车种进行诊断检测。

OBD－Ⅱ 是美国加州规定的标准，凡是销售到美国加州的车，不论欧、美、日均需符合该标准，中国台湾也采用这一标准。OBD－Ⅱ 与之前的车载诊断系统不同之处在于有严格的排放针对性，其实质性能就是通过监测汽车的动力和排放控制系统来监控汽车的排放。当汽车的动力或排放控制系统出现故障，有可能导致一氧化碳（CO）、碳氢化合物（HC）、氮氧化合物（NO_x）或燃油蒸发污染量超过设定的标准，故障警报灯就会点亮报警。所以 OBD－Ⅱ 可在发动机的运行状况中持续不断地监控汽车尾气，一旦发现尾气超标，就会马上发出警报。当系统出现故障时，故障（MIL）警报灯或检查发动机警告灯亮，同时发动机 ECU 将故障信息存入存储器，通过程序可以将故障码从发动机 ECU 中读出。根据故障码的提示，维修人员就能迅速准确地确定故障的性质和部位。

6.1.3 OBD－Ⅱ 故障诊断系统的特点

（1）统一诊断座形状，为 16pin（针），如图 6－1－2 所示。

（2）具有数值分析资料传输功能（DLC）。

（3）统一各车种相同故障码及意义。

（4）具有行车记录器功能。

（5）具有重新显示记忆故障码功能。

（6）具有可由仪器直接清除故障码功能。

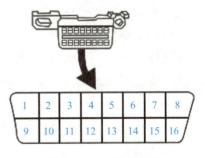

图 6－1－2　诊断接头

6.1.4 OBD-Ⅱ故障诊断系统 DLC（资料传输接头）诊断座统一标准

（1）DLC 诊断座统一为 16pin 脚并装置在驾驶室内，一般在驾驶侧仪表板下方。

（2）DLC 脚有两个标准：ISO—欧洲统一标准，利用 7JHJ、15JHJ 脚传输资料；SAE—美国统一标准（SAE-J1850）（SAE 是 Society of Automotive Engineers：美国机动车工程师学会的缩写。SAE 标准成立于 1905 年，是国际上最大的汽车工程学术组织），利用 2JHJ、10JHJ 脚传输资料。

OBD-Ⅱ诊断座各端子功能如表 6-1-1 所示。

表 6-1-1　OBD-Ⅱ诊断座各端子功能

端子	用途	端子	用途
1	生产厂家自行设定	9	生产厂家自行设定
2	美国款车诊断用 BUS+线，SAEJ1850	10	美国款车诊断用 BUS-线，SAEJ1850
3	生产厂家自行设定	11	生产厂家自行设定
4	直接在车身搭铁	12	生产厂家自行设定
5	信号搭铁（信号回流）	13	生产厂家自行设定
6	CAN-H，ISO 15765-4	14	CAN-L，ISO 15765-4
7	欧款车诊断用 K 线，ISO 09141 欧款车诊断用，ISO-9141	15	欧款车诊断用，ISO-9141
8	生产厂家自行设定	16	接蓄电池"+"极

6.1.5 OBD-Ⅱ统一故障码标准

1. 故障码的构成

故障码由五位数（字）构成，第一个为英文字母，代表被测试的系统，例如：

B（Body）—车身电脑；

C（Chassis）—底盘电脑；

P（Powertrain）—发动机变速器电脑；

U—车身网络。

2. 举例

1）FORDEEC-V（福特汽车第五代电脑）

故障码 P1352

（1）代表被检测的系统，P 代表发动机变速器 ECU。

（2）第二位数，代表汽车制造厂码，0 代表 OBD-Ⅱ定义的故障码，1 代表制造厂商定义的故障码，2 与 3 为 SAE 未定义代码，其余 1~9 代表各汽车制造厂自行定义的故障码。

（3）第三、四位数为故障定义，由 SAE 定义的故障码，如表 6-2-2 所示。

表 6-1-2　SAE 定义的故障码

故障码	诊断内容	故障码	诊断内容
1	燃料和进气系统故障	5	怠速控制系统故障
2	燃料和进气系统故障	6	ECU 或执行元件系统故障
3	点火系统不良或发动机间歇熄灭	7	电控变速器控制系统故障
4	废气控制系统故障	8	电控变速器控制系统故障

6.1.6　OBD-Ⅱ系统的检测原理

OBD 系统是由硬件和软件两部分组成。硬件主要包括了各种传感器、执行器、电控单元、诊断接口和诊断连接线路等。软件部分主要是故障自诊断底层控制代码和标定，因为系统的不同，控制策略不同，自诊断系统数可能需要几万行代码和上万个标定。

控制单元根据底层程序监控传感器或执行器的工作状态（或接收传感器发送的信号），再根据底层程序和标定分析传感器或执行器的工作状况（或通过传感器发送的信号分析发动机的工作状况）。控制单元将分析结果储存并发送至网关系统，网关系统将故障信息进行"翻译"，让其他电控系统也能共享相关故障信息。比如，组合仪表控制单元就会根据故障信息点亮相应的故障灯，如图 6-1-3 所示。

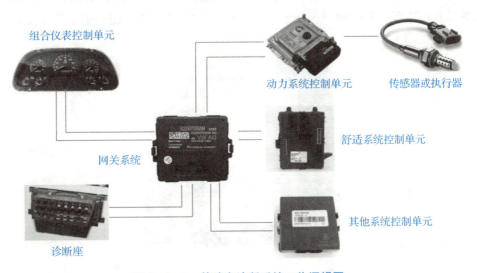

图 6-1-3　故障自诊断系统工作逻辑图

我们可以使用诊断工具连接车辆的诊断座，读取网关系统控制单元中存储的故障信息。同时，我们可以通过专用设备读取故障自诊断系统的实时数据，也可以根据数据自行判断发动机的工作状况。这两种方式都可以给维修工作指引方向，大大地节省维修时间。

解码仪的使用与数据流的读取

6.1.7 常见诊断工具介绍

1. 博士 KT660

博士 KT660 是博士检测设备（深圳）公司生产的新一代便携式汽车故障诊断仪，操作简单、便于维护，适配于目前市场上绝大部分传统车型故障诊断系统。支持大众、丰田、日产等多种车系电控系统自动扫描、大众车型维修指引、保养等快速复位、故障码显示和一键清除、数据流动态显示等功能，如图 6-1-4 所示。

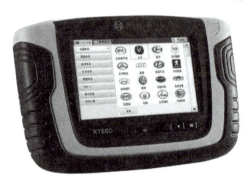

图 6-1-4 博士 KT660

2. X-431 PRO

X-431 PRO 是目前汽车维修行业使用量比较多的一款国产智能化汽车诊断仪，是由深圳元征科技股份有限公司自主研发的。该设备支持智能化诊断和远程诊断，诊断正确率高，特殊功能多，可以自动识别车辆信息并完成快速诊断，还可以在线查阅车辆历史故障。该设备还具备保养灯清零、车窗初始化调节、胎压复位、防盗匹配、ABS 排气、制动片复位等特殊功能，如图 6-1-5 所示。

图 6-1-5 X-431 PRO

3. 大众专用诊断仪

一些车系有着自己专用的故障诊断设备，其中大众专用诊断仪就是大家较为熟知的。大众专用诊断仪 VAS6150E 是大众汽车专用故障诊断仪，可以对大众不同车型进行更加专业的故障诊断、数据流读取和参数设置等。这类诊断仪针对性强，故障诊断准确率高，专用功能齐全，但是不具备通用性，如图6-1-6所示。

图6-1-6　大众专用诊断仪 VAS6150E

任务6.2　发动机电控系统故障诊断与排除

素质目标

1. 培养讲原则、守规矩的意识。
2. 培养劳动意识。
3. 培养独立思考能力。
4. 培养总结分析能力。
5. 培养工匠精神。

知识目标

1. 掌握发动机电控系统故障诊断方法。
2. 掌握发动机电控系统故障诊断设备的使用方法。
3. 掌握发动机电控系统故障诊断分析方法。

技能目标

1. 能够准确地对故障现象进行描述和分析。
2. 能正确使用故障诊断设备。
3. 能按照正确操作规范对故障进行检修。
4. 能根据故障诊断结果准确地对故障发生机理进行分析。

任务分析

在实际维修中，发动机电控系统发生的故障往往不能直接判断出是某一系统的故障，需要维修人员具有较好的综合能力，在熟悉各个系统工作原理、故障排除方法的基础上融会贯通、活学活用。本节就是向大家介绍发动机综合性故障诊断排除的方法与技巧。注意了解电控发动机常见故障如无法起动、怠速不稳、加速不良等形成的原因，并熟练掌握用万用表、解码仪等工具对上述故障进行诊断与排除的基本方法。

任务讲解

6.2.1 故障诊断的基本原则

先思后行、先熟后生、先简后繁、先外后内、先机后电、先查后测、代码优先。

6.2.2 电控发动机常见故障诊断与排除方法

1. 电控发动机无法起动

发动机不能起动的现象主要有以下几种：起动机不转动，发动机无法起动；起动机带不动发动机转动，或能带动，但转动缓慢；起动机能带动发动机正常转动，但不能起动，且无着车征兆；有着车征兆，但不能起动。造成发动机不能起动的原因很多，有起动系统、点火系统、汽油喷射系统及发动机机械故障等。其发动机机械故障而造成发动机不能起动的故障不在本书的叙述范围内。下面就以故障树形式对诊断方法加以说明。

（1）发动机无法起动故障分类如图6-2-1所示。

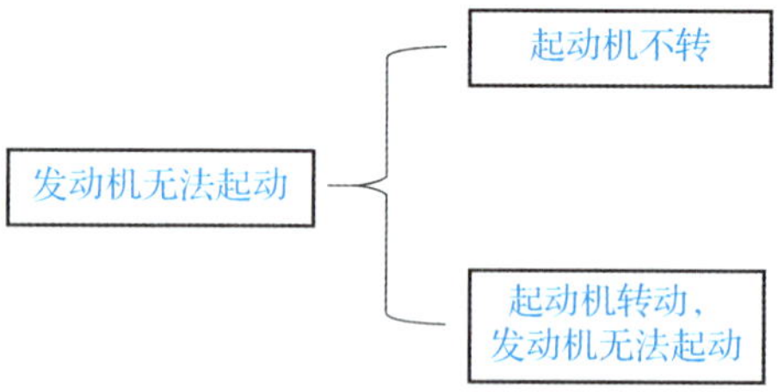

图6-2-1 发动机无法起动故障分类

（2）起动机不转，发动机无法起动故障分析，如图6-2-2所示。

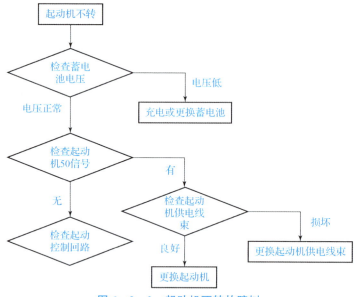

图6-2-2 起动机不转故障树

（3）起动机正常转动，发动机无法起动故障分析，如图6-2-3所示。

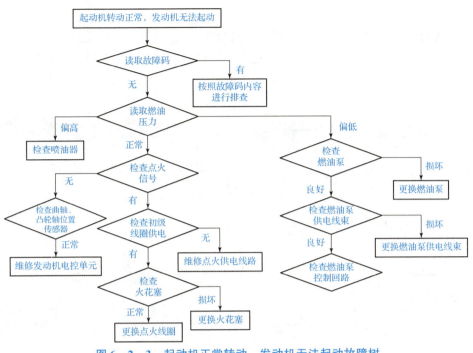

图 6-2-3 起动机正常转动，发动机无法起动故障树

2. 发动机怠速不良

怠速不良是电喷发动机最常见的故障。它有多种表现形式，包括怠速不稳、怠速熄火、冷车怠速不良、热车怠速不良等。造成怠速不良的原因很多，在故障诊断与排除过程中，要根据故障的具体表现来分析故障原因。下面通过故障树分析法介绍常见发动机怠速不良故障排除方法，如图 6-2-4 所示。本书不考虑发动机机械故障。

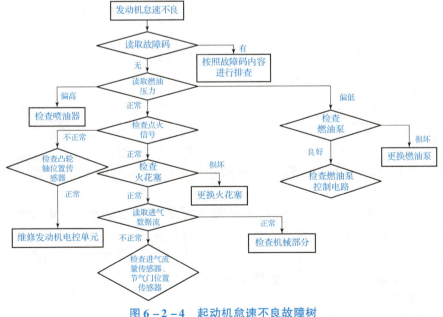

图 6-2-4 起动机怠速不良故障树

3. 发动机动力不足

发动机无负荷运转时基本正常，但带负荷运转时加速缓慢，上坡无力。运行中感到动力不足，发动机转速不能提高，达不到最高车速，这样的故障原因主要是在较高转速下发动机点火正时不准确和空燃比匹配不当导致的。下面以故障树分析法向大家介绍此类故障的基本排除方法，如图6-2-5所示。

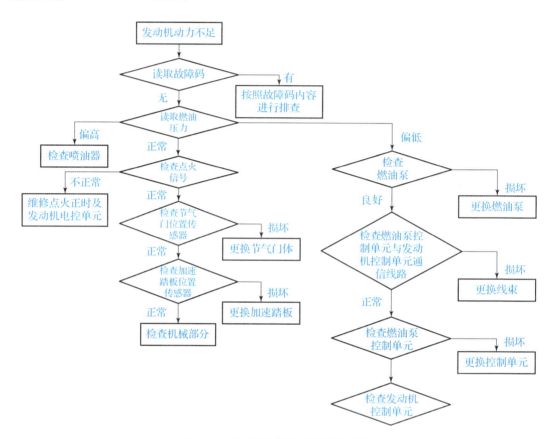

图6-2-5 起动机动力不足故障树

6.2.3 故障案例

案例一

车辆信息：17年款大众迈腾B7L，行驶里程为4.2万km，车辆未发生过事故，没有重大危险记录。

车主抱怨：车辆无法起动。车辆前一段时间出现过起动困难的情况，经常需要长时间打火才能着车，车辆着火后行驶正常。但是大概一周后车辆无法起动。

技师检查：经检查，车辆仪表正常点亮，没有故障灯。起动时起动机转动正常，车辆没有着车迹象。用诊断仪读取故障码，发现无故障码。

检车结果分析：

车辆起动的条件主要有以下几点：

(1) 车辆供电正常；
(2) 起动机工作正常；
(3) 点火系统工作正常；
(4) 燃油供给系统工作正常；
(5) 凸轮轴、曲轴位置传感器工作正常；
(6) 相关控制单元正常。

根据检查结果依据从简到繁原则做出以下维修思路：

(1) 检查点火信号是否正常，根据检查结果再确定下一步检测思路。

用示波器检查四缸点火信号发现点火信号均正常。怀疑某缸火花塞存在问题，拆下火花塞进行检查。用火花塞测试仪对火花塞进行检测，四缸火花塞点火均正常。但是在检测的过程中发现有淹缸现象，尤其是3缸淹缸严重，怀疑是喷油器故障。

(2) 检测喷油器工作是否正常，再根据结果做出进一步判断。

用万用表检测喷油器阻值，阻值均在15 Ω左右，阻值正常。虽然喷油器阻值正常，但是根据淹缸的情况仍然怀疑喷油器故障。用喷油器检测设备检测，3缸喷油器雾化状况较差，其他缸正常。更换3缸喷油器并清洁各缸内燃油后试车，有着车迹象，依然无法顺利起动。

(3) 根据以上情况，仍然怀疑供油系统存在故障。用示波器检查各缸喷油器驱动信号，3缸信号存在异常。检查3缸喷油器信号线到发动机控制电脑端电阻值，阻值小于1 Ω，阻值正常。

(4) 根据检查结果确定发动机ECU供油模板故障。更换发动机ECU后故障消失，顺利着车。

任务考核

一、填空题

1. OBD-Ⅱ系统即是_____系统。
2. 当电路或传感器发生故障时，故障自诊断系统自动起动_____功能。
3. 调取故障码时，检查蓄电池电压应在_____以上。
4. 怠速转速控制实质是对怠速时的_____控制。
5. 系统的故障代码由一个_____和四个_____组成。
6. 电控发动机三个断油功能是_____断油_____断油和_____断油。
7. 传感器输出波形信号通常分为_____和_____信号。
8. 存储器中只读存储器是用来存储_____固定信息的。
9. 应急备用系统工作时，只能将发动机工况简单地分为_____、_____和_____三种。
10. 失效保护是ECU根据_____信号和_____信号按固定的喷射时间控制发动机工作。

二、选择题

1. 最佳空燃比闭环控制是在开环控制的基础上，在一定条件下由微机根据（　　）输出的氧浓度信号，修正燃油供应量使混合气空燃比保持在理想状态。

A. 空气流量计 B. 进气歧管压力传感器
C. 氧传感器 D. 节气门位置传感器

2. ECU 在进行点火提前角自动控制时，需要三个基本输入信号，即（　　）、发动机转速信号和曲轴位置信号。

A. 发动机负荷信号 B. 氧传感器信号
C. 车速信号 D. 进气温度信号

3. 测量传感器电源线电压时，若传感器端处的基准电压低于 5 V，而 ECU 端处的电压也低于 5 V，则可能的原因是（　　）。

A. 电源线有问题 B. 传感器有问题
C. ECU 有问题 D. 蓄电池电压有问题

4. 下面哪一种不是减速断油的条件？（　　）

A. 节气门在开的状态 B. 发动机水温达到正常水温
C. 发动机转速高于一定数值

5. OBD–Ⅱ诊断座是（　　）端子孔的。

A. 12　　　　　　B. 14　　　　　　C. 16　　　　　　D. 18

三、判断题

1. 历史故障码通常可能是由偶然情况或以前的维修引起的。（　　）

2. ECU 有学习功能，但 ECU 的电源电路一旦被切断后，它在发动机运行进程中储存的数据会消失。（　　）

3. 因为电控汽车有失效保护功能，所以当曲轴转速传感器信号丢失时，还可以起动着车维持回家功能。（　　）

4. 不要轻易断开蓄电池负极，否则将丢失存储器中的故障码。（　　）

5. 有故障码存在说明发动机系统一定存在故障。（　　）

四、简单题

1. 自诊断系统的功用是什么？OBD–Ⅱ诊断座有什么优点？

2. 发动机 ECU 的故障码显示进气温传感器开路或短路，试分析故障原因有哪些？如何检测？

3. 发动机控制系统的作用是什么？它由哪几部分组成？

4. 如何读取和清除丰田车系故障码？

5. OBD–Ⅱ如何进行工作？失效保护和应急备用系统在什么条件下工作？

项目七

柴油机电控系统检修

项目导读

柴油机电控技术是在解决能源危机和排放污染两大难题的背景下，在飞速发展的电子控制技术平台上发展起来的。汽油机电控技术的发展为柴油机电控技术的发展提供了宝贵经验。现代柴油机电控系统已经渗透到柴油机整机运行的各个方面，但燃油喷射仍然是其控制的核心。柴油机混合气的形成和燃烧过程极为复杂，无法建立精确的数学模型。目前，各种柴油机电控喷油系统采用把发动机转速和加速踏板位置信号作为反映发动机实际工况点的基本信号，通过发动机和整车试验得出的 MAP 来选择喷油量和喷油正时等控制量的目标值，并对执行器进行反馈控制。

思维导图

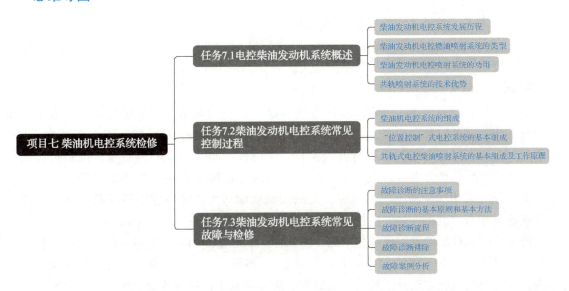

任务 7.1 电控柴油发动机系统概述

素质目标

1. 培养学生认真分析问题的能力以及团队协作精神。

2. 培养学生爱岗敬业的劳动精神。

知识目标

1. 了解柴油发动机电控系统发展历程。
2. 熟悉柴油发动机电控燃油喷射系统的类型与功用。
3. 了解共轨喷射系统的技术优势。

技能目标

1. 掌握柴油发动机电控燃油喷射系统的控制方式。
2. 掌握高压共轨系统的元件安装位置与认知。

任务分析

柴油机自1897年问世以来，因其动力性好、燃油消耗率低而广泛应用于中、重型汽车中。其发展经历了机械泵燃油喷射技术、增压技术和电子控制技术3次飞跃，其中以电子控制技术的发展影响最大，电子控制的采用增加了系统的信息处理量和处理功能，同时提高了控制精度，实现了柴油机喷油量和喷油正时随转速及负荷的变化而发生模式较为复杂的变化。了解柴油机电控燃油喷射系统的发展历程；了解三代电控燃油喷射系统的各自优缺点。

任务讲解

7.1.1 柴油发动机电控系统发展历程

柴油机的电子控制技术大致可分为3个阶段：

1. 第一代柴油机电控系统

采用"位置控制"和"时间控制"，供（喷）油压力与传统柴油机相同，称为常规压力电控系统。以电控泵为代表，这种控制方式的优点是，柴油机的结构几乎不需改动，生产继承性好，便于对现有柴油机进行升级换代。"位置控制"方式的缺点是，控制过程比较慢，精度低，喷射压力也难以进一步提高，无法改变原喷油系统中的喷油规律。"时间控制"方式仍然采用脉冲高压供油原理，无法控制喷油压力，对高速电磁阀的性能依靠度较大，制造有相当的困难，例如电控分配泵（DIP，Distributor Injection Pump）。

博世分配泵最新的第4代产品中的VP30轴向分配泵和VP44（图7-1-1）径向柱塞分配喷射泵可以产生100 MPa（1 000 bar）的压力，能够满足小型、高速的直接喷射柴油机的需要，同时高喷射压力提升了喷嘴雾化效果，进而降低了油耗及排放。

2. 第二代柴油机电控系统

采用"时间-压力控制"或"压力控制"，喷油压力较高，称为高压电控系统。以共轨系统为代表，"时间-压力控制"系统中，ECU控制供油压力调节阀使喷油器的喷油压差保持不变，再通过控制三通电磁阀工作实现喷油量和喷油正时的控制。电磁阀通电开始时刻决定了喷油的开始时刻，其通电时间决定喷油量。

图 7-1-1　VP44 径向柱塞分配喷射泵

"压力控制"系统中，喷油器喷孔尺寸一定，喷油时间一定，控制喷油压力即可控制喷油量；而在增压活塞和柱塞尺寸一定时，喷油压力（即增压压力）取决于共轨中的油压，共轨中的油压是由 ECU 根据各种传感器信号通过燃油压力调节阀来控制的，所以将此种喷油量控制方式称为"压力控制"方式。在系统中，ECU 根据实际的共轨压力信号对共轨压力进行闭环控制，例如泵喷嘴系统（UIS，Unit Injector System）。

喷油泵和喷油器（图 7-1-2）组成一个单元，每个发动机气缸都在其缸盖上装这样一个单元，它直接通过摇臂或者间接地由发动机凸轮轴通过推杆来驱动。

图 7-1-2　泵喷嘴系统 UIS

3. 第三代柴油机电控系统

集"共轨"技术、"时间控制"燃油喷射技术、涡轮增压中冷技术、多气门技术、废气再循环技术、选择性催化还原、过滤器再生技术、压电技术等于一体，以压电式高压共轨系统为代表，例如共轨喷射系统（CRS，Common Rail System）。

共轨喷射系统（图7-1-3），ECU通过接收各传感器的信号，控制喷油器电磁阀，以正确的喷油压力在正确的喷油时间喷射出正确的油量。

图7-1-3 共轨喷射系统

7.1.2 柴油发动机电控燃油喷射系统的类型

柴油发动机电控燃油喷射系统的控制方式可分为三大类：开环控制、闭环控制和开环-闭环复合式控制，如图7-1-4所示。三种控制方式对柱塞式喷油泵和分配泵均适用。

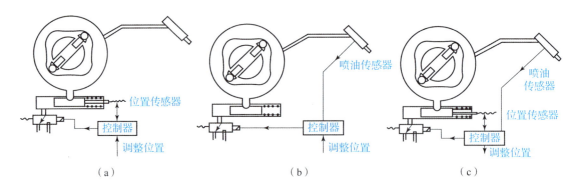

图7-1-4 柴油机电子控制系统的控制方式
(a) 开环；(b) 闭环；(c) 开环-闭环复合式

1. 开环控制

特点：是用电子控制装置取代喷油提前调节装置。

结构：分配泵凸轮滚环→液压正时活塞→电磁阀控制（燃油反馈压力）。

转速、冷却液温度、总供油量由电控单元贮存的最佳供油提前角发出指令→控制单元→电磁阀。

2. 闭环控制

一般采用喷油传感器或点火正时传感器反馈实际喷油正时。当 ECU 根据反馈回来的信息发现实际喷油正时在调整点之外时,它就通过电磁阀控制正时活塞使之回到调整点。

3. 开环 – 闭环复合式控制

电控单元把开环 – 闭环综合起来,调整实际喷油正时出现误差,进行误差补偿。通常在相邻两次喷油间就能达到调整点。

7.1.3 柴油发动机电控喷射系统的功用

1. 喷油量控制

基本喷油量控制(转速、节气门位置信号)、修正喷油量(进气温度、进气压力、冷却液温度信号),通过电磁溢流阀对喷油量进行精确控制。

2. 喷油正时控制

喷油正时是由发动机转速和节气门位置决定的,并由进气温度、进气压力、冷却液温度等信号修正。

3. 怠速控制

通过反馈控制系统控制怠速喷油量,使怠速控制在目标转速。

4. 各缸喷油量不均匀修正

由于各缸喷油泵的性能差异导致各缸喷油量的差异,引起发动机转速波动,即所谓怠速颤振。

利用电磁溢流阀快速响应,及时修正各缸的喷油量来降低发动机转速波动,按各缸转速无波动偏差来控制各缸喷油量。

5. 排气再循环控制

减少排气中的 NO_x 排放量,与汽油机电控系统相同。

6. 进气节流控制

系统通过控制节气门的开度,控制进气量,降低怠速时的振动和噪声,停车时系统关闭节气门中断进气,减轻发动机的振动。

7. 增压控制

电控系统控制增压压力和进气量、空燃比。

8. 进气涡流强度控制

系统通过控制进气通道的变化,以便在不同转速负荷下更好地组织进气涡流,改善燃烧质量,提高动力性、经济性、降低排放和污染。

9. 起动预热控制

在不同的起动条件下系统通过控制起动预热塞的通电时间改善柴油机低温起动和低温怠速运转。

10. 故障自诊断及故障保护功能

此项与汽油机电控系统基本相同。

7.1.4 共轨喷射系统的技术优势

柴油机共轨式电控燃油喷射技术是一种全新的技术，因为它集成了计算机控制技术、现代传感检测技术以及先进的喷油结构于一体。它不仅能达到较高的喷射压力、实现喷射压力和喷油量的控制，而且能实现预喷射和后喷，从而优化喷油特性形状，降低柴油机噪声和大大减少废气的排放量。该技术的主要特点如下：

（1）采用先进的电子控制装置及配有高速电磁开关阀，使喷油过程的控制十分方便，并且可控参数多，益于柴油机燃烧过程的全程优化。

（2）采用共轨方式供油，喷油系统压力波动小，各喷油器间相互影响小，喷射压力控制精度较高，喷油量控制较准确。

（3）高速电磁开关阀频率高、控制灵活，使喷油系统的喷射压力可调范围大，并且能方便地实现预喷射、后喷等功能，为优化柴油机喷油规律、改善其性能和降低废气排放提供了有效手段。

（4）系统结构移植方便，适应范围宽，不像其他的几种电控喷油系统，对柴油机的结构形式有专门要求；高压共轨系统能与目前的小型、中型及重型柴油机很好地匹配。

知识拓展

直 列 泵

直列泵的历史已经很久远了，但生命力依然强大。我们基本没有看到直列泵在轿车上使用的时代，而目前直列泵也主要用在商用车上，同时也基本上实现了电控。同时，这类型的喷油泵也是最经典的柴油喷射系统。这种泵的特点就是需要多个独立的喷油通道（柱塞和高压管），有多少个缸就需要多少个喷油柱塞，柱塞的活动类似于发动机的活塞活动，将油压缩后喷射。由于柱塞多、体积大，对于高速使用的轿车来说不太合适，因此后来出现了分配泵。

任务7.2　柴油发动机电控系统常见控制过程

素质目标

1. 培养独立思考能力。
2. 培养总结分析能力。
3. 培养工匠精神。

知识目标

1. 了解柴油机电控系统组成。

2. 了解"位置控制"式电控系统的基本组成。
3. 了解"高压共轨"式电控系统的基本组成。

技能目标

1. 掌握不同柴油机电控燃油喷射系统中喷油量的控制方法。
2. 掌握"位置控制"式电控系统供油量控制。

任务分析

了解轴向柱塞式分配泵"位置控制"式电控系统的基本组成；了解发动机 ECU 对 VP37 分配泵喷油量的控制、喷油正时的控制；能利用解码仪、万用表等工具对电控系统的故障做出正确的诊断。

柴油机电控系统一般由传感器、ECU、执行器三部分组成。

任务讲解

7.2.1 柴油机电控系统的组成

1. 电控系统传感器

传感器（包括信号开关）用来检测柴油机与汽车的运行状态，并将检测结果转换成电信号输送给 ECU。根据用途和功能分为以下三种类型。

1）运行工况传感器

运行工况传感器指用来检测柴油机运行工况基本参数的传感器，如加速踏板位置传感器、凸轮轴/曲轴位置传感器、空气流量计等。这类传感器向 ECU 输送的信号，一般作为控制系统工作时的主要控制信号，用来确定基本循环供（喷）油量或基本供（喷）油提前角等。

2）修正信号传感器

修正信号传感器指用来检测柴油机运行工况非基本参数的传感器，如冷却液温度传感器、燃油温度传感器、进气温度传感器、进气压力传感器等。这类传感器向 ECU 输送的信号，作为控制系统工作时的辅助控制信号，用来对基本循环供（喷）油量或基本供（喷）油提前角等进行修正。

3）反馈信号传感器

反馈信号传感器指闭环控制系统中用来检测控制系统执行元件实际位置的传感器。在柴油机电控燃油喷射系统中主要包括供（喷）油量传感器（如供油齿条位置传感器、油量控制滑套位置传感器、燃油压力传感器等）和供（喷）油正时传感器（如分配泵正时活塞位置传感器、着火正时传感器等）两大类。

上述三类传感器中大多数是和现代汽车汽油机电控系统中使用的传感器通用的，如凸轮轴/曲轴位置传感器、各种温度传感器、空气流量计等。但也有一些是与汽油机电控系统中使用的传感器不完全相同的，或是柴油机电控系统中特有的，如光电式着火正时传感器等。

2. 电控系统 ECU

ECU 的功用是根据各传感器输入信号和内存程序,计算出供(喷)油量和供(喷)油开始时刻,并向执行元件发出指令信号。柴油机电控系统在运算原理、控制原理、存储原理、数据传输原理及程序设计等方面与汽油机电控系统基本相同。

3. 电控系统执行元件

柴油机电控系统中所用的执行元件与汽油机有很大的不同,特别是在燃油喷射控制中所用的执行元件。由于柴油机缸内混合的特征对循环喷油量、喷油正时的精度要求很高,柴油机燃油喷射又具有高压、高频和脉动等特点,再加上柴油机燃油喷射装置的多样性,这些都使现代汽车柴油机电控系统在燃油喷射控制中所用的执行元件远比汽油机复杂,技术含量也要高得多。可以这样说,柴油机电控技术的关键和难点就是执行元件。

7.2.2 "位置控制"式电控系统的基本组成

一汽大众推出的捷达 1.9SDI 轿车,是国际成熟柴油技术首先应用于中国的轿车。SDI 是英文 Suction Direct Injection 的缩写,意为自然吸气直接喷射(柴油发动机)。它采用德国 BOSCH 公司 VP37 分配泵,属于第一代"位置控制"式电控系统。它的基本组成如图 7-2-1 和图 7-2-2 所示。

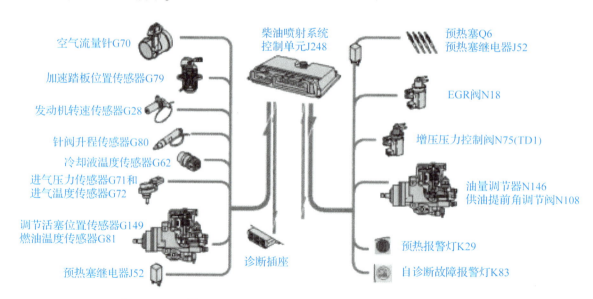

图 7-2-1 轴向柱塞式分配泵"位置控制"式电控系统的基本组成

1. 燃油滤清器(低压油路)

柴油中水分大,需要油水分离器。捷达轿车燃油滤清器和油水分离器是制成一体的,其结构如图 7-2-3 所示,其工作原理如图 7-2-4 所示。在更换新滤芯时,需先将新滤芯加满柴油,然后再更换。

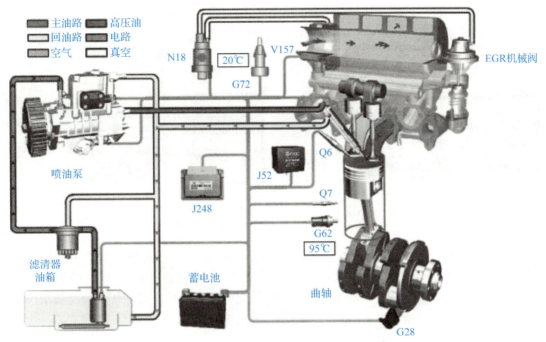

G28—曲轴转速传感器；G62—冷却液温度传感器；G72—进气温度传感器；J52—预热塞继电器；
J248—控制单元；Q6—预热塞；Q7—冷却液加热塞；V157—进气歧管翻板电动机；N18—EGR电磁阀。

图7-2-2 轴向柱塞式分配泵"位置控制"式电控系统的基本组成

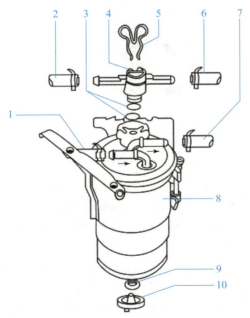

1—供油管（从油箱来）；2—回油管（到油箱）；3—O形密封圈；4—控制阀（注意安装方向）；5—安全销；
6—回油管（从喷油泵来）；7—供油管（到喷油泵）；8—燃油滤清器；9—密封圈；10—放水螺栓。

图7-2-3 燃油滤清器和油水分离器的集成结构

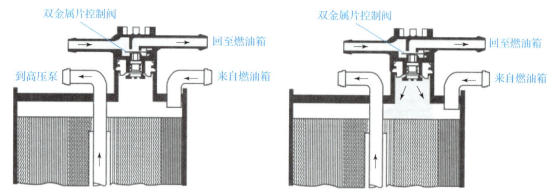

图 7-2-4 燃油滤清器的工作原理

2. 叶片式输油泵

叶片式输油泵是分配泵燃油供给系统中的第二级输油泵,它安装在分配泵内部,如图 7-2-5 所示,主要由转子、叶片、偏心环和端盖等组成。偏心环用定位销与喷油泵壳体固定;转子装在偏心环内,转子上的 4 个凹槽中均装有叶片,叶片既可随转子一起转动,也可在转子凹槽内滑动;端盖用于封闭偏心环两端形成泵腔。

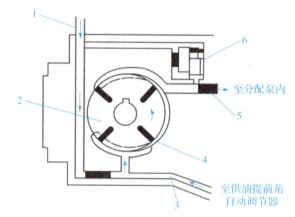

1—低压油管;2—转子;3—油道;4—叶片;5—输出油道;6—调压阀。

图 7-2-5 叶片式输油泵

叶片的外端为圆弧面,与偏心环内表面配合并始终保持接触,叶片将输油泵转子与偏心环内表面之间隔成 4 个泵油腔。输油泵转子与喷油泵轴用键连接。柴油机工作时,输油泵转子带动叶片在偏心环内转动,使其在温度高于 31 ℃时关闭,在温度低于 15 ℃时打开。

叶片、转子偏心环和端盖共同形成的 4 个泵油腔容积不断变化。当泵油腔转至进油口附近时,由于容积逐渐增大,将来自膜片式输油泵的柴油吸入泵油腔;泵油腔转过进油口后,容积逐渐减少,使泵油腔内的柴油压力升高;当泵油腔与出油口连通时,泵油腔内的柴油输出送往分配泵。调压阀用来限制输油泵的输出压力,当叶片式输油泵输出的油压超过规定值时,柴油顶开调压阀使部分柴油经调压阀流回低压油管。调压阀也可用来调整输油泵输出油压,增加调压阀弹簧预紧力,输油泵输出油压提高,反之输出油压降低。

3. 分配泵驱动机构

分配泵驱动机构的组成如图 7-2-6 所示。喷油泵轴支承在喷油泵壳体上,端面凸轮与分配泵柱塞连成一体,并用联轴器与喷油泵轴连接,端面凸轮的端面上有与气缸数相等的凸轮(凸峰)。

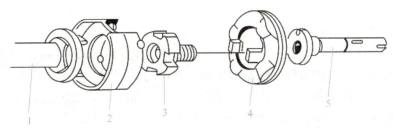

1—喷油泵轴;2—滚轮架;3—联轴器;4—端面凸轮;5—分配泵柱塞。

图7-2-6 分配泵驱动机构的组成

在柱塞回位弹簧作用下,端面凸轮始终抵靠在滚轮架的滚轮上。当喷油泵轴通过联轴器带动端面凸轮和柱塞一起转动,端面凸轮的凸峰转过滚轮时,端面凸轮和分配泵柱塞被顶向右做轴向移动;凸峰转过后,柱塞回位弹簧又使端面凸轮和分配泵柱塞向左回位。就这样,分配泵柱塞随喷油泵轴一起旋转的同时,在端面凸轮和回位弹簧作用下,不断进行往复轴向运动,喷油泵轴的转速为曲轴转速的一半,柱塞随喷油泵轴每转一圈,往复运动的次数与端面凸轮数(气缸数)相等。柱塞每往复运动一次,即完成一次吸油和泵油过程。

4. 位置控制式电控系统分配泵的工作过程

分配泵的工作过程可分为吸油、泵油、回油和均压四个过程。

1) 吸油过程 [图7-2-8(a)]

柱塞上设有4个(四缸发动机用)均布的轴向进油槽(图7-2-7)、1个分配孔、1个中心油道和1个泄油孔,柱塞套上均布4个与出油道对应的出油孔。

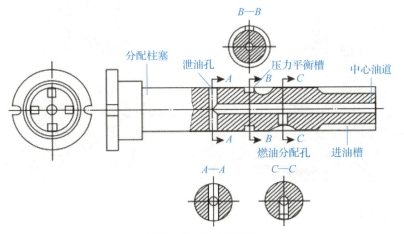

图7-2-7 分柱塞

当端面凸轮转过滚轮架上的滚轮时,柱塞在回位弹簧的作用下向左移动。此时,泄油孔被油量控制滑套封闭,分配孔与柱塞套上的出油孔错开,泵腔内因容积增大而产生真空度;当柱塞上的某一轴向进油槽与进油孔接通时,来自叶片式输油泵的柴油经进油道、进油孔和轴向进油槽进入泵腔,分配泵完成吸油过程。

2）泵油过程 [图7-2-8（b）]

随柱塞继续转动，轴向进油槽与进油孔错开，泄油孔仍被封闭，端面凸轮顶动柱塞使其向右移动，泵腔内的油压升高。当分配孔与柱塞套上的某一出油孔接通时，泵腔内的高压柴油即经柱塞中心油道和分配孔进入出油道，并顶开出油阀供往喷油器，分配泵完成泵油过程。柱塞上的轴向进油槽、柱塞套上的出油孔、泵体上的出油道都是沿圆周方向均布，且数量与柴油机气缸数相等。随分配泵柱塞的转动，柱塞每转一圈（曲轴转两圈），分配泵通过柱塞上的每个轴向进油槽各完成一次吸油过程；由于端面凸轮上的凸峰数量也与柴油机气缸数相等，所以柱塞每转一圈，柱塞上的分配孔与泵体上的每个出油道各接通一次，分配泵按做功顺序向各缸喷油器供油一次。在柱塞上还设有油压平衡槽，其功用是：在柱塞旋转过程中分别与出油道接通，以平衡各出油道内的压力，对保证分配泵向各缸分油均匀有利。

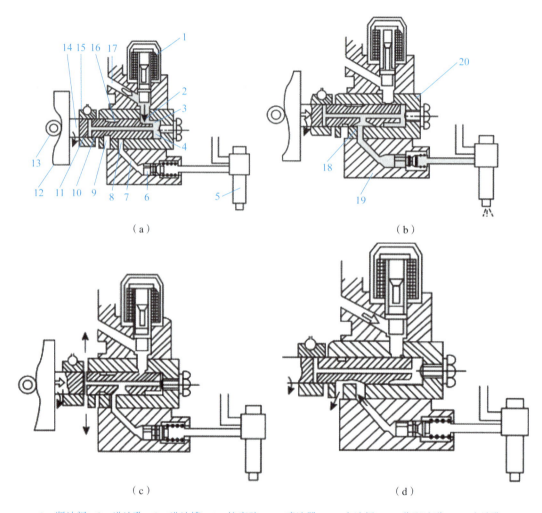

1—断油阀；2—进油孔；3—进油槽；4—柱塞腔；5—喷油器；6—出油阀；7—分配油道；8—出油孔；9—压力平衡孔；10—中心油孔；11—泄油孔；12—平面凸轮盘；13—滚轮；14—分配柱塞；15—油量调节套筒；16—压力平衡槽；17—进油道；18—燃油分配孔；19—喷油泵体；20—柱塞套。

图7-2-8 VE型分配泵的工作过程

(a) 进油过程；(b) 泵油过程；(c) 回油过程；(d) 均压过程

3）回油过程［图7-2-8（c）］

在分配泵泵油过程中，随柱塞向右移动，当泄油孔从油量控制滑套中露出，即与泵壳内腔相通时，分配泵内的高压柴油经柱塞中心油道和泄油孔流入泵壳内腔，出油道内油压迅速下降，出油阀关闭，分配泵泵油过程结束。

4）均压过程［图7-2-8（d）］

柱塞上开有压力平衡槽16，当柱塞转动180°后，该槽对准出油道，使出油道中的燃油压力与泵壳内的油压相平衡，这将有助于改善各缸分配的不均匀性。

5）停机熄火

分配泵上装有一个断油电磁阀，如图7-2-9所示。当点火开关处于ON位置时，断油电磁阀电路接通，将断油阀体吸起，分配泵进油道开通。当需要停机熄火时，只要关闭点火开关，断油电磁阀电路断开，断油阀体在弹簧作用下切断分配泵进油道，分配泵停止供油，柴油机熄火。

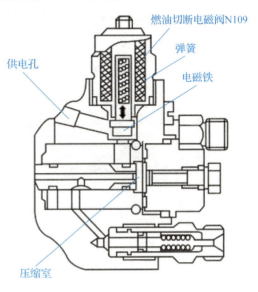

5. 位置控制式电控系统供油量控制

捷达SDI分配泵为轴向压缩式分配泵（VE泵），由其分配转子的转动来实现泵油和燃油分配的。分配泵供油量的调节是通过改变油量控制滑套在柱塞上的轴向位置来实现的，如图7-2-10所示。滑套向左移动时，泄油孔从滑套中露出之前柱塞有效泵油行程减小，供油量减少；滑套向右移动时，柱塞有效泵油行程增大，供油量增加。滑套的轴向位置由电子调速器控制。

图7-2-9 停机断油机构的结构

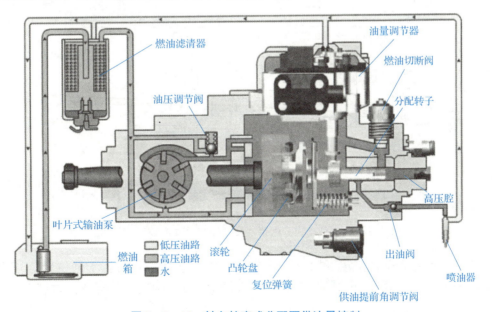

图7-2-10 轴向柱塞式分配泵供油量控制

电子调速器的结构如图7-2-11所示，由定子、转子、线圈、转子轴和滑套位置传感器等组成，转子轴下端的偏心钢球伸入油量控制滑套的凹槽中。当给线圈通入的直流电流变化时，就会产生使转子轴转动的电磁力矩。当电磁力矩与转子轴回位弹簧力矩平衡时，转子轴就会固定在某一位置。转子轴转动时，通过伸入滑套凹槽内的偏心钢球使滑套轴向移动，从而改变喷油泵的供油量。ECU根据发动机的工况计算出目标供油量，通过驱动回路控制流经线圈的电流方向来控制转子轴的转动方向，控制通电占空比来控制转子轴转动的角度，从而实现供油量的控制，如图7-2-12所示。

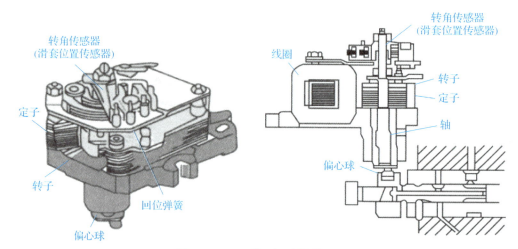

图7-2-11 电子调速器的结构

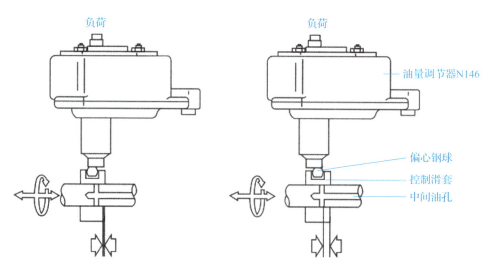

向左移动控制套筒，实际供油的有效行程 h 增大，供油量增加。向右移动控制套筒，实际供油的有效行程 h 减小，供油量减少。

图7-2-12 轴向柱塞式分配泵"位置控制"式电控系统供油量控制

滑套位置传感器安装在转子轴上，ECU通过该传感器检测的转子轴位置信号确定油量控制滑套的实际位置，并对滑套位置（即供油量）进行闭环控制，如图7-2-13所示。

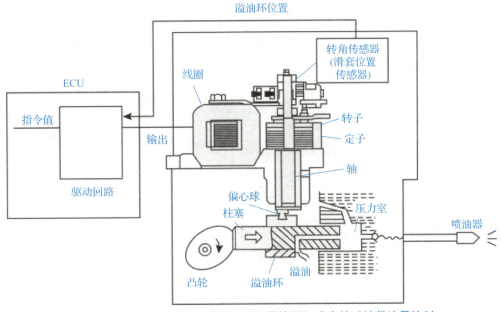

图 7-2-13　轴向柱塞式分配泵"位置控制"式电控系统供油量控制

6. 位置控制式电控系统供油正时控制

位置控制式电控分配泵供油正时的控制（图 7-2-14）通常是在原供油提前角自动调节器活塞两侧高低压腔之间增加一条液压通道，依靠占空比控制的正时控制阀使活塞两侧的油压发生变化，从而控制供油正时。正时控制阀结构如图 7-2-15 所示，由 ECU 传来的信号使电磁线圈 N108 产生电磁力吸动滑动铁芯，铁芯带动阀门移动，这样就改变了正时活塞右侧（高压腔）与左侧（低压腔）之间的压力差，从而使正时活塞移动，带动分配泵滚轮

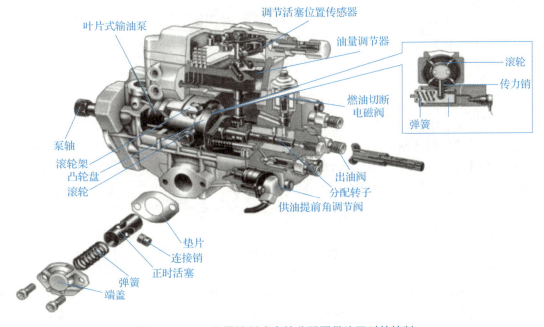

图 7-2-14　位置控制式电控分配泵供油正时的控制

架转动，以实现调整供油时刻。ECU 主要根据柴油机转速和加速踏板位置传感器信号确定基本供油提前角，再根据冷却液温度传感器信号进行修正，并通过正时控制阀控制正时活塞左右两侧油腔内的燃油压力差，以改变正时活塞的位置。正时活塞左右移动时，通过传动销带动转子分配泵内的滚轮架转动，从而改变喷油泵的供油正时。

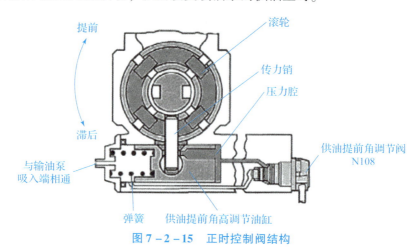

图 7-2-15 正时控制阀结构

当正时控制阀线圈通电时，高压腔与低压腔连通，活塞两端的油压差消失，在弹簧的作用下，活塞复位，喷油时间推迟。当正时控制阀线圈断电时，高压腔与低压腔断开，活塞在高压油压力的作用下压缩弹簧向左移动，使凸轮盘相对于滚柱的位置产生偏转，供油时间提前。通电时间长，供油提前角减小；通电时间短，供油提前角增大。正时活塞位置传感器检测出正时活塞的位置，从而进行反馈控制。

7. 位置控制式电控系统的控制策略（图 7-2-16）

1）喷油量控制

电控单元分析发动机转速、加速踏板位置和冷却液温度等传感器的信号，确定所需喷油量，并发送相应控制信号给喷油泵中的油量调节器。通过安装在油量调节器上的活塞位移传感器的反馈，实现油量的闭环控制。

（1）基本喷射量控制。

基本喷射量由发动机转速和加速踏板开度决定。当发动机转速恒定时，如果加速踏板开度增加，喷射量增加；加速踏板开度恒定时，如果发动机转速增加，喷射量降低。

（2）起动喷射量控制。

起动喷射量根据发动机起动时的基本喷射量和起动机开关 ON 时间、发动机转速和冷却液温度增加的校正来决定。如果冷却液温度低，则喷射量增加。当发动机完全起动时，该模式被取消。

（3）最高转速设定喷射量。

最高转速设定喷射量由发动机转速决定。限制喷射量，以便防止发动机转速超速。

2）喷油定时控制

喷油始点影响发动机起动性能、燃油经济性和排放性能。电控单元通过喷油量、发动机转速和冷却液温度等信号确定最优喷油始点，给喷油泵中的喷油始点控制阀发出相应的控制信号。

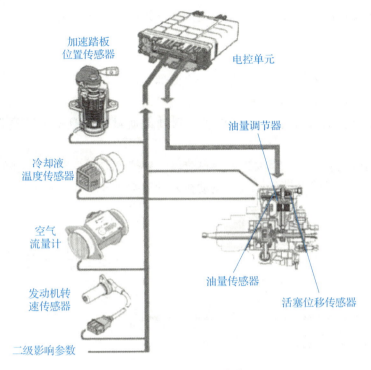

图 7-2-16 控制内容

3) 废气再循环 (EGR) 控制

废气再循环 (EGR) 系统如图 7-2-17 所示,它是为了减少排气中的氮氧化物。直喷系统的缸内温度相对较高,而且柴油机工作在富氧的环境下,因此排气中产生大量的氮氧化物。部分排气通过 EGR 阀与新鲜空气混合进入发动机,这样缸内混合气的含氧量就降低,

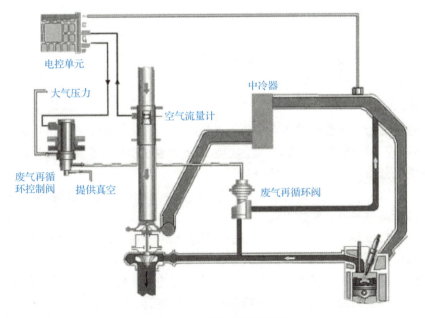

图 7-2-17 废气再循环系统

从而降低氮氧化物排放。废气再循环率要受到限制，因为过多的废气会使碳氢、一氧化碳和微粒排放恶化。

4）电热塞控制系统

电热塞控制集成在电控单元中，控制分为两部分：预热和后热。

预热：由于直喷柴油机的起动性能好，预热只需在温度低于 +9 ℃ 以下进行，冷却液温度传感器为电控单元提供准确的温度信号，驾驶员通过仪表盘上的预热报警灯了解预热情况。

后热：发动机起动以后，就要进入后热阶段，后热可以减少发动机的噪声，改善急速工况的发动机性能，并且降低碳氢排放。发动机转速达到 2 500 r/min 时后热阶段停止，如图 7-2-18 所示。

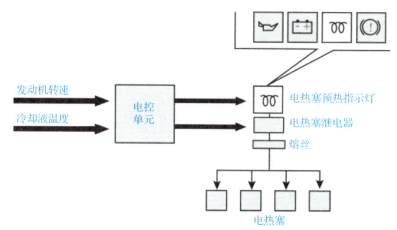

图 7-2-18 电控柴油机电热塞系统图

7.2.3 共轨式电控柴油喷射系统的基本组成及工作原理

电子控制高压共轨系统（以 CPN2.2 油泵为例）由电子控制和燃油供给两大部分组成，其基本结构组成如图 7-2-19 所示。

1. 燃油供给部分

高压共轨系统为蓄压器式共轨系统，该系统由油箱、柴油滤清器、齿轮输油泵、高压油泵、高/低压油管、蓄压器（油轨）、喷油器、回油管和 ECM 等组成，如图 7-2-20 所示。燃油供给系统又分低压部分和高压部分。

燃油供给系统工作过程：高压供油泵从油箱中吸出柴油并将油压提高后输入共轨，多余的柴油经回油管流回油箱。共轨上设有油压传感器，传感器将共轨油压的信号输送给电控单元，由电控单元对流量计量单元（调压阀）实施闭环控制，使共轨中油压稳定于目标值。调压阀是通过调整电磁阀线圈中电流的大小来调节共轨中的油压的。共轨中的燃油压力由电控单元根据柴油机工况的要求进行调节，并由共轨上的油压传感器向电控单元提供油压反馈控制信号。共轨油压决定喷油压力，而喷油压力和喷油器中电磁阀通电持续时间决定了循环喷油量，通电时刻决定了喷油起始点。

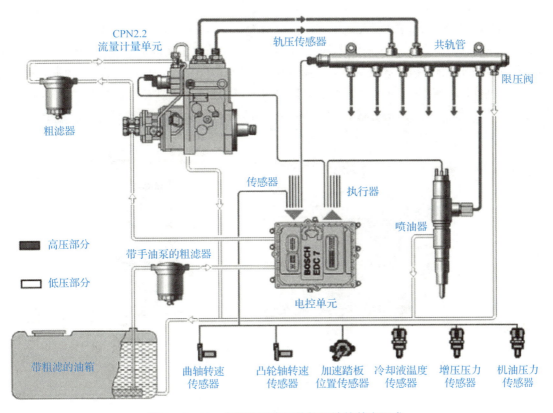

图 7-2-19 电子控制高压共轨系统的基本组成

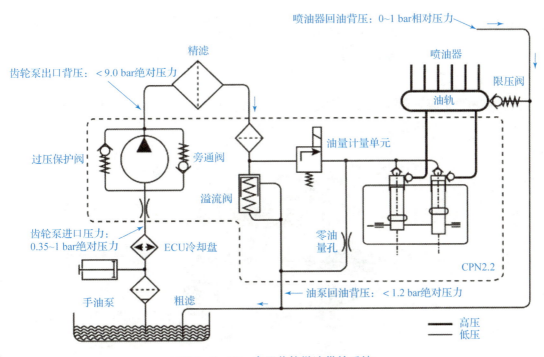

图 7-2-20 高压共轨燃油供给系统

1）低压部分

输油泵将燃油从油箱中吸入并将燃油提供给 M-prop（燃油计量单元）。

M-prop 燃油计量单元：ECU 根据标准共轨压力与油轨里实际的高压燃油压力的差值大小对燃油计量电磁阀（图 7-2-21）进行 PWM 控制（165~195 Hz），从而控制进入柱塞的燃油量，使实际共轨压力与目标压力值保持一致。燃油计量电磁阀线圈电阻为 260~315 Ω，最大工作电流为 1.80 A，缺省状态为全开。

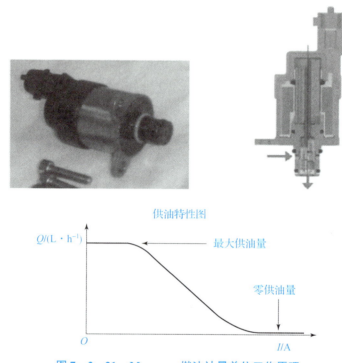

图 7-2-21 M-prop 燃油计量单位工作原理

2）高压部分

（1）高压供油泵（CPN2.2）：共轨式电控柴油喷射系统中，高压供油泵的功能是向共轨中提供高压燃油，其结构如图 7-2-22 和图 7-2-23 所示。

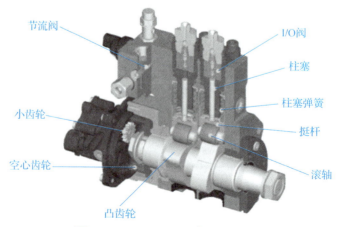

图 7-2-22 CPN2.2 高压油泵结构

图 7-2-23 CPN2.2 高压油泵组成元件

油泵凸轮轴上对应加工有两组凸轮，每组凸轮均匀分布三个凸轮（间隔120°），两组间的凸轮错开60°，则该凸轮轴上均匀分布六个凸轮，每个间隔60°。系统和凸轮受力均匀、压力小，凸轮通过挺柱和柱塞弹簧的作用使柱塞做往复运动，将输油泵所输送的燃油供给油轨。供油泵凸轮轴转一周，均匀间隔60°向油轨供一次油，供油泵转速为柴油机一半，柴油机气缸数与供油泵供油次数相同，供油压力比较平稳。

（2）共轨管：共轨组件包括共轨本身和安装在共轨上的高压燃油接头、共轨压力传感器、起安全作用的压力限制阀、连接共轨和喷油器的流量限制阀等，其作用是存储高压油，保持压力稳定，如图 7-2-24 所示。共轨本身容纳高达 150 MPa 以上的高压燃油，材料和高压容积对于共轨压力的控制都是至关重要的。

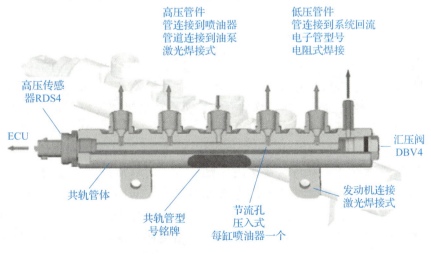

图 7-2-24 共轨组件结构图

压力限制阀（泄压阀）：压力限制阀的作用是限制共轨中的压力。当共轨中的燃油压力过高时，压力限制阀连通共轨到低压的燃油回路，实现安全泄压，保证整个共轨系统中的最高压力不超过极限安全压力。共轨内允许的短时间最高压力为 150 MPa。如图 7-2-25 所示，当压力超过弹簧的弹力时，阀门打开泄压，高压油经通孔和回油孔流回油箱。

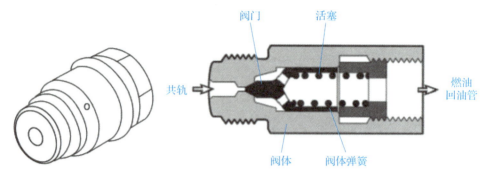

图 7-2-25 压力限制阀

共轨压力传感器（高压传感器）：共轨压力传感器的作用是测定共轨中的实时燃油压力，并向 ECU 提供电信号，如图 7-2-26 所示。

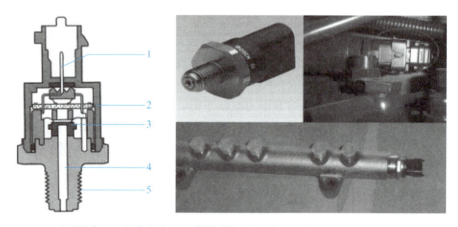

1—电子接头；2—评估电路；3—带传感装置的皮膜；4—高压接头；5—固定螺纹。
图 7-2-26 共轨压力传感器

流量限制阀：流量限制阀的作用是在非正常情况下防止喷油器常开并导致持续喷油的现象。一旦共轨输出的油量超出规定的水平，流量限制阀就关闭通往喷油器的油路。

流量限制阀的一侧通过螺纹连接到共轨上，另一侧通过螺纹拧入喷油器的进油管。外壳两端有孔，以便与共轨或喷油器进油管建立油压联系。流量限制阀内部有一个活塞，一根弹簧将此活塞向共轨方向压紧，如图 7-2-27 所示。正常工作时，活塞处于静止状态，由于受弹簧的作用力，总是靠在堵头一端。在一次喷油后，喷油器端压力下降，活塞在共轨压力作用下向喷油器端移动。在喷油终了时，活塞停止运动，但并不关闭密封座面，这时弹簧将活塞重新压回到静止位置。当喷油量过大时，由于出油量过多，活塞从静止位置被压到喷油器端的密封面上，从而关闭通往喷油器的进油口，这种情况一直停留到发动机停机。

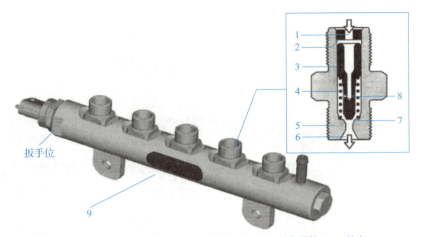

1—轨道端的接头；2—锁紧垫圈；3—柱塞；4—压力弹簧；5—外壳；
6—喷油器端接头；7—座面；8—节流孔；9—共轨管标牌。

图 7-2-27　流量限制阀的结构

（3）电磁喷油器：喷油器是共轨式电控柴油喷射系统中的核心部件，其作用是准确控制向气缸喷油的时间、喷油量和喷油规律。图 7-2-28 所示为 BOSCH 公司共轨式喷油器的结构，喷油器的顶端装有电磁阀，用来控制喷射过程。

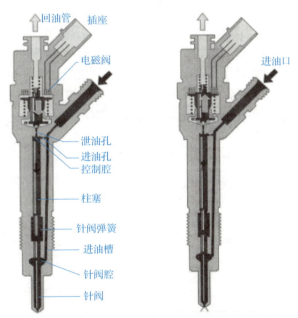

图 7-2-28　电磁喷油器结构

当电磁阀断电时，球阀在弹簧力的作用下压紧在电磁阀的阀座上，高压和低压之间的流通通道被隔断，来自共轨的高压燃油流经喷油器上的高压燃油接头、进油节流孔进入柱塞控制腔中，并作用在控制柱塞上，同时另有一部分高压燃油流经喷油器体的斜油道流入喷油器底部的喷油嘴针阀承压锥面上。由于柱塞截面积大于喷油嘴针阀承压锥面面积，加上弹簧的预紧力，作用在柱塞顶部的燃油压力便克服喷油器底端针阀承压锥面上的燃油压力，使柱塞和针阀向下紧压在喷油嘴针阀座面上，针阀关闭，喷油器不喷射，如图 7-2-29 所示。

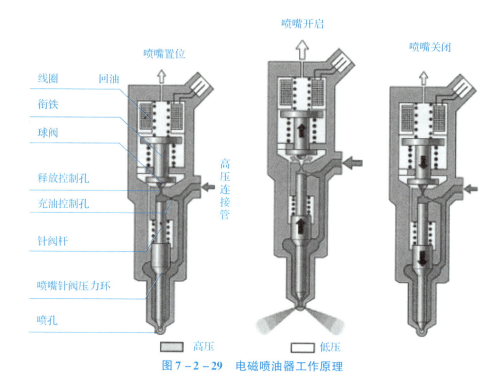

图 7-2-29 电磁喷油器工作原理

当电磁阀通电后,球阀受电磁力的作用离开阀座,柱塞控制腔和燃油回油口连通,高压和低压之间的流通通道打开,柱塞控制腔中的部分高压燃油经过溢流节流孔、球阀进入低压回路。由于进油节流孔和溢流节流孔都很小,因此流体的节流作用导致柱塞控制腔的压力小于来自共轨的高压燃油压力,高压燃油在喷油嘴针阀承压锥面上的压力使柱塞和针阀抬起,喷油器就开始喷油。电磁阀断电时,球阀再次关闭,共轨中的燃油压力又重新作用在控制柱塞的上方,针阀重新关闭。

整个喷射过程简述如下:当电磁阀通电时,针阀抬起,喷射开始;当电磁阀断电时,针阀落座,喷射结束。由于共轨中的压力一直存在,所以任何时刻喷油器都可以在电磁阀的控制下喷油,这是与第二代时间控制式系统的喷油电磁阀最大的不同之处。由此可见,在"时间-压力控制"系统中,ECU 油压力调节阀使喷油器的喷油压差保持不变,再通过控制电磁阀工作实现喷油量和供油正时的控制。电磁阀通电开始时刻决定了喷油的开始时刻,其通电时间决定喷油量。

2. 电子控制部分

电子控制部分由 ECU 传感器和执行器,如喷油器、电磁阀等组成。电控系统的功能是根据各种传感器输入的信号,由 ECU 经过比较、运算、处理后,得出最佳喷油时间和喷油量,向喷油器发出开启/关闭电磁阀的指令,从而精确控制发动机的工作过程。

1)电子控制 ECU(图 7-2-30)

电子控制 ECU 是电控发动机的控制中心,通过接收各传感器传送来的发动机运行信息,加以运算处理后控制各执行器动作。ECU 还包含着一个监测模块,用于故障诊断以及出错以后的系统的保护。

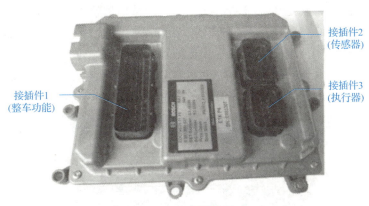

图 7-2-30 电子控制 ECU

2）电子控制 ECU 的控制策略

（1）电子控制 ECU 对喷油率的控制策略如图 7-2-31 所示。

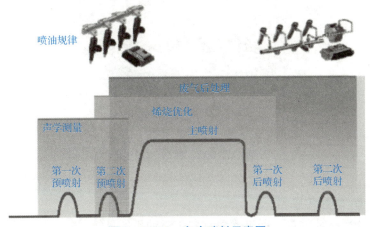

图 7-2-31 多次喷射示意图

喷射使能的判断：基于工况条件对多次喷射的可行性进行分析，如是否需要后喷射以用于 DPF（Diesel Particulate Filter 微粒捕集器）的再生等。低速低负荷工况和怠速工况，为了降低燃烧噪声，采用二次预喷射，而在全负荷和高扭矩工况下，既不用预喷射，也不用后喷射。只有当发动机温度较低时，在一个很小的工况范围内才考虑采用预喷射、主喷射和后喷射，此时的后喷射主要用于使氧化催化器快速升温。

水温越低或转速越低，起动油量越大。（冷却液温度传感器可能导致起动不良。当水温高而传感器信号表现水温低时，可能冒烟；当水温低而传感器信号表现水温高时，可能起动困难）。电子控制 ECU 对每次喷射的喷油量、每次喷射之间的间隔角的控制，基于发动机扭矩与转速计算出此工况下的总的喷油量，然后根据多次喷射油量与主喷油量的比例关系，以及喷射压力的影响，确定此工况下多次喷油量的分配，如主喷油量决定了此工况下的发动机输出扭矩，而一定的预喷射则有利于降低燃烧噪声与排放。

（2）在电控高压共轨系统中轨压 MAP 图如图 7-2-32 所示。

共轨压力（轨压）的精确控制是众多控制量优化控制的一个前提，它不仅决定了喷油压力的高低，而且是喷油量计算的重要参数，其稳定性和动态响应直接影响发动机起动、怠速、加速等动力性能。特别是喷油量的精确控制，严重地依赖于共轨压力。轨压控制有两种方式可以选择：开环控制和闭环控制。开环控制响应速度快，其控制精度取决于运行工况和状态参数的测量精度；闭环控制对传感器和执行器的精度依赖较小，可以实施优化控制，但其控制周期长且响应速度慢。所以，为了迅速建立轨压，在起动过程中采用开环控制方式；当达到目标压力后，采用闭环控制方式维持，通过调整比例电磁阀的通电电流，调节比例电磁阀的开合程度来达到调整轨压的目的。

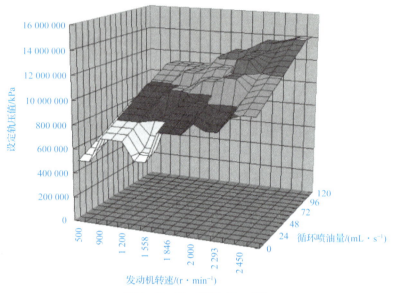

图 7-2-32　轨压 MAP 图

3）传感器

（1）曲轴位置/转速传感器。

作用：精确计算曲轴位置，用于喷油时刻、喷油量的计算，转速计算；

信号盘的设计：58 齿，如图 7-2-33 所示。

失效：利用凸轮轴位置传感器信号跛行回家。

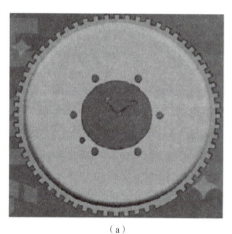

(a)　　　　　　　　　　　　(b)

图 7-2-33　曲轴位置/转速传感器

(a) 曲转位置传感器；(b) 曲轴转速传感器

（2）凸轮轴位置传感器。

作用：判缸和曲轴传感器失效时用于跛行回家。

信号盘齿数的设计：$Z+1$（Z 为气缸数），如图 7-2-34 所示。

图 7-2-34　凸轮轴位置传感器信号盘

信号盘相位关系（图 7-2-35）：

第一缸压缩上止点时，凸轮轴相位传感器应指示到信号盘多齿后 81°的位置，曲轴传感器应指示到信号盘缺齿过后的第 36 个齿。

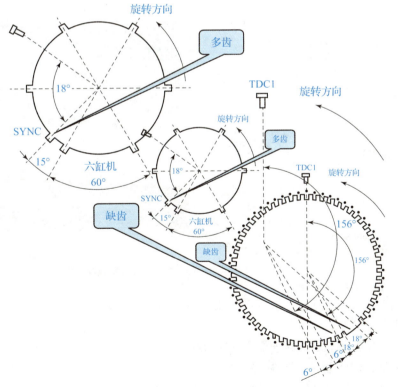

图 7-2-35　相位确定

(3) 增压压力传感器,如图 7-2-36 所示。

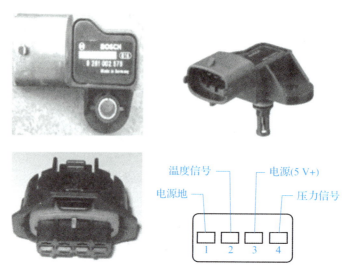

图 7-2-36 增压压力传感器

进气压力和进气温度传感器集成在一起。进气压力传感器用来检测进气管的压力,并将其转换成电信号输入 ECU,作为计算喷油量的依据。进气温度传感器用来测量发动机进气温度,ECU 根据该信号和进气压力信号计算空气密度以确定喷油量。

失效:发动机功率不足,转速受限于 1 700 r/min 内。

(4) 冷却液温度传感器,如图 7-2-37 所示。

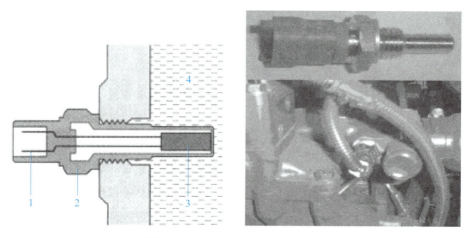

1—电子接头;2—壳体;3—NTC 电阻;4—冷却液。
图 7-2-37 冷却液温度传感器

冷却液温度传感器测量冷却液温度,用于冷起动、目标怠速计算等,同时还用于修正喷油提前角、过热保护等。

失效:发动机功率不足,转速受限于 1 700 r/min 内。

(5) 加速踏板传感器,如图 7-2-38 所示。

将驾驶员的意图转为电信号输送给 ECU,ECU 根据此信号决定喷油量和喷油正时。

图7-2-38 加速踏板传感器

失效:加速踏板失效,转速维持在1 100 r/min左右;

4)执行器

(1)燃油计量阀执行器,如图7-2-39所示。

燃油计量阀执行器控制进入高压油泵的燃油量,从而控制轨压;

失效:功率不足,发动机转速受限于1 700 r/min内。一旦燃油计量阀失效,共轨管上的泄压阀将被强行冲开;一旦出现燃油计量阀失效,必须进行整个高压油泵的更换,不允许自行更换燃油计量阀。

图7-2-39 燃油计量阀执行器

(2)喷油器电磁阀,如图7-2-40所示。

喷油器电磁阀精确控制喷油提前角、喷油规律、油量。

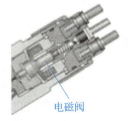

图7-2-40 喷油器电磁阀

失效：某缸不工作，整机功率、扭矩不足，运行不稳；一旦出现电磁阀失效，则必须进行整个喷油器更换，不允许自行更换电磁阀。

任务拓展

第二代电控喷油系统——时间控制式

宝来 1.8TDI 采用了最新的高压燃油喷射技术——泵喷射系统（也称独立喷油系统），如图 7-2-24 所示。电控泵喷射系统将产生高压的柱塞泵与喷油器和控制单元（泵喷嘴电磁阀）组合在一起，并消除了高压油管。该系统安装在缸盖上，每个缸均有一个。由于无高压油管，消除了高压油管中压力波和燃油压缩的影响，高压容积大大减少，因此可产生 200 MPa 以上的喷油压力。电控泵喷射系统用高速电磁阀来控制供油正时和喷油量，属于时间控制类型。高速电磁阀受 ECU 控制，即控制流过线圈的电流的通断时刻及通断时间的长短，从而控制供油提前角与喷油量。

泵喷射系统由以下三部分组成，其结构如图 7-2-41、图 7-2-42 所示。

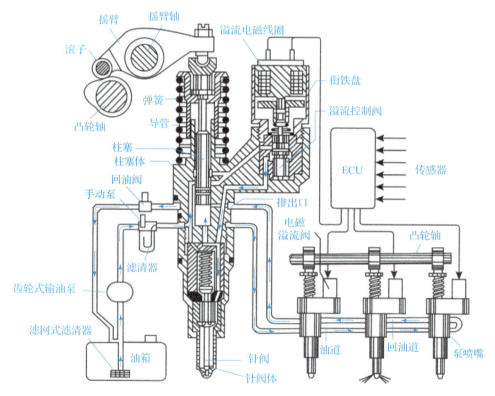

图 7-2-41　宝来 1.8TDI 泵喷射系统组成

（1）产生高压的部件：产生高压的主要部件是泵体组件、泵柱塞和回位弹簧。

（2）高压电磁阀（电磁溢流阀）：高压电磁阀由线圈、电磁阀针阀、衔铁、磁芯和电磁阀弹簧等主要部件组成，其任务是控制喷油起始时刻和喷油持续时间。

（3）泵喷嘴：泵喷嘴将燃油雾化，精确定量并分布到燃烧室中。泵喷嘴是利用压紧螺母安装到泵喷体上去的。

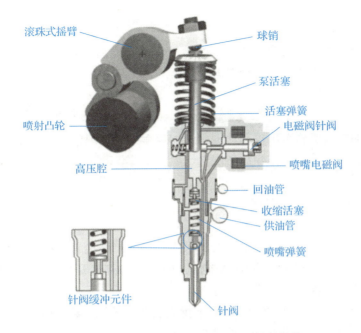

图 7-2-42 宝来 1.8TDI 泵喷射系统的结构

任务 7.3 柴油发动机电控系统常见故障与检修

素质目标

1. 培养劳动意识。
2. 培养独立思考能力。
3. 培养总结分析能力。
4. 培养工匠精神。

知识目标

1. 了解故障诊断基本原则与方法。
2. 了解故障诊断流程的基本方法。
3. 了解柴油机电控燃油喷射系统的原理。

技能目标

1. 掌握常见故障诊断与排除的方法。
2. 能正确选用检测仪器、设备工具，能迅速查阅相关维修资料、电路图，为进一步检查和故障诊断做准备。
3. 能正确使用万用表、故障诊断仪等常用检测诊断设备对柴油电控系统进行检测，并能分析故障码含义，判断动态数据流主要参数、数值是否超出合格范围。

任务分析

了解柴油发动机电控系统常见故障以及排除方法，能利用解码仪、万用表等检测仪器、工具对电控系统的故障做出正确的诊断与排除。

任务讲解

一辆电控柴油发动机轿车出现起动困难，加速无力故障现象，并且故障灯亮，若您是技术人员应怎样分析检测及维修排除故障呢？

7.3.1 故障诊断的注意事项

（1）在拆卸或安装各类传感器、信号开关及连接器前，应首先将点火开关关闭。

（2）拆卸和安装发动机 ECU 的连接器前，应首先将点火开关关闭，然后拆下蓄电池负极上的搭铁线。特别注意：安装蓄电池时，正、负极不可接反。

（3）加装电气设备应远离 ECU，防止干扰或加装防干扰屏蔽设施。

（4）不能用起动电源帮助起动，会造成起动瞬间输出电流过大，损坏 ECU。

（5）检测输出信号和测试控制系统的信号时，不可用灯泡做测试，应使用 10 MΩ 以上的液晶显示数字式万用表。

（6）安装发动机 ECU 时，应注意防止高压静电的产生。

7.3.2 故障诊断的基本原则和基本方法

1. 故障诊断基本原则

（1）先外后内，先简后繁。

柴油机出现故障后，先对电控系统以外的可能故障部位进行预检查，先从容易发现问题的部位开始检测，如检测电控系统线束的连接状况、传感器或执行器的连接是否良好、线束间的连接是否松动或断开、电线是否有磨损或线路间是否有短路的现象、各连接器的插头和插座有无腐蚀现象、各传感器和执行器有无明显的损坏。直观检查未找出（或判断出）故障需要借助检测仪器或其他专用工具进行检测时，也应该从简单到烦琐逐步进行。

（2）故障指示灯故障优先。

综合运用电控系统故障时，故障自诊断系统就会立刻监测到故障并通过柴油机故障报警灯向驾驶员（或操纵者）报警，并同时以代码的方式储存该故障信息。此时按下柴油机的检测开关，柴油机故障报警灯会按顺序闪出故障码，根据对应的资料即可查出故障码所指示的故障，并予以排除。如果上述方法都不能诊断和排除故障，则需要使用专门的故障诊断仪对电控系统进行全面的检测。

（3）新件替换排除法。

电控柴油机电气系统中线路所发生的故障，很多都是配线和连接器接触不良造成的，而要具体查出故障原因或位置可能是一件非常费时的事（在实际的维修过程中，为了能快速解决问题，排除故障，最便捷的方法就是采用新件替换，这样可以用最快的方法解决问题，教学过程不提倡此方法）。找到具体故障部件后，再分析或查找故障原因就非常容易了。故障诊断仪对电控系统进行全面的检测。

2. 故障诊断的基本方法

①观察法；②听诊法；③断缸法；④比较法；⑤故障指示灯；⑥专用诊断仪。

3. 故障诊断的一般程序（图7-3-1）

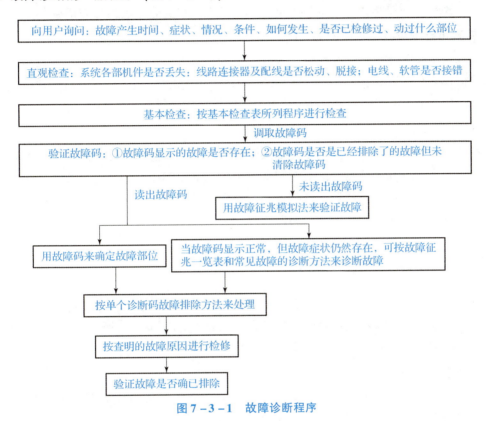

图7-3-1 故障诊断程序

7.3.3 故障诊断流程

在进行故障诊断时，准确找出柴油机所呈现的故障症状是非常重要的，确定推测的故障原因以便找出真正的故障原因，为了准确快速地进行故障诊断，必须进行正确的系统诊断操作。

1. 验证和重现故障症状

验证和重现故障症状是故障诊断的第一步。故障诊断中最重要的一个因素是正确地观察实际故障（症状）并以此做出不带任何偏见的、正确的判断。

2. 判定是否是故障

并不是所有症状都是故障，但这些症状很可能与柴油机特性有关。如果维修人员花大量时间去修理一台实际上并无故障的机械，他不仅浪费了宝贵的时间，而且会失去用户的信任。故障的实质是指由于柴油机上某一部分上的某种异常运转所导致的缺陷。

3. 推测故障发生的原因

推测故障发生的原因应当在维修人员所确定的故障症状基础上准确推测故障的原因，如果故障反复出现，应推测在这些故障当中是否有共同的特性，之前所类似的故障维修的原因是什么，在以往的维修历史中是否有故障的前兆，因此，推测故障的原因必须从大处着手。如果花大量时间去修理一辆实际并无故障的车，他不仅浪费了宝贵的时间，而且会失去用户的信任。故障的实质是指由于柴油机上某一部分上的某种异常运转所导致的缺陷。

4. 检查可疑部位找出故障原因

故障诊断是在通过验证（检查）所获取数据的基础上，逐渐寻找故障真正原因的一个反复过程。检查要点：基于柴油机的功能、结构和运行系统的检查各项，从检查系统功能开始，逐渐缩小到检查单个零部件，充分利用测试仪（所测数据有利于诊断分析）进行数据检测。

5. 避免类似故障再次发生

只有当故障顺利排除，并消除了类似故障再次发生，才意味着此次修理大功告成。避免类似故障再次发生的几个要点：如判断它是一个单独的故障还是一个由于其他部件引起的联锁故障；是由于零部件的寿命造成的吗，还是由于不适当的维修保养造成的；是否存在不恰当维修处理和操作；是否由于不适当的使用等。

7.3.4 故障诊断排除

常见的故障：起动困难、突然熄火、加速无力动力不足、加速失效、排烟异常、冷却液温度异常、燃油压力异常、油耗异常、声音异常、故障灯闪烁等。使用万用表或专用诊断仪检查可采用开路、在路和柴油机怠速运转三种状态信号。

1. 开路检测法

开路检测主要用于检测传感器、执行器电阻和连接 ECM 端子的电压。将万用表置于电阻挡的适当位置并校零后，即可以测量传感器、执行器、ECM 和继电器、线路等的技术状况，用于检测电阻值来判断是否存在故障。

（1）关闭起动开关，拔下待检测线路的线束连接器，检测传感器、执行器本身的电阻值，并填写检测结果到工单的相应表格中。

（2）检测线路的线束连接器之间导线的导通情况。导线之间的电阻、正极与搭铁应不导通，均应为无穷大，而搭铁线与地阻值应为 0 Ω。

（3）开路时，在 ECM 连接器端子加有电压的电路中，可以直接检测 ECM 端子的输出电压。当然检测电压时应打开开关到"ON"的位置。

（4）用万用表检查短路法，如果配线短路搭铁，可通过检查配线与车身是否导通来判断短路部位。

2. 在路检测法

在路检测法直接在柴油机上实施，检测步骤如下：打开起动开关到"ON"的位置之前，先拔下需要检测的传感器、执行器的线束连接器，在连接器间连接检测导出线，然后打开起动开关,测量连接器上各端子与接地之间的电压。若无电压,则应检查 ECM 连接器上一侧端子与搭铁间的电压,若为标准电压值,则断定 ECM 与传感器、执行器之间线路接触不良,若无电压,说明 ECM 有故障。

3. 柴油机怠速检测法

在连接器间连接检测导出线,插回导线连接器,起动柴油机,测量各传感器、执行器与接地之间的电压,其数值应在 0.5~4 V 和 12 V(或 24 V)左右变化,并将检测结果填写在相应的工单表格中。如果测得值与规定不符,说明传感器、执行器有故障或者损坏,应重换新件。

7.3.5 故障案例分析

案例一 客户:广州中旅(中通客车 WP6)

故障现象描述:一般要起动 3 次,起动时并伴有很明显的"当当"敲击声音,车一旦起动起来,在运行过程中没有任何异常。

1. 故障检测

(1) 读取故障码。

当车出现故障时,可以通过整车仪表盘上的闪码灯读出闪码,参照闪码表初步判断错误部件及原因,如图 7-3-2 所示。

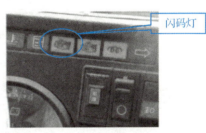

图 7-3-2 表盘上的故障诊断开关和闪码灯

闪码读取操作说明:在点火钥匙开关接通或发动机运转状态下均可进行。

点火钥匙开关处于接通位置。

按下-松开故障诊断请求开关,闪码灯将报出闪码。

每一次操作只闪烁一个闪码(图 7-3-3),直至循环至第一个为止。闪码由三位组成。

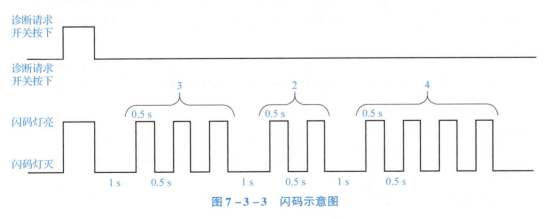

图 7-3-3 闪码示意图

注：闪码闪烁时间和间隔时间可以由发动机厂自行定义。

上车读取闪码，闪码的故障含义如表 7-3-1 所示。

表 7-3-1 闪码的故障含义

闪码	故障含义
334	油中有水及故障灯错误
113	凸轮轴/曲轴转速传感器错误
134	共轨泄压阀问题
135	流量计量单位错误
225	加速与制动可信检测错误

（2）初步检查。根据报出的闪码检查各部件没有发现异常，将 334 错误屏蔽，并清除闪码。只有 113 清除不掉，所以得出其他错误为历史故障。

（3）造成起动困难的原因可以断定为转速传感器或信号故障。连接故障诊断仪，并做"起动故障信息"测试。

（4）进一步检查。利用起动故障信息测试得出了"转速同步错误"，如图 7-3-4 所示。

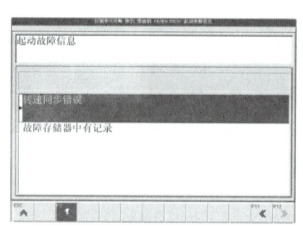

图 7-3-4 转速同步错误窗口

（5）分别检查了凸轮轴转速传感器和线束，通断均正常，怀疑机械安装造成了喷油正时不正确。

（6）拆掉齿轮室上高压油泵齿轮盖板，检查高压油泵齿轮齿数及标记均正确。

（7）在 1 缸压缩上止点时，高压油泵齿轮键槽应该水平偏下，检查发现实际与安装工艺要求略有偏差，如图 7-3-5 所示。

2. 故障排除

拆下高压油泵齿轮，沿逆时针方向调一个齿，顺利起车，故障得以排除。

故障案例二

客户：中通客车 WP6.240；

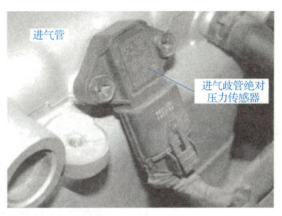

图7-3-5 检查高压油泵齿轮键槽

故障现象描述：在加速时，柴油机烟度特别大，怠速时不明显。

1. 故障检测

（1）上车后连接诊断仪，读取故障信息，如图7-3-6所示。

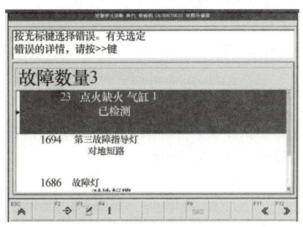

图7-3-6 读取故障信息

（2）清除故障码，能够全部清除。

（3）先检查气路，并用诊断仪读取实际值。

（4）测试结果如图7-3-7所示，增压压力是1 536 kPa，正常。

（5）怀疑进气压力传感器有故障，检查线束无异常，然后更换新的传感器，增压压力还是150 kPa，故障未消除。

（6）手工断缸。把1缸的喷油器接线头拔掉，起动发动机并加速，发动机冒烟故障没有出现，确定1缸出现问题。

（7）更换1缸喷油器，并重新连接1缸喷油器接线，起动发动机并加速，冒黑烟故障又出现。

（8）此时怀疑1缸出现机械故障。拆掉1缸气缸缸盖，发现进气推杆弯曲，不能使进气门正常打开。

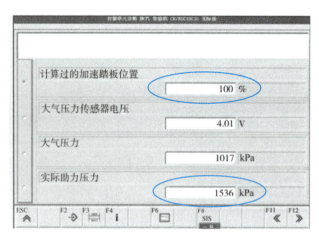

图 7-3-7 测试结果

2. 故障排除

更换新的气门推杆,冒烟故障排除。

(1) ECU 是如何对共轨压力进行控制的?
(2) 流量限制阀的作用是什么?
(3) 燃油计量单元的作用是什么?损坏以后如何更换?
(4) IQA 码的作用是什么?
(5) 加速踏板位置传感器失效以后会有何种故障现象发生?

故障案例三

维修人员接到一款捷达 SDI 柴油轿车的报修,该车配置的 AQM 发动机怠速运转不稳定,行驶过程中加速无力,并出现轻度冒黑烟的现象。

1. 故障分析

捷达柴油轿车能引起怠速运转不稳的原因,一般是由以下几方面引起的:
(1) 个别气缸的气缸压力过低;
(2) VP37 轴向柱塞式分配泵损坏,进而导致供油量不均匀;
(3) 个别气缸喷油器损坏或有堵塞。

2. 故障检测

首先测试了气缸压力,气缸压力均在标准范围 (2.5~3.1 MPa) 之内。用 VAG1551 进行检测,检测结果:
(1) 存储器内无故障码;
(2) 柴油泵喷油量为 20 mg/s 左右变化,变化范围较大;
(3) 供油时刻起始值为 94。

根据以上数据,首先调整喷油起始角 04 功能下 000 组,2 区数值为 50~60,故障现象依旧。然后检查燃油系统,结果未发现水或杂质,供油畅通。检查电路系统一切正常,因此怀疑是 VP37 泵出现了故障,更换一个新的,故障现象依旧。又重新开始分析怠速稳定控制数据组 013,3 缸做功比其他 3 个缸都好,且超出了调整的允许范围 (±1.9 mg/s),这也就是说3缸供油太多了。因此拆下3缸喷油器测试其开启压力,结果是在压力达到7 MPa时喷油器开始喷油。标准的开启压力为19~20 MPa,也就是说3缸喷油器在未达到标准压力时提前开启,经拆检发现3缸喷油器中的一个弹簧断裂,导致3缸喷油器在未达到标准压力时提前开启。

3. 故障原因

捷达SDI柴油轿车喷油器是采用双螺旋弹簧控制喷油器开启压力的,由于3缸喷油器的一个弹簧断裂,致使开启压力过低,喷油器开启过早,喷油量过多,针阀升程传感器把这一信号反馈给发动机ECU。这时发动机电控单元控制VP37泵减少喷油量,也就是说按针阀升程传感器的信号,3缸的喷油量已足够。而到1、2和4缸时,开启压力较高,此时就会导致1、2和4缸供油量不足,做功能力不足。此时发动机ECU为了维持怠速运转稳定,就会出现供油量变化范围较大,来维持发动机的怠速运转,给维修人员的直观感觉就是柴油泵已经损坏了。因此,捷达AQM发动机在维修过程中,如果发现喷油量过大或过小,也不一定是VP轴向柱塞式分配泵损坏,一定要做仔细全面检查。

4. 故障排除

更换3缸的喷油器,故障排除。

故障案例四

维修人员接到一辆东风风行菱智柴油车,无法起动,点火开关在"ON"挡时发动机故障灯未自检即点亮。

1. 故障分析

发动机ECU没有供电;发动机ECU内部故障。

2. 故障检测

(1) 根据发动机故障灯不自检的故障现象,初步判断为ECU供电故障。
(2) 检查ECU的主继电器,不工作。更换后故障依旧,可以排除主继电器故障。
(3) 检查主继电器到ECU和蓄电池的连线均正常,如图7-3-8所示。

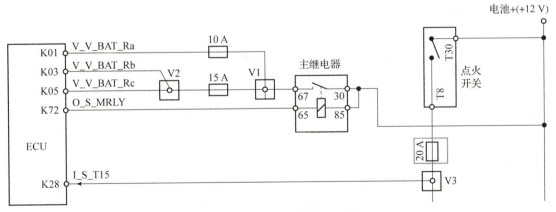

图7-3-8 ECU连线均正常

(4) 查找资料发现只有ECU的K28接电源后,主继电器才工作。把点火开关置于"ON"挡,测量发现该线路无对地电压,可以判断K28到电源存在断路现象。检查K28到点火开关线路，此线路断开。

（5）根据电路图检查此线路上 20 A（FS18）的熔断器，此熔断器熔断。

3. 故障分析

因为发动机 ECU 无 3 s 的自检过程，所以可以判断发动机无法起动是由 ECU 供电或 ECU 内部故障引起。

当点火开关在"ON"时，ECU 收到 K28 高电位后把 K72 置为低电位，这个时候主继电器吸合，ECU 开始工作。当点火开关在"ACC"时，ECU 收到 K28 线路断开的信号，15 s 后将把 K72 的电断开，那么主继电器将断开，ECU 停止工作。

4. 故障排除

更换熔断器后，故障排除。

自我评价

一、填空题

1. 柴油机电控系统一般由_____、_____、_____三部分组成。
2. 电控柴油机低压油路的作用是_____、_____、_____。
3. 目前，我国国Ⅲ共轨柴油机燃油喷射系统一般采用了_____和_____两个喷射阶段。
4. 增压压力传感器一般安装在_____的后方进气歧管处。
5. BOSCH 共轨发动机，共轨压力一般应大于_____才能起动。
6. 电控柴油机中喷油器电磁阀的电阻值一般在_____Ω 左右。
7. 电控柴油机中，温度类传感器大多采用_____温度系数（NTC）的热敏电阻特性。
8. 电控进气预热系统中，一般情况下，进气预热的总时间不超过_____min。
9. 电控发动机的目标怠速转速由_____、_____、_____等修正。
10. 增压压力传感器的工作压力范围一般为_____kPa。
11. 柴油机电控燃油喷射系统的发展经历_____、_____、_____三个阶段。
12. 在柴油机电控燃油喷射系统中，ECU 以柴油机_____、负_____作为主控制信号，按设定的程序确定最佳的供油速率和供油规律。
13. 柴油机电控系统的控制模式可分为_____、_____、_____三大类。

二、选择题

1. 冷却液温度传感器、加速踏板位置传感器、进气温度传感器上的参考电压是（　　）V。
   A. 12 V　　　　　　B. 24 V　　　　　　C. 5 V　　　　　　D. 不一定
2. 设置电控 EGR 系统的主要目的是降低（　　）的排放量。
   A. CO　　　　　　B. HC　　　　　　C. NO_x　　　　　　D. CO_2
3. 电控柴油机将凸轮轴位置传感器插头拔掉，起动发动机能否着火？（　　）
   A. 不能着火　　　　B. 能着火　　　　C. 不一定，应结合具体机型分析

4. 共轨柴油机将共轨压力传感器插头拔掉，起动发动机能否着火？（　　）
A. 不能着火　　　　　　B. 能着火　　　　　　C. 不一定，应结合具体机型分析
5. 共轨柴油机将进油计量电磁阀插头拔掉，起动发动机能否着火？（　　）
A. 不能着火　　　　　　B. 能着火　　　　　　C. 不一定，应结合具体机型分析

三、判断题

1. 电控柴油机运转时可以通过拧松高压油管的接头来进行判缸。（　　）
2. 玉柴和潍柴国Ⅲ柴油机 BOSCH 共轨系统的燃油计量阀在断电情况下是全开，即常开型。（　　）
3. 电控共轨高压泵是通过机油来润滑的。（　　）
4. 当共轨压力采用高压端调节时，共轨压力调节阀一定在共轨上。（　　）
5. 当共轨压力调节阀装在高压泵上，一定是高压端调节共轨压力。（　　）

四、问答题

1. 捷达1.9SDI 柴油机电控系统由哪些元件组成？
2. 现代柴油机电控系统采用的有哪些先进技术？
3. 现代电控喷油技术实现的手段有哪些？
4. 柴油机电控燃油喷射系统的发展经历了哪几个阶段？
5. 柴油机电控系统由哪几部分组成？
6. ECU 是如何对共轨压力进行控制的？
7. 燃油计量单元的作用是什么？损坏以后如何更换？
8. 加速踏板位置传感器失效以后会有何种故障现象发生？

参 考 文 献

[1] 嵇伟. 汽车电喷发动机常见故障诊断与分析［M］. 北京：机械工业出版社，2016.
[2] ［美］M. 施纳贝尔. 汽车发动机计算机控制系统原理与诊断维修［M］. 北京：机械工业出版社，2007.
[3] 刘冬生. 汽车发动机电控系统检修［M］. 北京：机械工业出版社，2019.
[4] 张蕾. 汽车发动机电控系统原理与检修［M］. 北京：机械工业出版社，2012.
[5] 王囤. 汽车电控发动机构造与维修［M］. 北京：人民交通出版社，2011.
[6] 张西振. 汽车发动机电控技术［M］. 3 版. 北京：机械工业出版社，2019.
[7] 谭本忠. 汽车故障排解思路与实例［M］. 北京：机械工业出版社，2008.
[8] 夏雪松，巩航军，任洪春. 汽车传感器标准值速查手册［M］. 北京：电子工业出版社，2008.
[9] 明光星，李晗. 汽车发动机电控系统原理与检修一体化教程［M］. 北京：机械工业出版社，2022.
[10] 吴飞，豆建芳，黄再霖. 汽车发动机电控系统结构与检修［M］. 上海：上海科学普及出版社，2018.
[11] 王勇军. 总监这样修发动机电控系统［M］. 北京：机械工业出版社，2017.

汽车发动机电控系统结构与检修

任务实施练习册

主　编　吴　飞
副主编　宋文艳　王佳俊
　　　　侯惠兰　袁　亮

北京理工大学出版社
BEIJING INSTITUTE OF TECHNOLOGY PRESS

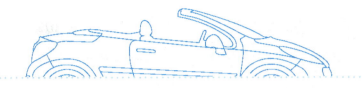 

任务实施一	发动机电控系统零部件认识	001
任务实施二	燃油系统油压测试	004
任务实施三	发动机喷油器的检查	006
任务实施四	空气流量传感器的检查	009
任务实施五	进气压力传感器的检查	013
任务实施六	温度传感器的检查	017
任务实施七	步进电动机式怠速控制阀的检查	021
任务实施八	节气门位置传感器的检查	024
任务实施九	涡轮增压系统的检修	028
任务实施十	可变气门正时系统的检修	032
任务实施十一	发动机电控点火系统的认识	036
任务实施十二	有分电器电控点火系统的检测	040
任务实施十三	无分电器电控点火系统的检测	045
任务实施十四	发动机常见车型点火控制检修	049
任务实施十五	废气再循环系统检修	053
任务实施十六	燃油蒸发控制系统检修	056
任务实施十七	三元催化器检修	059
任务实施十八	二次空气喷射系统检修	062

任务实施十九　OBD-Ⅱ第二代车载故障诊断系统认知 ……… 066

任务实施二十　电控信号技术与测量认知 …………………… 069

任务实施二十一　发动机电控系统故障诊断与排除 ………… 072

任务实施二十二　轴向柱塞式"位置控制"式电控系统元件

　　　　　　　　位置认知 ……………………………………… 076

任务实施二十三　高压共轨系统的元件位置认知 …………… 079

任务实施二十四　喷油器的拆卸与安装 ……………………… 082

任务实施一 发动机电控系统零部件认识

一、任务分组

班级		组号		授课教师	
组长		学号			
组员	姓名	学号		姓名	学号

二、实训目标

1. 通过实训熟悉燃油供给系统各个零部件名称及安装位置。
2. 通过实训熟悉空气供给系统各个零部件名称及安装位置。
3. 通过实训熟悉点火系统各个零部件名称及安装位置。

三、自主探究

1. 请说出电控发动机上主要传感器有哪些？

2. 请说出电控发动机上主要执行器有哪些？

四、任务实施

请说出下列零部件名称。

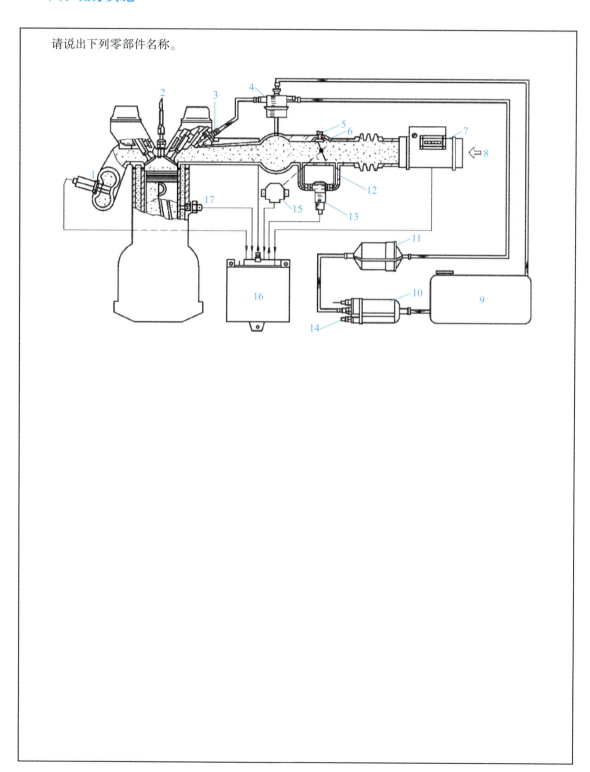

五、任务评价

发动机电控系统零部件认识评分表

序号	部件名称	分值	得分	备注
1	准备工作正确	5		
2	安全规范操作正确	5		
3	空气过滤器	5		
4	节气门体	5		
5	进气温度传感器	5		
6	进气压力传感器	5		
7	空气流量计	5		
8	涡轮	5		
9	冷却液温度传感器	5		
10	燃油箱	5		正确找到该部件,则得分,如果该车型未安装该部件,能够说出来,也得分,否则不得分
11	燃油泵	5		
12	燃油过滤器	5		
13	油压调节器	5		
14	喷油器	5		
15	点火线圈	5		
16	点火模块	5		
17	火花塞	5		
18	曲轴位置传感器	5		
19	凸轮轴位置传感器	5		
20	爆燃传感器	5		
	总分	100		

任务实施二　燃油系统油压测试

一、任务分组

班级			组号		授课教师	
组长			学号			
组员	姓名		学号	姓名		学号

二、实训目标

1. 熟悉燃油系统各零部件的安装位置。
2. 掌握燃油泵控制电路图。
3. 掌握燃油泵检测方法。
4. 会分析检测数据，并以此来诊断故障。

三、自主探究

请分析：当发动机在运转时，若转速不能跟随节气门的开度急剧上升，出现这种现象，应如何分析？

四、任务实施

1. 故障码读取：
2. 泄压
3. 安装燃油压力表
（1）供油压力。
（2）调节压力。
（3）最大油压。
（4）供油量。
（5）系统残压。
（6）密封测试。
4. 分析油压

五、任务评价

发动机油压测试评分表

序号	部件名称	分值	得分	备注
1	准备工作正确	20		由于车型不同，相关数据只是作为参考，在实际实施过程中，可根据现有设备做调整
2	安全规范操作正确	20		
3	会连接诊断仪，读取故障码	30		
4	会连接油压表，读取数值	30		
	总分	100		

任务实施三　发动机喷油器的检查

一、任务分组

班级		组号		授课教师	
组长		学号			
组员	姓名	学号		姓名	学号

二、实训目标

1. 熟悉喷油器的安装位置。
2. 掌握喷油器的电路图。
3. 掌握喷油器的检测方法。
4. 会分析检测数据，并以此来诊断故障。

三、自主探究

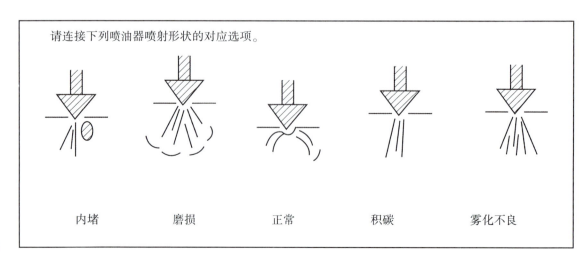

请连接下列喷油器喷射形状的对应选项。

内堵　　　磨损　　　正常　　　积碳　　　雾化不良

四、任务实施

（1）故障码读取。

使用诊断仪读取故障码，判断是否有故障。

（2）喷油器工作状况的检查，发动机怠速时，用手触摸喷油器，应有振动感或用十字旋具或用听诊器接触喷油器，在十字旋具另一端应听到清晰的"哒哒"声（电磁阀开关声），否则说明喷油器不工作。

（3）喷油器线圈的检查，断开点火开关，脱开喷油器的接头，用万用表电阻挡测量喷油器的电阻值，测量值应符合下表。

车型	喷油器电阻值/Ω	车型	喷油器电阻值/Ω
丰田	13.4~14.2	桑塔纳3000	13~18
本田	1.5~2.5	捷达	13~18
宝马	15~17	雪铁龙	11.5~14.5
奔驰	14~16	标致	12~15
奥迪V6	13.5~17	别克	11~17
威志一汽	12~14	朗逸	12~16

（4）用LED灯跨接，起动车或保持怠速运转，跨在喷油器两端，若闪证明喷油故障，若不闪，再跨在+B与喷油器的控制线上，此时闪烁，证明电源故障。

若还不闪，再跨在+B与ECU端子的控制线上，若此时闪，证明控制线开路；若还不闪，证明ECU或ECU接地不良。

（5）用电压表测量，应有变化电压0.5~3 V。

（6）用示波器，参考波形分析。

（7）用多功能表测喷油脉宽。正常怠速应为2~6 ms。若为0 ms，证明无喷油信号。

（8）喷油器质量的检查，喷油质量的检查包括喷油量、雾化和泄漏的检查。

五、任务评价

发动机喷油器检查评分表

序号	部件名称	分值	得分	备注
1	准备工作正确	10		由于车型不同,相关数据只是作为参考,在实际实施过程中,可根据现有设备做调整
2	安全规范操作正确	10		
3	会连接诊断仪,读取故障码	20		
4	电阻测量	20		
5	电压测试	20		
6	会测量信号波形	20		
	总分	100		

任务实施四　空气流量传感器的检查

　　以桑塔纳3000的热膜式空气流量传感器为例，热线式与热膜式基本相同，叶片和卡门几乎不用了，这里不做要求，有兴趣的可以自行拓展。

一、任务分组

班级		组号		授课教师	
组长		学号			
组员	姓名	学号		姓名	学号

二、实训目标

1. 熟悉热膜式空气流量传感器的安装位置。
2. 掌握热膜式空气流量传感器的电路图。
3. 掌握热膜式空气流量传感器的检测方法。
4. 会分析检测数据，并以此来诊断故障。

三、自主探究

1. 热膜式空气流量传感器主要装在哪些车型上？

2. 请写出热膜式空气流量传感器各针脚的名称。

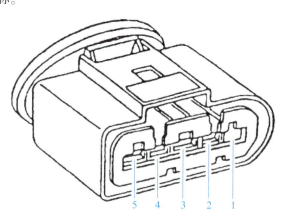

四、任务实施

1. 故障码读取

使用诊断仪读取故障码,判断是否有故障。

2. 读取数据流

连接故障诊断仪,在发动机工作正常后,读取数据流,急速状态应为 2~4 g/s,如果小于 2.0 g/s,说明进气系统有漏气,如果大于 4 g/s,说明发动机负荷过大。

3. 电阻测量

线束导通测试:分别测试空气流量传感器 3、4、5 号针脚对应至电控单元 12、11、13 号针脚的电阻,所有电阻都低于 1 Ω。

线束短路测试:空气流量传感器针脚 2 与 ECU 针脚 11、12、13 之间电阻应为∞。测量空气流量传感器针脚:3~11、12;4~12、13;5~11、12 之间电阻均应为∞。

4. 电压检测

信号电压的测量分为单件测量和就车测量,检测的条件及标准值如下表所示。

热膜式空气流量传感器各端子间的电压

端子	测量条件	标准电压/V
2 – 搭铁	发动机运转	12
4 – 搭铁	发动机运转	5
5 – 3	接通点火开关	1
	急速运转	1.5
	加速运转	2.8
	1 接 12 V,4 接 5 V	1.5
	1 接 12 V,4 接 5 V,用电吹风机吹入	上升至 2.8

5. 波形检测

波形应该符合以下图形,否则损坏。

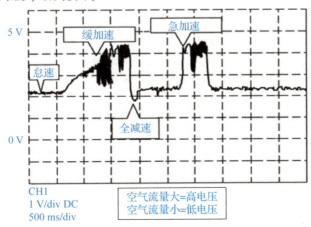

五、任务评价

空气流量传感器评分表

序号	部件名称	分值	得分	备注
1	准备工作正确	5		
2	安全规范操作正确	5		
3	会连接诊断仪，读取故障码	10		
4	会连接诊断仪，读取数据流	10		由于车型不同，相关数据只是作为参考，在实际实施过程中，可根据现有设备做调整
5	线束导通检测正确	15		
6	线束短路检测正确	15		
7	会检测各端子电压	20		
8	会测量信号波形	20		
	总分	100		

任务实施五　进气压力传感器的检查

进气压力传感器的类型比较多，常用半导体压敏电阻式，本任务以2008新宝来为例，其他类型这里不做要求，有兴趣的可以自行拓展。

一、任务分组

班级		组号		授课教师	
组长		学号			
组员	姓名		学号	姓名	学号

二、实训目标

1. 熟悉半导体压敏电阻式进气压力传感器的安装位置。
2. 掌握半导体压敏电阻式进气压力传感器的电路图。
3. 掌握半导体压敏电阻式进气压力传感器的检测方法。
4. 会分析检测数据，并以此来诊断故障。

三、自主探究

1. 半导体压敏电阻式传感器主要装在哪些车型上？

2. 请写出半导体压敏电阻式传感器各针脚的名称。

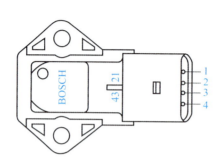
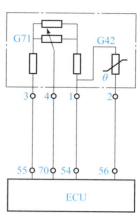

四、任务实施

1. 故障码读取

使用诊断仪读取故障码,判断是否有故障。

2. 电压检测

信号电压的测量分为单件测量和就车测量,检测的条件及标准值如下表所示。

半导体压敏电阻式传感器各端子间的电压

端子	测量条件	标准电压/V
1-3	接通点火开关,不起动发动机	5
1-4	接通点火开关,不起动发动机	3.8~4.2
	急速运转	0.8~1.3
	踩加速踏板到全开	上升至5

3. 波形检测

波形应该符合以下图形,否则损坏。

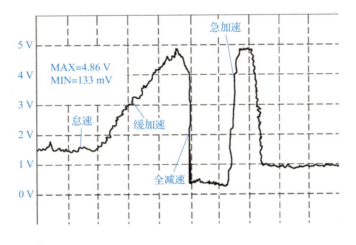

五、任务评价

进气压力传感器的检查评分表

序号	部件名称	分值	得分	备注
1	准备工作正确	5		由于车型不同,相关数据只是作为参考,在实际实施过程中,可根据现有设备做调整
2	安全规范操作正确	5		
3	会连接诊断仪,读取故障码	10		
4	会检测各端子电压	40		
5	会测量信号波形	40		
	总分	100		

任务实施六　温度传感器的检查

温度传感器包括进气温度传感器和发动机冷却液温度传感器，其原理和检测方法类似，进气温度传感器对发动机的影响较小，冷却液温度传感器的影响则较大，本任务采用丰田卡罗拉1ZR – FE发动机。

一、任务分组

班级		组号		授课教师	
组长		学号			
组员	姓名		学号	姓名	学号

二、实训目标

1. 熟悉进气温度传感器和发动机冷却液温度传感器的安装位置。
2. 掌握进气温度传感器和发动机冷却液温度传感器的电路图。
3. 掌握进气温度传感器和发动机冷却液温度传感器的检测方法。
4. 会分析检测数据，并以此来诊断故障。

三、自主探究

1. 温度传感器是正温度系数还是负温度系数，请画出输出特性曲线。

2. 请写出冷却液温度传感器和进气温度传感器各针脚的名称和作用。

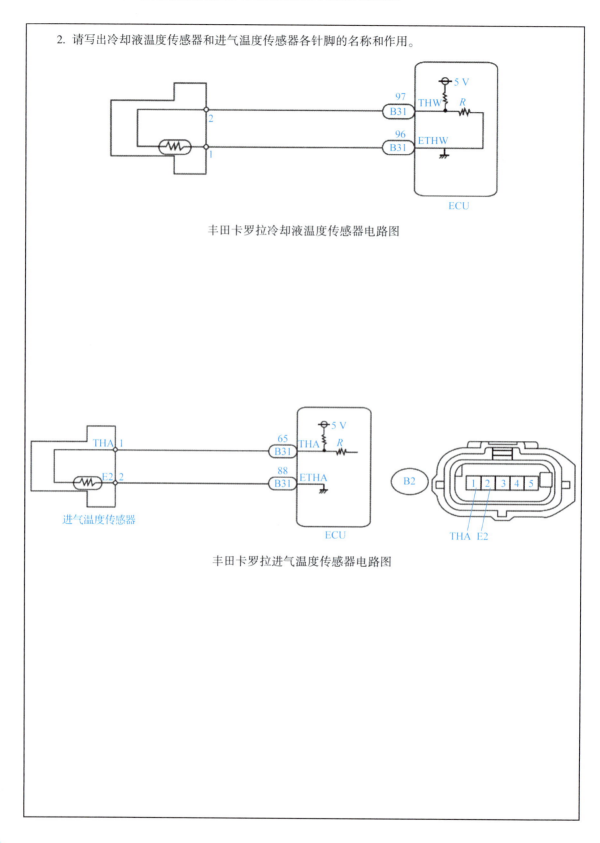

丰田卡罗拉冷却液温度传感器电路图

丰田卡罗拉进气温度传感器电路图

四、任务实施

1. 故障码读取

使用诊断仪读取故障码，判断是否有故障。

2. 电压检测

信号电压的测量分为单件测量和就车测量，检测的条件及标准值如下表所示。

进气温度传感器各端子间的电压

端子	测量条件	标准电压/V
1-2	接通点火开关，拔下插头，测量 ECU 端	5
	接通点火开关，插上插头，测量 ECU 端	0.5~3

进气温度传感器各端子间的电阻

检测对象	测量段子	检测条件/℃	标准参数/Ω
进气温度传感器	THA-E2	120	10 000~20 000
		0	4 000~7 000
		20	2 000~3 000
		40	900~1 300
		60	400~700

冷却液温度传感器各端子间的电压

端子	测量条件	检测值	标准电压/V	故障表现
1-2	插好线束插头，打开点火开关	0	0.2~2.5	短路或电源无电
		5		短路
		0.2~2.5		正常
		2.5~5.0		虚接或电阻较大

冷却液温度传感器各端子间的电阻

端子	水温/℃	阻值/Ω	水温/℃	阻值/Ω
1-2	0	5 000~6 000	60	540~675
	10	3 350~4 400	70	400~500
	20	2 250~3 000	80	275~375
	30	1 500~2 000	90	200~290
	40	950~1 400	100	150~225
	50	700~950		

五、任务评价

温度传感器的检查评分表

序号	部件名称	分值	得分	备注
1	准备工作正确	5		由于车型不同，相关数据只是作为参考，在实际实施过程中，可根据现有设备做调整
2	安全规范操作正确	5		
3	会连接诊断仪，读取故障码	10		
4	会检测各端子电压	40		
5	会测量各端子电阻	40		
	总分	100		

任务实施七 步进电动机式怠速控制阀的检查

怠速控制阀主要有三种形式,本任务以常见的步进电动机式为例进行实施。

一、任务分组

班级			组号		授课教师	
组长			学号			
组员	姓名		学号	姓名		学号

二、实训目标

1. 熟悉步进电动机式怠速控制阀的安装位置。
2. 掌握步进电动机式怠速控制阀的电路图。
3. 掌握步进电动机式怠速控制阀的检测方法。
4. 会分析检测数据,并以此来诊断故障。

三、自主探究

1. 怠速控制阀有几种类型,现在汽车上主要采用哪一种?

2. 步进电动机控制项目有哪些？

3. 步进电动机控制策略有哪些？

四、任务实施

1. 基本检查

起动发动机,然后再关闭发动机,听怠速控制阀是否有"咔嗒"声(进行起动位置设定时所发出的声音):有,则怠速控制阀及其控制电路基本正常;无,则怠速控制阀及其控制电路存在故障。

2. 检查怠速控制阀的电阻

拔下怠速控制阀的连接器,用万用表测步进电动机 4 个线圈的电阻值:B1 与 S1 之间、B1 与 S3 之间、B2 与 S2 之间、B2 与 S4 之间的电阻值均为 10~30 Ω(丰田汽车)。如果有一处不正常,则更换怠速控制阀。

3. 检查怠速控制阀的运行。

(1) 从节气门体上拆下怠速控制阀;

(2) 将蓄电池的正极接在怠速控制阀的 B1 端子和 B2 端子上。

(3) 按照 S1—S2—S3—S4 的顺序将蓄电池的负极与各个线圈的端子相连,怠速控制阀应逐步伸出;按照 S4—S3—S2—S1 的顺序将蓄电池的负极与各个线圈的端子相连,怠速控制阀应逐步缩入。

如果不符合要求,则更换怠速控制阀。

4. 检查怠速控制阀的供电电压

将点火开关转至"ON"位置,用万用表测怠速控制阀连接器中 B1 端子和 B2 端子的对地电压,应为 12 V,否则检查主继电器与怠速控制阀连接器 B1 端子和 B2 端子之间的线路。

如果以上情况都正常,但怠速控制阀仍然不工作,则更换 ECU。

五、任务评价

步进电机基本检查评分表

序号	部件名称	分值	得分	备注
1	准备工作正确	5		
2	安全规范操作正确	5		
3	基本检查	20		由于车型不同,相关数据只是作为参考,在实际实施过程中,可根据现有设备做调整
4	电阻检查	20		
5	电压检查	20		
6	运行检查	30		
	总分	100		

任务实施八　节气门位置传感器的检查

节气门位置传感器现在主要采用线性式，本任务以2008新宝来为例。

一、任务分组

班级		组号		授课教师	
组长		学号			
组员	姓名	学号		姓名	学号

二、实训目标

1. 熟悉节气门位置传感器的安装位置。
2. 掌握节气门位置传感器的电路图。
3. 掌握节气门位置传感器的检测方法。
4. 会分析检测数据，并以此来诊断故障。

三、自主探究

1. 节气门位置传感器有几种类型，现在汽车上主要采用哪一种？

2. 请写出 G186、G187、G188、T6 x/1~6 的含义。

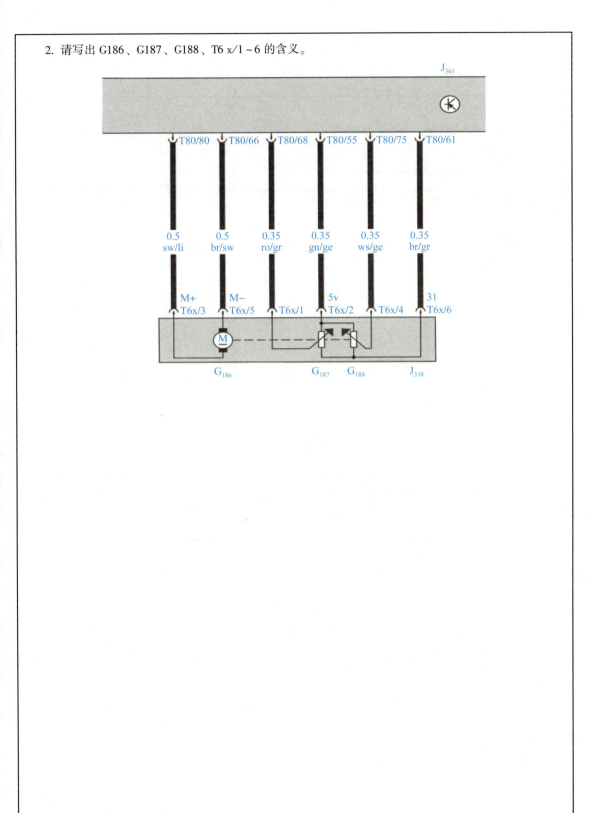

四、任务实施

1. 故障码读取

使用诊断仪读取故障码,判断是否有故障。

2. 电压检测

信号电压的测量分为单件测量和就车测量,检测的条件及标准值如下表所示。

检测项目	检测端子	测试条件	测试结果/V
供电电压	3-5	打开点火开关	12
	2-6	打开点火开关	5
信号电压	1-6	怠速	0
		加速	上升
	4-6	怠速	5
		加速	下降

3. 信号波形检测

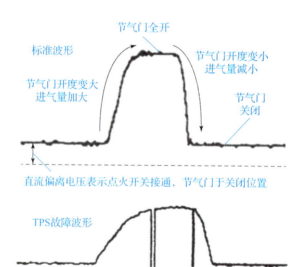

五、任务评价

节气门位置传感器检查评分表

序号	部件名称	分值	得分	备注
1	准备工作正确	5		由于车型不同,相关数据只是作为参考,在实际实施过程中,可根据现有设备做调整
2	安全规范、操作正确	5		
3	会连接诊断仪,读取故障码	10		
4	供电电压检测	40		
5	信号电压检测	40		
	总分	100		

任务实施九　涡轮增压系统的检修

一、任务分组

班级		组号		授课教师	
组长		学号			
组员	姓名	学号		姓名	学号

二、实训目标

1. 熟悉涡轮增压系统各部件的安装位置。
2. 掌握涡轮增压系统故障检修方法。
3. 会分析检测数据，并以此来诊断故障。

三、自主探究

1. 请写出下列各部件名称

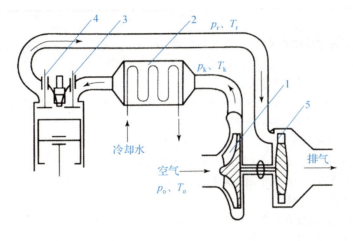

四、任务实施

以一汽奥迪 A6 1.8T（AEB）发动机涡轮增压系统的检修为例。

1. 基本检查

（1）检查废气涡轮增压器的涡轮壳，应无因过热、咬合、变形或其他损伤而产生的裂纹，否则应更换废气涡轮增压器。

（2）检查涡轮油孔，应无淤积和堵塞。

（3）检查废气涡轮增压装置的进油管和回油管，应无堵塞、压瘪、变形或其他损坏。

（4）检查废气涡轮增压器，应不漏机油。

（5）检查安装在活性炭罐和废气涡轮增压器前部进气软管之间的活性炭罐单向阀、制动助力器和进气歧管之间的单向阀，应安装正确，上面的箭头应指向导通方向。

（6）检查所有的管路，应连接牢固、无泄漏、老化等。

2. 机械式空气再循环阀的检修

机械式空气再循环阀装在涡轮增压器前面，在通过增压器空气再循环阀的真空控制下，在发动机超速切断、怠速及部分负荷时打开，使节气门前面存在的增压压力卸压，涡轮增压器保持在较高的转速。一般在发动机功率不足或有负荷变化冲击时应检查机械式空气再循环阀。

3. 涡轮增压器空气再循环阀（N249）的检修

检查涡轮增压器空气再循环阀的内阻。拔下涡轮增压器空气再循环阀的导线连接器，用万用表欧姆挡在涡轮增压器空气再循环导线连接器处，检查涡轮增压器空气再循环阀的电阻，其值应为 27~30 Ω。涡轮增压器空气再循环阀由燃油泵继电器供电。

4. 增压压力限制电磁阀（N75）的检修

增压压力限制电磁阀的检修过程和方法与涡轮增压器空气再循环阀的检修过程和方法完全一样，只是增压压力限制电磁阀内阻是 23~35 Ω。

5. 增压最高压力测试

将变速器挂入 3 挡，在发动机转速为 2 000 r/min 时以节气门全开进行加速，观察仪表板上的发动机转速表。在发动机转速约 2 500 r/min 时，压力表上显示的值应为（160~170 kPa）（VAS5051），或 VAG1551 上显示组 115 的显示区 4 上显示的数据为 160~170 kPa。

6. 增压压力传感器的检测

当增压压力过高时，电控单元将切断发动机的燃油供给，以保护发动机。检查增压压力传感器的信号电压，插上增压压力传感器导线连接器，用万用表 V 挡测量增压压力传感器导线连接器信号端子和搭铁端子之间的电压。发动机怠速运转时，信号电压值约为 1.90 V；发动机急加速时，信号电压值应为 2.00~3.00 V。

7. 海拔高度传感器检查

拔下海拔高度传感器连接器，打开点火开关，用万用表测量端子 1 与端子 3、端子 2 与端子 3 之间的电压值。端子 1 与端子 3 之间的电压应为 5 V；端子 2 与端子 3 之间的电压应为 4~5 V。

五、任务评价

涡轮增压系统检查评分表

序号	部件名称	分值	得分	备注
1	准备工作正确	5		
2	安全规范操作正确	5		由于车型不同,相关数据只是作为参考,在实际实施过程中,可根据现有设备做调整
3	基本检查	20		
4	电阻检查	20		
5	压力检查	20		
6	电压检查	30		
	总分	100		

任务实施十　可变气门正时系统的检修

以本田 VTEC 为例。

一、任务分组

班级		组号		授课教师	
组长		学号			
组员	姓名	学号		姓名	学号

二、实训目标

1. 熟悉可变气门正时系统各部件的安装位置。
2. 掌握可变气门正时系统故障检修方法。
3. 会分析检测数据，并以此来诊断故障。

三、自主探究

1. 请写出下列各部件名称

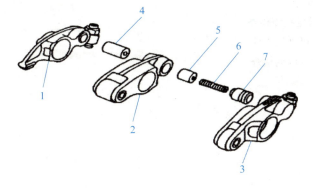

四、任务实施

以雅阁轿车 2.2 LF22B1 型发动机为例。

1. 故障诊断仪查询故障。
2. 液压控制系统常见故障检查。
3. VTEC 系统其他机件的检修。
4. VTEC 系统摇臂机构的检查。

五、任务评价

可变气门正时系统检查评分表

序号	部件名称	分值	得分	备注
1	准备工作正确	5		由于车型不同,相关数据只是作为参考,在实际实施过程中,可根据现有设备做调整
2	安全规范操作正确	5		
3	故障诊断仪正确使用	20		
4	电阻检查	20		
5	压力检查	20		
6	电压检查	30		
	总分	100		

任务实施十一　发动机电控点火系统的认识

一、任务分组

班级		组号		授课教师	
组长		学号			
组员	姓名	学号		姓名	学号

二、实训目标

1. 通过实训熟悉传统点火系统的组成及各个零部件名称、安装位置。
2. 通过实训熟悉电控点火系统的组成及各个零部件名称、安装位置。
3. 通过实训进一步掌握电控点火系统的工作原理。

三、自主探究

1. 请说出传统点火系统及电子点火组成部分及工作原理？

2. 请说出传统点火系统及电子点火系统的区别?

四、任务实施

请说出下列零部件名称。

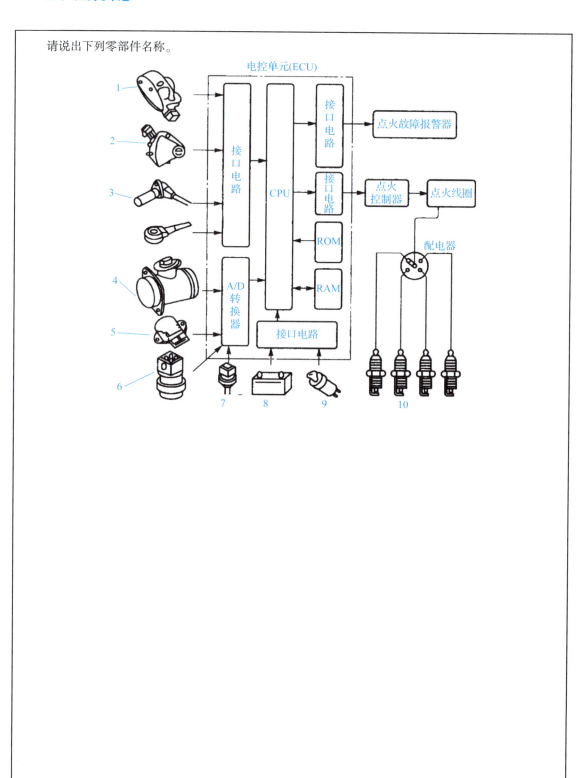

五、任务评价

发动机电控点火系统各部件名称认识评分表

序号	部件名称	分值	得分	备注
1	安全规范操作正确	15		
2	准凸轮轴位置传感器	5		
3	车速传感器	5		
4	曲轴位置传感器	5		
5	爆燃传感器	5		
6	空气流量传感器	5		
7	节气门位置传感器	5		正确找到该部件，则得分，如果该车型未安装该部件，能够说出来，也得分，否则不得分
8	冷却液温度传感器	5		
9	火花塞	5		
10	点火开关	5		
11	蓄电池	10		
12	进气温度传感器	10		
13	点火线圈	10		
14	点火控制器	10		
	总分	100		

任务实施十二　有分电器电控点火系统的检测

一、任务分组

班级		组号		授课教师	
组长		学号			
组员	姓名		学号	姓名	学号

二、实训目标

1. 通过本实训能够检查、调整点火正时；
2. 通过本实训掌握跳火实验的操作；
3. 通过本实训让学生掌握点火系统各元件及线路检查；
4. 通过本实训让学生掌握点火系统的故障检查，并制定故障诊断的流程。

三、自主探究

1. 请说出点火正时的检查方法。

2. 请说出跳火实验的注意事项。

3. 请写出本实训需要的仪器设备。

四、任务实施

1. 发动机故障症状描述：

2. 检查点火正时
步骤：

结果：

3. 检查火花塞
步骤：

结果：

4. 跳火试验

步骤：

结果：

5. 故障诊断

步骤：

结果：

6. 制订故障诊断方案

五、任务评价

发动机有分电器电控点火系统的检测评分表

序号	部件名称	分值	得分	备注
1	安全规范操作正确	10		正确确认发动机故障现象,并通过实训解决故障现象,则得满分,完成部分检测步骤,则按照评分表相应扣分
2	能够准确描述故障现象	5		
3	完成点火正时检查	15		
4	完成火花塞检测	15		
5	完成跳火实验	15		
6	能进行故障诊断	20		
7	能够写出故障诊断方案	20		
	总分	100		

任务实施十三　无分电器电控点火系统的检测

一、任务分组

班级		组号		授课教师	
组长		学号			
组员	姓名	学号		姓名	学号

二、实训目标

1. 通过本实训能够检查、调整点火正时；
2. 通过本实训掌握跳火实验的操作；
3. 通过本实训让学生掌握点火系统各元件及线路检查；
4. 通过本实训让学生掌握点火系统的故障检查，并制定故障诊断流程。

三、自主探究

1. 请说出点火正时的检查方法。

2. 请说出跳火实验的注意事项。

3. 请写出本实训需要的仪器设备。

四、任务实施

1. 发动机故障症状描述：

结果：

2. 跳火试验
步骤：

结果：

3. 故障检测、诊断与排除步骤：
步骤：

结果：

五、任务评价

发动机无分电器电控点火系统的检测评分表

序号	部件名称	分值	得分	备注
1	安全规范操作正确	15		正确确认发动机故障现象,并通过实训解决故障现象,则得满分,完成部分检测步骤,则按照评分表相应扣分
2	能够准确描述故障现象	10		
3	完成跳火实验	15		
4	能进行故障诊断	30		
5	能够排除故障	30		
	总分	100		

任务实施十四　发动机常见车型点火控制检修

一、任务分组

班级		组号		授课教师	
组长		学号			
组员	姓名		学号	姓名	学号

二、实训目标

1. 熟悉电控点火系统各零部件的安装位置。
2. 掌握电控点火系统的电路图。
3. 掌握电控点火系统各零部件的检测方法。
4. 会分析检测数据,并以此来诊断故障。

三、自主探究

1. 请说出什么是霍尔效应,并画图表示。

2. 请分析下列波形，并写出工作原理。

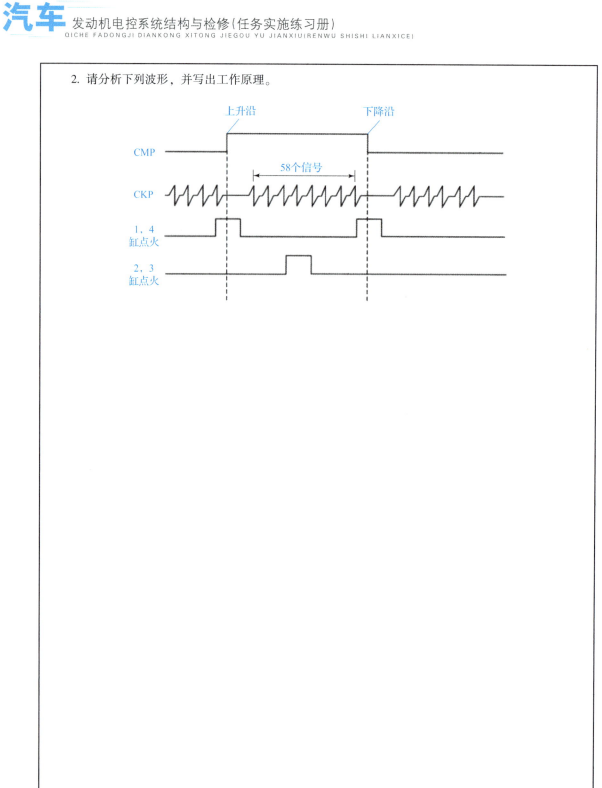

四、任务实施

1. 本田汽车点火控制检修
故障检测的方法如下：
①先读取故障码，故障码一般有 4 个。故障码 4 为 CKP 不良，故障码 8 为 TDC 不良，故障码 9 为 CYL 不良，故障码 150 为点火输出信号不良。
②根据故障码检查故障，若为传感器故障，应检测传感器的电阻值和起动时的交流输出。
③KEY – ON 然后将点火信号线与大架之间断续相碰，正常时应有高压火出现，否则证明模块或高压包不良。
④检查点火信号，方法有两种，一是通过第三步试验，如果高压火产生，证明 ECU 无点火信号输出；二是用 LED 灯，正极接蓄电池正极、负极接 ECU 端子 21 或 22，起动车时，应闪烁，表示点火信号正常，否则证明无信号输出。

2. 丰田汽车点火控制检修
丰田四缸机点火控制其检测如下：
①凸轮轴位置传感器电阻值在冷态时为 185~275 Ω，热态时阻值为 240~325 Ω。
②曲轴位置传感器其冷态阻值为 370~550 Ω，热态阻值为 475~650 Ω。
③CMPS：起动时 0.1~0.3 V，起动后 0.3 V 左右，交流脉冲信号。
④CKPS：起动时 0.3~0.5 V，起动后 0.5~1 V，加速到 2 500 r/min，可上升到 3 V，为交流脉冲信号。
⑤IGT：0~5 V 变化，直流方波信号。
⑥IGF：0~5 V 变化，直流方波信号。

3. 丰田汽车点火控制检修
遮光盘上有灰尘时表现为发动机抖动、加速不良、放炮。用气泵吹干，切忌不能用汽油清洗。如果没有高压，可以按如下方法进行检测。
首先读取故障码，如果有故障码，可以接故障码维修；如果无故障码，按常规检测，首先检查高压线是否正常，如果一切正常，检查分电器线路是否正常。正常时，拔下插头测电源线应为 12 V，1°和 90°为 5 V，接地为 0 V。插上插头起动车，两根 5 V 信号线应有频率变化，如果无频率变化为分电器故障；如果有频率变化，再检查点火信号线。点火信号应为 0.5 V 左右，若有信号，则为点火器（功率管）故障；无信号为 ECU 故障。

五、任务评价

发动机常见车型点火控制检修评分表

序号	部件名称	分值	得分	备注
1	准备工作正确	10		由于车型不同，相关数据只是作为参考，在实际实施过程中，可根据现有设备做调整
2	安全规范操作正确	10		
3	会连接诊断仪，读取故障码	20		
4	会连接诊断仪，读取数据流	20		
5	会连接示波器，测量信号波形	20		
6	会分析数据	20		
	总分	100		

任务实施十五　废气再循环系统检修

一、任务分组

班级		组号		指导教师	
组长		学号			
组员	姓名		学号	姓名	学号

二、实训目标

1. 通过实训加深对废气再循环系统的作用、组成及工作原理的理解。
2. 通过实训能正确选用检测仪器与设备对废气再循环系统进行规范检测。

三、自主探究

1. 请写出废气再循环系统的结构组成。

2. 请简述废气再循环系统的工作原理。

四、任务实施

任务案例：
被检测车辆在加速时出现无力、发动机抖动的现象，并且尾气温度过高。被检测车辆为一款 2017 年的迈腾 B7。

1. 请根据上述车辆故障现象，查阅相关资料，写出需要检测的部件及选择检测器具。

2. 请结合需要检测的部件和选择的检测器具，将你的检测思路写在下方空白处。

3. 请将检测结果写在下方空白处。

五、任务评价

废气再循环系统检修评价表

任务名称	废气再循环系统检修		总得分		
序号	任务内容	分值	评分标准		得分
1	能根据被检测车辆的故障现象，确定需要检测的部件	10	缺少一个检测部件扣1分		
2	能根据故障确定需要检测的部件，选择对应的检测工具	10	缺少一个检测工具扣1分		
3	能正确制定检测思路与方案	25	根据所写思路与方案的完整程度酌情给分		
4	能规范检测	40	根据检测过程中的操作是否规范酌情给分		
5	检测结果	5	检测结果结合检测思路进行给分，如检测思路完全错误，结果正确，则不得分		
6	能正确更换故障部件	5			
7	根据环保要求，正确处理对环境和人体有害的辅料、废气、废液和已损坏零部件	5			

任务实施十五　废气再循环系统检修

任务实施十六　燃油蒸发控制系统检修

一、任务分组

班级		组号		指导教师	
组长		学号			
组员	姓名	学号	姓名		学号

二、实训目标

1. 通过实训加深对燃油蒸发控制系统的作用、组成及工作原理的理解。
2. 通过实训能够正确选用检测仪器与设备对燃油蒸发控制系统进行规范检测。

三、自主探究

1. 请写出燃油蒸发控制系统的结构组成。

2. 请简述燃油蒸发控制系统的工作原理。

四、任务实施

任务案例：

一辆 2018 年上海通用科鲁兹，当踩下加速踏板时，驾驶室内有明显的汽油味并伴随着唑车现象，夏天时气味尤为严重。

1. 请在被检测车辆上，指出燃油蒸发控制系统各组成部件。

2. 请根据上述车辆故障现象，查阅相关资料，写出需要检测的部件及选择检测器具。

3. 请结合需要检测的部件和选择的检测器具，将检测思路写在下方空白处。

4. 请将检测结果写在下方空白处。

五、任务评价

燃油蒸发控制系统检修评价表

任务名称	燃油蒸发控制系统检修	总得分		
序号	任务内容	分值	评分标准	得分
1	能根据被检测车辆正确指出燃油蒸发控制系统各组成部件	10	少识别一个扣1分	
2	能根据被检测车辆的故障现象，确定需要检测的部件	10	缺少一个检测部件扣1分	
3	能根据故障确定需要检测的部件，选择对应的检测工具	10	缺少一个检测工具扣1分	
4	能正确制定检测思路与方案	20	根据所写思路与方案的完整程度酌情给分	
5	能规范检测	35	根据检测过程中的操作是否规范酌情给分	
6	检测结果	5	检测结果结合检测思路进行给分。如检测思路完全错误，但结果正确，则不得分	
7	能正确更换故障部件	5		
8	根据环保要求，正确处理对环境和人体有害的辅料、废气、废液和已损坏零部件	5		

任务实施十七　三元催化器检修

一、任务分组

班级		组号		指导教师	
组长		学号			
组员	姓名		学号	姓名	学号

二、实训目标

1. 通过实训加深对三元催化转化器的作用、组成及工作原理的理解。
2. 通过实训能够正确选用检测仪器与设备对三元催化转化器、氧传感器进行规范检修。

三、自主探究

1. 请写出三元催化器的作用及结构组成。

2. 请简述氧化锆式氧传感器的工作原理。

四、任务实施

任务案例：

一辆 2017 年款的大众迈腾 B7，其发动机运转时出现发动机过热，发动机没劲，有异响，尾气有异味等现象。

1. 请根据上述车辆故障现象，查阅相关资料，写出需要检测的部件及选择检测器具。

2. 请结合需要检测的部件和选择的检测器具，将检测思路写在下方空白处。

3. 如检测部件有氧传感器，请将氧传感器的工作波形图画入下表并判断是否正常。

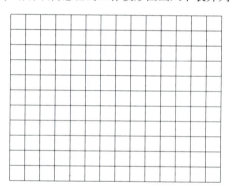

4. 请将检测结果写在下方空白处。

五、任务评价

三元催化器检修评价表

任务名称	三元催化器检修	总得分		
序号	任务内容	分值	评分标准	得分
1	能根据被检测车辆的故障现象，确定需要检测的部件	5	缺少一个检测部件扣1分	
2	能根据故障确定需要检测的部件，选择对应的检测工具	10	缺少一个检测工具扣1分	
3	能正确制定检测思路与方案	20	根据所写思路与方案的完整程度酌情给分	
4	能规范检测	40	根据检测过程中的操作是否规范酌情给分	
5	能画出氧传感器的工作波形并判断是否正常	10		
6	检测结果	5	检测结果结合检测思路与氧传感器的检测情况进行给分，如检测思路完全错误，结果正确，则不得分	
7	能正确更换故障部件	5		
8	根据环保要求，正确处理对环境和人体有害的辅料、废气、废液和已损坏零部件	5		

任务实施十八　二次空气喷射系统检修

一、任务分组

班级		组号		指导教师	
组长		学号			
组员	姓名	学号		姓名	学号

二、实训目标

1. 通过实训加深对二次空气喷射系统的作用、组成及工作原理的理解。
2. 通过实训能正确选用检测仪器与设备对二次空气喷射系统进行规范检修。

三、自主探究

1. 请写出电控空气泵型二次空气喷射系统的组成。

2. 请写出下列图片中各装置的名称。

  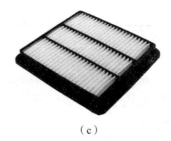

（a） （b） （c）

3. 请简述电控空气泵型二次空气喷射系统的工作原理。

四、任务实施

任务案例：

一辆 2011 款 16T 手动舒适款宝来在行驶里程达到 52 000 km 时，排气系统故障指示灯亮起，用诊断仪检测到"二次空气喷射系统流量不正确"。用诊断仪清除故障码后的第 5 天排气系统故障指示灯再次亮起，再清，再亮……如此反复。排气系统故障指示灯亮起的周期为 4～5 天，并且每次都是在早晨刚起动 2 min 内出现。

1. 请在被检测车辆上，指出二次空气喷射系统各组成部件。

2. 请根据上述车辆故障现象，查阅相关资料，写出需要检测的部件及选择检测器具。

3. 请结合需要检测的部件和选择的检测器具，将检测思路写在下方空白处。

4. 请将检测结果写在下方空白处。

五、任务评价

二次空气喷射系统检修评价表

任务名称	二次空气喷射系统检修		总得分		
序号	任务内容	分值	评分标准		得分
1	能根据被检测车辆正确指出二次空气喷射系统各组成部件	10	少识别一个扣1分		
2	能根据被检测车辆的故障现象，确定需要检测的部件	10	缺少一个检测部件扣1分		
3	能根据故障确定需要检测的部件，选择对应的检测工具	10	缺少一个检测工具扣1分		
4	能正确制定检测思路与方案	20	根据所写思路与方案的完整程度酌情给分		
5	能规范检测	35	根据检测过程中的操作是否规范酌情给分		
6	检测结果	5	检测结果结合检测思路进行给分，如检测思路完全错误，结果正确，则不得分		
7	能正确更换故障部件	5			
8	根据环保要求，正确处理对环境和人体有害的辅料、废气、废液和已损坏零部件	5			

任务实施十九　OBD-Ⅱ第二代车载故障诊断系统认知

一、任务分组

班级		组号		授课教师	
组长		学号			
组员	姓名	学号		姓名	学号

二、实训目标

1. 通过实训熟悉二代车载故障诊断系统的工作原理。
2. 通过实训熟悉二代车载故障诊断系统的针脚定义。
3. 通过实训掌握二代车载故障诊断系统设备的使用。

三、自主探究

1. 请说说下图诊断座各针脚的定义。

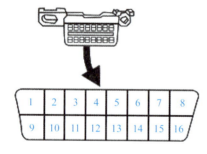

2. 请查询资料，说一说 KT660 故障诊断仪的使用方法。

四、任务实施

1. 填写针脚定义

针脚	定义	针脚	定义	针脚	定义	针脚	定义

2. 读取故障码并记录步骤与结果

步骤：

结果：

3. 读取数据流并记录步骤与结果

步骤：

结果：

五、任务评价

OBD-Ⅱ第二代车载故障诊断系统认知评分表

序号	部件名称	分值	得分	备注
1	准备工作正确	5		设备、辅料齐全良好
2	安全规范操作正确	5		注重安全要求
3	针脚定义描述正确	15		描述正确、思路清晰
4	诊断工具使用描述正确	15		
5	针脚定义填写正确	15		操作过程流畅，思路清晰，结果记录准确，团队合作任务明确
6	故障码读取步骤正确	10		
7	故障码读取结果正确	5		
8	数据流读取步骤正确	10		
9	数据流结果正确	5		
10	完成时间	5		应在25 min内完成
11	结束管理	10		工具归位、场地清洁
	总分	100		

任务实施二十　电控信号技术与测量认知

一、任务分组

班级		组号		授课教师	
组长		学号			
组员	姓名		学号	姓名	学号

二、实训目标

1. 通过实训熟悉电控信号的种类。
2. 通过实训熟悉电控信号的工作原理。
3. 通过实训掌握常见发动机电控信号的测量方法。

三、自主探究

1. 请说说电控信号的种类和工作原理。

2. 请说说常见发动机电控信号的测量方法。

四、任务实施

1. 测量机油压力开关信号,记录步骤与结果。
步骤:

结果:

2. 测量凸轮轴位置传感器信号，并记录步骤与结果。
步骤：

结果：

五、任务评价

电控信号技术与测量认知评分表

序号	部件名称	分值	得分	备注
1	准备工作正确	5		设备、辅料齐全良好
2	安全规范操作正确	5		注重安全要求
3	电控信号的种类及工作原理描述正确	15		描述正确、思路清晰
4	常见发动机电控信号的测量方法描述正确	15		
5	机油压力开关测量方法正确	15		操作过程流畅，思路清晰，结果记录准确，团队合作任务明确
6	机油压力开关测量结果正确	5		
7	凸轮轴位置传感器信号测量方法正确	15		
8	凸轮轴位置传感器信号测量结果正确	10		
9	完成时间	5		应在 25 min 内完成
10	结束管理	10		工具归位、场地清洁
	总分	100		

任务实施二十一　发动机电控系统故障诊断与排除

一、任务分组

班级		组号		授课教师	
组长		学号			
组员	姓名	学号		姓名	学号

二、实训目标

1. 通过实训熟悉发动机电控系统故障诊断与排除方法。
2. 通过实训掌握常见发动机电控系统故障诊断与排除设备的使用。

三、自主探究

1. 请根据以下科鲁兹维修手册说说车辆无法起动的故障原因有哪些。

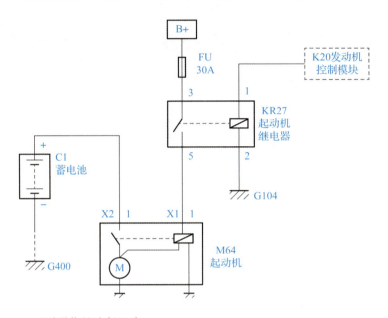

2. 请根据以上原因说说你的诊断思路。

四、任务实施

1. 通过维修手册查找熔丝 FU 的位置,测量其好坏并记录步骤与结果。

   步骤:

   结果:

2. 通过维修手册查找继电器 KR27 的位置,测量其好坏并记录步骤与结果。

   步骤:

   结果:

五、任务评价

发动机电控系统故障诊断与排除评分表

序号	部件名称	分值	得分	备注
1	准备工作正确	5		设备、辅料齐全良好
2	安全规范操作正确	5		注重安全要求
3	故障原因分析正确	15		描述正确、思路清晰
4	诊断方法描述正确	15		
5	熔丝查找、测量方法正确	15		操作过程流畅，思路清晰，结果记录准确，团队合作任务明确
6	熔丝结果正确	5		
7	继电器查找、测量方法正确	15		
8	继电器测量结果正确	10		
9	完成时间	5		应在 30 min 内完成
10	结束管理	10		工具归位、场地清洁
	总分	100		

任务实施二十二　轴向柱塞式"位置控制"式电控系统元件位置认知

一、任务分组

班级		组号		授课教师	
组长		学号			
组员	姓名	学号	姓名	学号	

二、实训目标

1. 通过实训熟悉轴向柱塞式"位置控制"式电控系统工作原理。
2. 通过实训熟悉轴向柱塞式"位置控制"式电控系统元件组成。
3. 通过实训了解轴向柱塞式"位置控制"式电控系统各元件的位置。

三、自主探究

1. 请说说柴油发动机电控燃油喷射系统的控制方式有哪些？

2. 请查阅资料，说出轴向柱塞式"位置控制"式电控系统元件由哪些组成？

四、任务实施

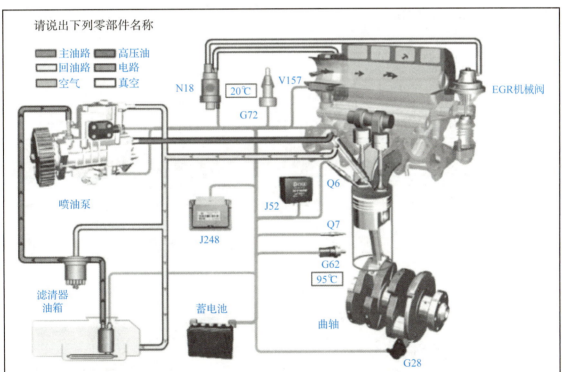

请说出下列零部件名称

G28—曲轴转速传感器；G62—冷却液温度传感器；G72—进气温度传感器；J52—预热塞继电器；J248—控制单元；Q6—预热塞；Q7—冷却液加热塞；V157—进气歧管翻板电动机；N18—EGR电磁阀

五、任务评价

轴向柱塞式"位置控制"式电控系统元件位置认知评分表

序号	部件名称	分值	得分	备注
1	准备工作正确	5		
2	安全规范操作正确	5		
3	曲轴转速传感器	10		
4	冷却液温度传感器	10		
5	进气温度传感器	10		正确找到该部件,则得分,如果该车型未安装该部分,能够说出也得分,否则不得分
6	预热塞继电器	10		
7	预热塞	10		
8	进气歧管翻板电动机	10		
9	EGR 电磁阀	10		
10	高压泵头及油路	10		
11	冷却液加热塞	10		
	总分	100		

任务实施二十三　高压共轨系统的元件位置认知

一、任务分组

班级		组号		授课教师	
组长		学号			
组员	姓名		学号	姓名	学号

二、实训目标

1. 通过实训熟悉高压共轨系统的工作原理。
2. 通过实训熟悉高压共轨系统的安装位置。
3. 通过实训掌握高压共轨系统的组成元件。

三、自主探究

1. 请说说高压共轨式喷射系统的组成。

2. 请说说高压共轨式喷射系统的工作原理。

四、任务实施

请在实车中找出下列零部件的位置及作用。

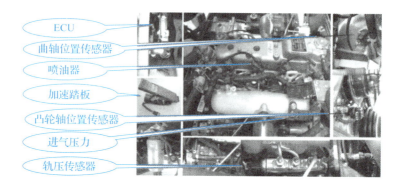

- ECU
- 曲轴位置传感器
- 喷油器
- 加速踏板
- 凸轮轴位置传感器
- 进气压力
- 轨压传感器

五、任务评价

高压共轨系统的元件位置认知评分表

序号	部件名称	分值	得分	备注
1	准备工作正确	5		
2	安全规范操作正确	5		
3	高压油泵	10		
4	共轨	10		
5	轨压传感器	10		正确找到该部件,则得分,如果该车型未安装该部分,能够说出也得分,否则不得分
6	进气压力传感器	10		
7	凸轮轴位置传感器	10		
8	喷油器	10		
9	加速踏板位置传感器	10		
10	曲轴位置传感器	10		
11	柱塞泵	10		
	总分	100		

任务实施二十四　喷油器的拆卸与安装

一、任务分组

班级		组号		授课教师	
组长		学号			
组员	姓名	学号		姓名	学号

二、实训目标

1. 通过实训掌握柴油发动机喷油器的拆卸。
2. 通过实训掌握柴油发动机喷油器的安装。

三、自主探究

请说一说拆装过程中需要注意哪些事项。

四、任务实施

喷油器的拆卸：

①拆除喷油器线束接插件。

②用一字螺丝刀将缸盖线束锁片撬出。

③拆除14颗缸盖罩螺栓。

线束要从该孔内塞进后，方能拿起缸盖罩

④取下缸盖罩时，要轻轻拿起，同时将喷油器线束塞进缸盖罩内。

⑤拆除喷油器线束，该线束用螺母连接，拆卸时不用一直转螺母，感觉拆掉后，轻轻取下即可。

⑥使用套筒拆下高压连接管。

⑦拆除喷油器压板螺母。

⑧喷油器电磁阀体不能受力,可用工具在喷油器压板下轻轻敲动取下。

喷油器的安装:

①将喷油器的高压连接孔朝向进油侧导入气缸盖,要求对准,无特别阻力。

②喷油器压板同时装入。

③喷油器压板安装到位。

④导入喷油器高压连接管,注意定位珠向上,拧紧高压连接管螺母。

⑤拧紧喷油器压板。

⑥拧紧高压连接管螺母。

⑦安装喷油器线束。

注意：安装完后应检查喷油器线束是否和摇臂之间接触而短路，如有则调整。

五、任务评价

喷油器的拆卸与安装认知评分表

序号	部件名称	分值	得分	备注
1	准备工作正确	5		实训台架、拆装工具
2	安全规范操作正确	5		注重安全要求
3	按照顺序正确拆卸喷油器	30		操作过程流畅
4	按照顺序正确安装喷油器	30		
5	安装完成后检查工作	15		
6	完成时间	5		应在 30 min 内完成
7	结束管理	10		工具归位、场地清洁
	总分	100